中国社会科学院大学年鉴 2023

中国社会科学院大学 编

UNIVERSITY OF CHINESE ACADEMY OF SOCIAL SCIENCES YEARBOOK

图书在版编目（CIP）数据

中国社会科学院大学年鉴. 2023 / 中国社会科学院大学编. — 北京 : 方志出版社, 2023.12

ISBN 978-7-5144-6158-9

Ⅰ. ①中… Ⅱ. ①中… Ⅲ. ①中国社会科学院大学—年鉴—2023 Ⅳ. ① G649.281-54

中国国家版本馆 CIP 数据核字（2023）第 255012 号

责任编辑：李　静

责任校对：张玉霞

责任印制：梅中英

出 版 者：方志出版社

地　　址：北京市朝阳区潘家园东里 9 号（国家方志馆 4 层）

邮　　编：100021

网　　址：http://www.zgfzcb.cn

发　　行：方志出版社图书营销中心（010-67110500）

印　　刷：北京中科印刷有限公司

开　　本：889 毫米 ×1194 毫米　1/16

印　　张：15

字　　数：428 千字

版　　次：2023 年 12 月第 1 版

印　　次：2023 年 12 月第 1 次印刷

定　　价：88.00 元

中国社会科学院大学年鉴（2023）
编委会名单

编辑说明

一、《中国社会科学院大学年鉴》是中国社会科学院大学编纂的年度资料性文献。本年鉴以马克思列宁主义、毛泽东思想、邓小平理论、“三个代表”重要思想、科学发展观、习近平新时代中国特色社会主义思想为指导，坚持辩证唯物主义和历史唯物主义的立场、观点和方法，系统记述中国社会科学院大学事业发展基本情况。

二、《中国社会科学院大学年鉴（2023）》记载中国社会科学院大学上一年度的事业发展情况、重大会议和重要活动，旨在全面系统反映各项工作进展和改革发展进程。《中国社会科学院大学年鉴（2023）》记述起讫时间为2022年1月1日至12月31日。

三、《中国社会科学院大学年鉴（2023）》采用分类编辑法，设特载、大事记、学校事业发展简述、机构与负责人、党务行政、教育管理、科研工作、外事及我国澳门工作、规划与评估、教学机构、管理支撑与服务、表彰与奖励、媒体报道、附录14个类目。中国社会科学院大学简称社科大。

四、《中国社会科学院大学年鉴（2023）》中数字用法、标点符号用法分别采用国家标准《出版物上数字用法》（GB/T 15835—2011）、《标点符号用法》（GB/T 15834—2011），计量单位采用国家技术监督局1993年12月发布的《量和单位》系列国家标准。

五、《中国社会科学院大学年鉴》由党委办公室（校办公室）组稿、编纂，各部门、学院提供图文材料。

目录

特载

强化科研工作，以科研促进教育教学，提高人才培养质量

◎高培勇（中国社会科学院副院长、党组成员，中国社会科学院大学党委书记）

（2022年4月24日）

一、聚焦科教融合办学特色和研究型教学办学模式，明确方位、把握大势，深刻领会社科大科研工作的重大意义

明确方位才能找准方向，把握规律才能做好工作。科学研究是大学的基本职能和重要使命。大学开展科学研究，不仅对人类社会进步意义重大，而且对学校自身提高人才培养质量和社会服务能力也至关重要。放眼国内外高水平大学，他们一个重要的特征，就是能够推动知识创新与技术创新，能够创造出优秀的科研成果，能够以优秀的科研成果为高质量人才培养服务，而这些都是以高水平科研创新能力作支撑的。因此，一个大学科研水平的高低成为衡量其办学实力的重要标志，抓好科研工作对于大学发展具有重大的战略意义。

具体到社科大而言，服务于科教融合的办学特色和研究型教学的办学模式，为社科大的科研工作指明了新的方位提出了新的要求，是社科大科研工作“小逻辑”服务、服从于办学强校“大逻辑”的主动应答。回答好社科大科研工作“为什么”这一必须回答、非回答不可的重大课题，必须聚焦社科大的办学定位、办学特色和办学方略，在服务科教融合办学特色和研究型教学办学模式中找准方位、扛起使命、推动发展。

（一）做好科研工作是实现科教融合办学特色的发力点

办学特色，就是一所大学区别于其他大学的独有办学品格和独特办学风貌，是管立身之本、管比较优势的东西，为办好一所大学可以依托的基本长项和核心资产。谈及社科大的办学特色，可以毫无疑义地说，只要校名冠之以“中国社会科学院”这几个字，便说明我们的办学特色就是科教融合。从社科大孕育、组建的那一天起，就注定要走科教融合的办学之路。换言之，科教融合是社科大与生俱来的深层底色，是我们办学的根本优势。回答好社科大科研工作“为什么”，首先要聚焦社科大的办学特色，在服务科教融合中寻找答案。

一方面，科教融合增强了我们做好社科大科研工作的底气和信心。我们总讲学校办出特色要扬己之长，社科大的长项就是中国社会科学院。要说我们真有的强项那就是背后有中国社科院，要说社科大具有什么不同于其他高校的特殊优势，那就是社科大更利于实施科教融合。社科大依托社科院而组建，社科院的中心工作是科学研究，也就是说我们距离科学研究最近。社科大有各种各样的任务，但最核心的任务一个是教学，一个是研究。在教学与研究的平衡当中，我们距离研究最近。在这个基础上再看，我们身边的研究很多，其他高校本身也从事研究，但社科大的研究又不是一般意义上的研究，因为我们依托的是哲学社会科学学术殿堂、国家智库的研究，这意味着我们站在了科学研究的塔尖之上，这是我们做好社科大科研工作的根本底气。

另一方面，必须把做好科研工作作为继续推进科教融合的发力点。谢伏瞻院长强调，一定要让社科大融入中国社科院，不融入或融入程度不够，社科大优势就难以凸显，潜在优势就不能变成现实优势。如何把科教融合的潜在优势变成现实优势，把教师为党育人、为国育才的使命转化为人才培养的胜势，有诸多路径可以选择，但道路千千万，科研是前提。大学是一个长周期机构，追求学术、开展科研是大学的生命线。我们在大学经常会听到一种批评声音——“重科研、轻教学”。这种现象的确存在，更应及时纠偏。但必须看到，这个错不在“重科研”，而在“轻教学”。加强科教融合，以高水平科学研究支撑高质量人才培养，这是提升学校服务国家战略需求、办好社科大的必然要求。事实上，任何一所高水平大学的发展，都离不开高水平科研活动。美国是世界上拥有高水平大学最多的国家，其顶尖大学的崛起与高水平科学研究相辅相成、密不可分。

就社科大而言，我们深入推进科教融合也要把科研作为前提和发力点，既要背靠社科院的大树，通过整合校所（院）科教资源，推动学校科研工作。除此之外，也要做好社科大自身的科研工作。大家知道，习近平总书记在一系列的指示批示、重要讲话中针对大学的战略地位做了很多重要论述，“基础研究的主力军”“高层次人才培养的主阵地”“原始创新的主战场”“开放创新的战略平台”，等等，这些论述既是荣誉更是责任。社科大是一所有情怀、有担当、有定力的大学，社科大的教师有志气、有骨气、有底气。回首过去五年，学校的科研工作取得了重大进展和突出成绩，学校科研队伍水平整体提升，科研平台建设成效显著，科研成果质量持续提升，科研竞争能力显著增强，社会服务和成果转化实现新发展，科教融合和科研育人实效喜人。新时代新征程，我们必须把科研工作作为推进科教深度融合的重要抓手和发力点，保持从容自信、进而有为，加快推动学校科研工作再提高、再突破、再前进。

（二）做好科研工作是落实研究型教学的关键点

办学特色明确后，我们要想一想，社科大的办学特色应该如何贯彻落实、切实体现，这是我们必须重视和思考的基本问题。就社科大而言，科教融合的办学特色，也会体现于特殊的人才培养模式上。类如中国科学院大学是“科学家的摇篮”的说法，基于同样的理由和判断，我们也可以说，社科大是“哲学社会科学家的摇篮”。具体而言，社科大就是要着力培养哲学社会科学最高层级研究型人才。“研究型”加“最高层级”，是社科大对人才培养类型和规格的特殊定位。既然要通过科教融合着力培养“哲学社会科学最高层级研究型人才”，既然科教融合在人才培养的类型和规格上具有特殊性，那么，与此相匹配，社科大也要植根于科教融合而实行特殊的人才培养模式——“研究型教学”。不言而喻，哲学社会科学最高层级研究型人才的培养，绝非一般意义上的教学模式所能胜任，必须通过研究型教学加以实现。

所谓研究型教学，就是建立在科学研究基础上的教学，或以科学研究为支撑的教学，在科研—教学—学习的过程中进行知识的创新、传授、传播和传承，师生在学术共同体中进行互动式学术探究，取长补短、开拓进取。显而易见，在社科大，高水平科研创新与高层次人才培养密切结合已成为教育教学的普遍规律，由师生组成的探究式学习共同体已成为知识传承创新的交汇点，在这基础之上的研究型教学既是科教融合的题中应有之义，也是科教融合办学特色的必然展现。

研究型教学的核心是“讲理”，讲宇宙万物之理，讲发现发明之理，讲社会人生之理，讲文明进步之理。而“讲理”的前提则是掌握“理”，不仅要系统掌握已知的“理”，更要深刻探索未知的“理”。要让自己所讲的道理经得起追问、经得起质疑、经得起推敲，必然要求教师有深厚的理论学识、扎实的学术功底，把传授“理”的教学过程奠基于探索“理”的研究过程。深一层理解，就是以科学研究带动教育教学，离开了研究型教学的训练，离开了“学习—实践—再学习—再实践”的特殊培养路径，缺乏直接或间接参与哲学社会科学原创性研究以及事关党和国家事业发展全局重大理论和现实问题研究的实践洗礼和切身感悟，也就谈不上“哲学社会科学最高层级研究型人才”的培养和产出。也就是说，研究型教学只有立足于扎实的科研才能更好地实现。科研工作既是社科大从科教融合中所能获取的特殊“专利”，更是落实研究型教学的着力点和着重点。

二、聚焦社科院国家队定位和社科大特点，找准方向、科教融合，做体现国家队定位、契合社科大校情的科研工作

社科大科研工作应该是什么样子，应该往什么方向走，无疑是另一个带有根本性的问题。习近平总书记讲过，只要路走对了，就不怕遥远。科研工作也如此，只要路子走对、方向选准，步子快一点、慢一点关系不大。所以，在明确了“为什么”的基础上，厘清“是什么”，找准社科大科研工作的方向，十分重要，也十分关键。回答好社科大科研工作“是什么”这一必须回答、非回答不可的重大课题，必须聚焦社科院国家队定位和社科大与其他高校的不同，找准方向、明确路径，做契合社科大校情、体现国家队定位的科研工作。

（一）明确方向，做契合社科院国家队定位的科研

作为中国哲学社会科学研究的“国家队”，社科院的中心工作是科学研究，社科院所研究的是事关党和国家事业发展全局的重大理论和现实问题。无论是作为马克思主义坚强阵地所从事的科学研究，还是作为我国哲学社会科学研究最高殿堂所从事的科学研究，抑或是作为党中央国务院重要思想库和智囊团所从事的科学研究，均属于国家层面的哲学社会科学研究。社科大依托于社科院办学，其科研工作当然要聚焦于“国家队”的定位，围着完成“国家队”的任务而转，奔着履行“国家队”的使命而去。除此之外，没有其他别的什么选择。毋庸置疑，“国家队”不同于地方队或其他别的什么队的显著特征，是要体现国家意志、代表国家水平，社科院的科研工作如此，社科大的科研工作也是如此。

一方面，社科大的科研工作要体现国家意志。社科院是国家队，社科大作为社科院的一个不可或缺的重要组成部分，也不能是地方队。国家为什么要设立社科大？这个一定要从党和国家事业的全局高度出发，所以我们得把社科大当作中国高校的国家队来打造，没有别的选择；所以社科大的科研工作也要按照国家队的定位来设计、谋划、部署、推进。社科院的性质和职能定位决定了社科大主要是哲学社会科学的科研工作，肩负加快构建中国特色哲学社会科学的特殊使命，承担起为繁荣发展新时代哲学社会科学事业培养适用后备科研人才的神圣职责，这是社科大科研工作体现国家意志的具体展现。社科大的科研工作既然要体现国家意志，这就决定了在社科大做科研，绝不是一般的科研任务，要把科研工作放在党和国家事业全局当中去加以认识，放在社科院的整体科研布局当中去加以认识，立志做大学问、真学问。

社科大的老师要做契合国家队定位的大学问。大学问不只是大学问家的事，社科大的每一位教师也能成就大学问，各学科都能做好大学问。大学问不是水平范畴，而是对每一位教师学术胸怀的要求，无论什么学科、专业，只要坚持以人民为中心的研究导向，牢记社会责任、充满家国情怀，想国家之所想、急国家之所急，深入学习研究阐释习近平新时代中国特色社会主义思想，深入研究新时代新发展阶段的重大理论和现实问题，不断提高理论研究、学科建设、决策咨询的水平，使人民群众受益、把学问做到极致，就都是大学问。

社科大的老师要做契合国家队定位的真学问。“大学之道，在明明德，在亲民，在止于至善。”创新性劳动是一种“良心活儿”，我们的老师应以研究真问题、探索真未知、摸索真规律为己任，作科学精神与学术道德的坚定践行者，坚决抵制急功近利、粗制滥造、学术不端、学术腐败等学风问题，耐得住寂寞、经得起诱惑、守得住底线，通过辛苦的科研劳动，提出更多原创理论，作出更多原创发现，繁荣中国学术，发展中国理论，传播中国思想。

另一方面，社科大的科研工作要代表国家水平。国家队不一定指的是现在的科研水平，而是学校对老师的期许和每一位老师的职责使命，我们一定要把代表国家水平作为科研工作的努力方向。社科大依托社科院办学，社科大的老师是在学术殿堂搞科研，是在国家智库搞科研，也是依托学术殿堂搞科研，依托国家智库搞科研。我们不管个人学术水平或者个人素质定位怎么样，但是我们的工作目标是国家队。我们每个人在不同的学科、不同的领域都肩负着不同的任务，但对标对表没有别的标表，只能是国家队的标准。因此，我们的教师应把自己的科研目标定得高一点，给自己的学术人生定位要高一点，千万不能把自己当作一般高校的老师。不管大家原来是从什么地方来的，原来是一种什么样的基础，只要你在社科大这个地方，就得瞄准国家队来设计自己、要求自己、鞭策自己。

（二）明确路径，做契合社科大校情的科研

社科大就是社科大，无论是科研管理，还是科研实施，都应当站在社科大的平台上，基于社科大的校情，对科研工作进行全新审视、全新思考、全新设计、全新部署。因此，全面而准确地认识社科大，是做契合社科大校情科研的关键。社科大究竟是一所什么样的大学？该怎样把社科大有别于其他大学的科研工作特点和规律说清楚、讲明白？这显然需要做比较分析。在中国，我们通常所接触的大学，大都由教育行政部门直接管理，以此为参照系，作为一所隶属于社科院、由社科院主管的大学，有其特殊性，这既是社科大相对于其他高等院校的一个重要特点，也是社科大相对于其他高等院校的一个重要优势，这也决定了社科大的科研工作与其他高等院校的科研工作有着不同的特点和实践要求。

一方面，社科大的科研工作要全面融入中国社会科学院体系。如果说非由国民教育部门直接管理、同国民教育体系之间联系相对间接是社科大的“短板”，那么，社科大的优势和长项，便是隶属于中国社会科学院，由社科院主办、主管。这一基本事实告诉我们，依托于社科院办学，社科大的科研工作实质是站在中国哲学社会科学研究的最前沿，这是社科大所拥有的最重要、最显著的科研资源优势。要“强优势”，要真正把社科院的科研优势用好、用足，其唯一选择，就在于把社科大的科研工作全面融入社科院体系，在社科院的整体科研布局中谋划社科大的科研工作，走科教融合之路。

另一方面，社科大的科研工作要全面融入高校科研体系中。无论从历史上看还是就现实情形而言，研究生院特点是小作坊式的，但是当研究生院升格为大学，学校规模变大时，就出现了标准化、规范化的问题。我们还必须承认，作为教育行政部门非直接管理的大学，社科大多多少少有点关起门来搞科研的味道，在对标高校科研工作要求方面，

也多多少少地存在着打折扣的现象。但是，不论社科大校情如何特殊，社科大首先是一所大学，首先是作为一所大学而存在和运行的。作为一所大学，其科研工作总要契合为大学量身定做的基本标准和基本标识。应该意识到现代意义的正规型大学科研工作是什么样的？其参照系、标准、蓝图是什么？

具体而言，社科大科研工作所须遵循基本规律与规范，与教育行政部门直接管理的大学没有什么不同。社科大科研工作所适用的评价标准，也同教育行政部门直接管理的大学没有什么不同。这意味着，作为一所大学的社科大，必须契合现代大学科研工作规律，与其他大学同台竞技，回答同一份考题，适用同一套标准。在某种意义上，这是我们的“短板”。我们可选择的唯一路径就在于全面融入国民教育体系，向教育行政部门直接管理的大学看齐，严格遵循现代大学科研工作规律与规范，自觉补上这块“短板”。

三、聚焦科研工作的短板、弱项，对准重点、突破难点，汇聚强大的科研力量推进社科大教育教学工作登上新台阶

建校5年来，我们的工作很投入也很突出，取得的亮眼成绩，谢伏瞻院长和院党组是认可的，各位同事心里也是有数的。但是，我们的短板弱项和亟待改进的工作也还非常多，必须指出，我们之所以召开这样一个会议，就是为了找准制约学校科研工作高质量发展的问题与瓶颈，进而拿出解决问题的方法与路径。限于时间，这里不妨列举几项，同大家一起反思、加快改进、共同提高。

（一）从人才培养的角度看，科研反哺教学、实现研究型教育教学还有待加强，应正确把握科研与教学的内在联系，构建具有社科大特色与优势的科研支撑教学工作体系，着力提升科研工作对高层次人才培养的贡献率

教学要想取得实效，就是要使自己的科研切实地把自己的教学支撑起来，尤其在当前一时无法改变以科研为核心的教育评价面前，强调科研对于教学的支撑，无疑比单纯强调教学本身，更为实际一些。实际上，我们的教师一般都能认识到科研支撑教学的必要性，但在具体教学实践中，仍然会有一些不尽如人意的地方，这不仅表现为重科研轻教学这种比较普遍的现象，更体现为科研与教学之间“貌合神离”的状态。比如教师的研究方向与教学关联度不高，一些教师的科研虽与教学有关联，却没有自觉地将科研成果应用于教学，导致课堂上都是现成的结论和空洞的说教。因此，应正确把握科研与教学的内在联系，让教学也是学术、科研也是教学成为学校党委行政、各职能部门，特别是一线教师的共识。

坚持以学生发展为中心，实施以育人育才为中心的科研发展战略，以立德树人为检验学校科研工作的根本标准，推进学科、科研、专业、课程一体化建设，构筑学生、学术、学科一体的综合发展体系。加强科研与教学的政策协同，将科研优势转化为人才培养优势，以科学研究提升教学水平、以科研成果更新教学内容、以科研思维创新教学模式、以科研资源改善教学条件、以科研实践促进学生创新，把“科学研究的密度”转化为“教学创新的浓度”。

具体来讲，应将高层次的学科平台、高水平的科研成果和专业化的人才队伍转化为优质教学资源，培育跨学科、跨领域的科研教学团队，依托重点学科、重大平台，推动高水平科研成果及时引入教学内容，科学方法、科学思维融入教学过程，把学生参与科研作为一种有效的教学形式，师生在共同探索、整合、应用、传播知识的过程中相互学习、共同提高，真正实现研究型教学、探索式学习。通过多措并举、上下联动、部门协作，推动社科大与社科院深度合作培养人才，推动学校内部科研与教学紧密结合培养人才，以高水平科学研究支撑研究型教育教学与人才培养工作。

（二）从科教融合的角度看，双向融合的“路线图”还不够清晰，与“两入双一”要求还有差距，应正确把握社科院科研与社科大教学的内在联系，最大限度调动特聘教授、岗位教师、研究生导师、专职教师四支队伍的科研积极性

社科大科研工作面临的最突出问题，就是如何通过科教融合，把社科院的科研优势转换为社科大的科研胜势。真正意义上的科教融合，应当是双向的，也应当是双赢的。一方面，应以教学融合科研，让社科院的“科研人员”转身为社科大“教学人员”，这方面我们做了不少工作，成效也很明显；另一方面，应以科研融合教学，让社科大的“教学人员”转身为社科院“科研人员”，这方面还有不少工作要做。因此，应瞄准调动“两个方面积极性”，坚持“双向”而非单向融合、“双赢”而非单赢融合，实现队伍、资源、管理、制度的优势互补、互利共赢。具体而言：

一是推进队伍双向融合。社科大这一池人才“活水”能否迸发活力，离不开社科院的“源头”供给，应优化研究所与大学的人才渠道，完善特聘教授、岗位教师、研究生导师制度，引社科院高素质人才涌向大学而来，鼓励由特聘教授、岗位教师和专职教师共组研究团队，开展协同攻关。同时，鼓励社科大专职教师根据专业所长，参与研究所的研究工作，增强对研究所的认同感、归属感与方向感。

二是推进资源双向融合。没有一批高水平的平台、基地、设施，是不可能产出有重大影响力成果的。当前，社科院与社科大的创新资源总体存在平台分割、力量分散、无法共享的问题，这对我们深化交叉融合、集中优势力量、打造重大成果造成了非常大的阻碍。必须要整合社科院和社科大的资源，系统谋划一批重大平台基地，并实现有效的共享，借力研究所（院）优质科研资源，做强社科大科研工作。

三是推进管理双向融合。科教融合体系下兼任教师和专职教师的科研工作要一体规划一体管理，这个目标是很清晰的。比如，我们的科研管理与服务范围就不能仅限于专职教职工，不能光说专职教师你管，其他不管，如果只想着管这400多人，那社科大的科研工作就可能做不好。这一点，我们的科研处做得非常好，目前我们的科研奖励、课题申报、科研评奖等都做到了特聘教授、岗位教师、研究生导师和专职教师一视同仁，使大家使命共担、优势互补，切切实实增强了社科院学者专家对大学的认同感、归属感。

四是推进制度双向融合。当前，我们的科教融合制度体系还存在各个主体责、权、利边界不够清晰，激励保障不够有效等问题，应通过巧妙的体制机制安排，营造特聘教授、岗位教师、研究生导师、专职教师各得其所、融为一体的组织文化与优质土壤，让四支队伍在教学平台和科研平台上角色互换，既同台竞技，又互补短长，实现双向与双赢相叠加。

（三）从成果产出的角度看，具有重大影响的原创性、标志性成果偏少，对繁荣哲学社会科学、推动经济社会发展的贡献率有待提升，应正确把握数量与质量、基础与应用的内在联系，夯实社科大在全国哲学社会科学研究领域中的地位

一方面，处理好数量与质量的关系。总体来讲，跟同类兄弟院校相比，我们的量还是偏小，与社科大的地位也是不相称的。从质上来看，我们还没有获批以我校为第一完成单位的国家奖，也没有以我校为第一完成单位的教育部哲学社会科学优秀成果一等奖，国家级科研平台还不多。学校的科研无论数量还是质量都要有大的提升，可能大家都觉得“压力山大”，但是我们不能退缩，也没有退路。应想方设法努力获批更多的中央“马工程”重大项目、国家社科基金重大项目等国家级重大项目；出版更多的具有中国特色、中国风格、中国气派的原创性学术成果；推出党和国家亟须，既有前瞻性、战略性，又有针对性、操作性的智库成果；入选更

多的教育部人文社科奖、北京市人文社科奖等重大奖项，持续打造时代发展所需、党和国家可鉴、学术传承可用、具有社科大优势特色的“拳头产品”，实现科研工作质与量的双提升、双进步。

另一方面，处理好基础研究与应用研究的关系。无论是基础研究还是应用研究，都必须受到重视，都必须得到良好的发展。同时，都应当坚持以一流的成果为目标，以一流的水平为体现。应深刻认识新时代推动基础理论研究与应用对策研究融合发展的重大意义，切实增强推动两类研究融合发展的思想自觉和行动自觉；要坚持马克思主义的指导，提高基础理论研究的能力和水平，增强学术研究积累能力和知识创新能力，坚持理论联系实际，促进基础理论研究的应用对策转化；要聚焦时代主题，立足实践、善于提问、勇于创新，从应用对策研究中提炼具有引领时代变革、社会发展和文明进步的重大问题作为理论创新的主攻方向，推动应用对策研究实现理论升华；要心系“国之大者”，围绕国之大局、国之大要、国之大事、国之大计，全面、系统、深入研究回答其中的重大理论和实践问题，不断推动两类研究融合发展。

（四）从治理结构的角度看，对标国内一流文科大学的科研管理与服务，还有不小可以提升的空间，应正确把握科研与管理的内在联系，构建现代化哲学社会科学科研管理体系，最大限度解放科研生产力

凡有人群的地方，就存在管理，科研活动也不例外。有效管理可以为科研活动提供规范指引，为科研工作提供服务支持。无论是学校职能部门还是各学院班子，都应树立为科研服务、为教学服务的思想，做到管理服务科研、管理激励科研，形成管理与科研的良性互动关系。

一是立足学科发展加强对科研工作的前瞻规划。社科院的学科分类和教育部的高等教育学科分类是不同的，社科大的学科发展顶层设计，既要立足于“入体系”，又要有“入主流”的考量，可以“因形就势”，但绝不能“随波逐流”。必须加强研究，结合社科大的实际情况，根据国家的教育发展的趋势和重大战略要求来科学理性制定学科建设规划，形成一套自己的体系和方案。要以社科院重点学科为依托，着眼提升原始创新能力、提升服务经济社会发展能力，建设一批社科院级的哲学社会科学卓越学科。引导各学科准确定位本学科的优势特色，选择对本学科发展具有战略意义的专业和领域，进一步凝练科学研究方向，重点支持能够产生重大影响的研究方向，有利于最大程度发挥学科综合优势的研究方向，有助于冷门绝学传承发展的研究方向，有助于新兴学科、前沿交叉学科发展的研究方向。

二是强化有组织科研行为，大力推进科研管理创新。以科教融合为路径，通过学科建设设计引领、学者重点培育扶持、学术平台搭建升级、学术创新团队支持、学术成果推广转化、学术国际交流促进、学术资源跨界共享、学生科研能力培养、学术科研制度改革、学术诚信制度建设等手段，使“科教融合”在大学科研工作中得到贯彻落实。建立完善以信任为前提的科研管理机制，进一步加强科研项目管理和经费管理，实现科研管理规范化、制度化、科学化。按照能放尽放的要求赋予教师更大的人财物自主支配权，充分释放创新活力，调动教师开展科研工作的积极性、主动性和创造性。

三是发挥科教融合学院的科研组织和引领主体性。自 2020 年 9 月先行组建 12 个科教融合学院至今，今年又成立了应用经济学院，科教融合工作已取得阶段性成效。但实事求是地讲，框架已建，并在运行，但从理念到体制机制到具体执行都与理想状态存在差距。各学院在科研组织和管理上各有各的特长和优势，也各有各的短板和弱势，个别学院对本学院的科研方向和科研与教学相融合，缺乏从学科建设的角度进行合理可行的规划与计划；对各级各类科研项目的培育、申请、实施、向教学转化等，缺少有效的组织与评价；一些学院组织的学术

活动还不多，教师参与校内外学术活动的积极性还有待提高。因此，应进一步强化各科教融合学院的办学主体地位，进一步释放他们的办学活力，鼓励和支持各学院结合自身实际，在科研理念、科研组织、学科建设、研究团队组建等方面进行系统改革和综合设计，切实发挥科研组织与引导的主体性、主动性。

（五）从支撑条件的角度看，服务保障的制度化、精准化有待加强，科研评价的“瓶颈”障碍亟待突破，硬件设施与科研生态有待改善，应正确把握物质、制度与文化的内在联系，为广大教师潜心科研、拼搏创新提供良好保障

一流的科研要有一流的制度。韩非子说，“万物莫不有规矩”，“规矩既设，三隅乃列”，就是说，有了规矩，各方面就明确了。科研工作的建设与管理，应从建制度、立规矩入手，切实做到“造好闸门再放水”“配好刹车再上路”，这是发展的基础。当前我们在制度化基础上的科研服务保障能力还有待进一步提升。例如，学校的科研支持奖励办法发挥了较好的激励作用，为了快速提高学校核心竞争力和重大影响力，要考虑通过修订相关制度加大对重大标志性成果的奖励力度、对科研团队的支持力度。特聘教授、岗位教师的科研成果未来可望继续大幅度增加，这是大学建设宝贵助力，但奖励的资金缺口需要院里制度化、精准化地统筹解决。总之，要加强科研管理的制度建设，制定和完善相关制度办法，把制度笼子扎紧扎密，真正做到建章立制不留空白。同时，还要提高制度的执行力，防止“破窗效应”。

一流的科研要有一流的评价。有什么样的评价指挥棒，就有什么样的科研导向。学校高度重视教师科研评价改革，积极破除“唯论文、唯帽子、唯职称、唯学历、唯奖项”顽疾，在教师科研评价上率先迈出改革步伐，有效调动了广大教师的科研积极性、主动性和创造性。同时也必须认识到，在教师科研评价上，仍然存在一些亟待突破的“瓶颈”障碍。存在着重数量轻质量、重基础轻应用、重等级轻分类的倾向。应坚持正确的政治方向、评价导向和价值取向，持续深入实施“一揽子”的科研评价体系改革，尊重文科科研发展规律，制定符合文科科研特点、有利于推动学科振兴的科研评价制度，坚持分类评价和多元评价，重点评价学术贡献、社会贡献尤其是对支撑教学的贡献。要依托各院系学术委员会，制定符合文科各学科的核心期刊目录。总的想法是，教师的职称晋升、年度聘期考核、绩效改革等，都要加大科研考核的要求。

一流的科研要有一流的保障。有的学生讲，“我们社科大不缺大师缺大楼”，这也是客观情况。对照一流大学乃至本科合格评估的标准，我们的科研条件还有一些硬件上的短板。比如基础设施建设有待完善，专业实验室建设、图书文献与数据资源建设有待加强，校园规划布局有待进一步改善等。我们现在的差距还不小，得抓紧补上，瞄着一流大学的标准，扑下身子去学、去做，进一步优化师生的科研条件，进一步强化学校的科研保障。从长远来讲，一流的科研需要一流的硬件环境做支撑。所以，大师、大楼、大学问，社科大都要，一个也不能少！

一流的科研要有一流的文化。任何创新的种子都必须在优良的文化土壤中才能生根发芽、开花结果。客观来讲，社科大是几支队伍组建在一起的，不同的组织有不同的使命，也有不同的文化，这都需要磨合融入、相互理解，进而形成奋进、坦诚、高效的组织文化。还要打造鼓励创新、支持创新的校园文化，根据教师、学生两个创新主体不同的特点和要求，分门别类出台激励制度，培养创新意识、鼓励创新精神，让原创思想不断激扬、原创活动得到尊重、原创成果脱颖而出。习近平总书记反复强调要大力弘扬科学家精神，哲学社会科学研究也要弘扬科学家精神。社科院建院以来，几代学术大师和专家学者积极推进哲学社会科学研究与创新，创造了一大批对文化积累和学科建设具有重大意义、在国内外产生重大影响的辉煌成果，挺直了

伟大时代社会科学家的“学术脊梁”，更为我们这一辈社科人留下了宝贵的精神财富。面向未来，我们要在哲学社会科学繁荣发展的伟大事业中，珍视并传承这些宝贵精神财富，学习他们胸怀祖国、服务人民的爱国精神，勇攀高峰、敢为人先的创新精神，追求真理、严谨治学的求实精神，淡泊名利、潜心研究的奉献精神，集智攻关、团结协作的协同精神，甘为人梯、奖掖后学的育人精神，并转化为巨大的物质力量，建立新时代的社科大功绩、发出强有力的社科大声音。

老师们，同学们！习近平总书记指出：“坚持和发展中国特色社会主义，哲学社会科学具有不可替代的重要地位，哲学社会科学工作者具有不可替代的重要作用。”我们一定要按照习近平总书记的要求，深刻把握新时代新征程我国哲学社会科学的地位与任务，遵循高校科研工作规律和科研院所办一流大学科研工作规律，深入实施科教融合方略，牢记使命、敢于担当、乐于奉献，努力把研究、思想、水准提升到新的水平，以科研促进教育教学，提高人才培养质量，不断推动学校科研工作再上新台阶，为建设社会主义一流文科大学做出新的更大贡献！

在中国社会科学院大学国际政治经济学院、社会与民族学院、文学院、哲学院命名重组大会上的讲话

◎高培勇（中国社会科学院副院长、党组成员，中国社会科学院大学党委书记）

（2022年6月15日）

今天，我们采取线上线下相结合的方式，在这里隆重举行中国社会科学院大学进一步推进科教融合暨国际政治经济学院等学院命名重组大会。我谨代表中国社会科学院党组，代表石泰峰院长，代表中国社会科学院大学党委，对百忙之中抽出时间分别在现场和云端参加大会的各位嘉宾表示诚挚的欢迎，对参与此次学院命名重组的各位同事以及相关单位的各位领导、各位同事对于命名组建工作的支持与帮助表示衷心的感谢。

社科大是在2017年5月获批组建的，我们把5月17日定为我们的校庆纪念日，今年恰好组建5周年。作为一所根据党中央决策部署组建、由中国社会科学院主管、诞生于加快构建中国特色哲学社会科学语境下的大学，我们深知，社科大所具有的一个最基本、最突出、最深沉、最持久的特色，就是实行科教融合，走科教融合的办学道路。科教融合固然是许多世界一流大学的核心办学理念，并非社科大所独创或独有，但科教融合对于社科大的意义非同一般。在我们看来，能否通过科教融合将中国哲学社会科学研究“国家队”的科研优势全面、切实转化为社科大的办学优势，无异于社科大的“生命线”甚至“生死线”。

科教融合的基础和关键，在于学院建设。2020年9月，根据国民教育系统的学科专业特点及归属，依托社科院所属相关研究所（院），社科大先行组建了文学院、哲学院、国际关系学院、社会学院、历史学院、政府管理学院等12个科教融合学院。科教融合学院组建一年多来，在学科建设、人才培养、学术影响等方面颇见成效，为社科大的进一步科教融合积累了宝贵经验。从总体上看，先行组建的12个科教融合学院的一个共同特点是“一对一”融合，也就是一个学院对应一个研究所。但是，认识到国民教育口径和科学研究口径的学科归属有所不同，再认识到中国社会科学院的研究所（院）设置系学科和问题导向兼容，就会发现，在社科大，“一对一”的融合只是特例，终有局限性，我们只能也应当走“一对多”的科教融合道路。

基于这样一种认识，今年2月份，我们组建了应用经济学院。应用经济学院的科教融合是“一对八”（1个应用经济学院对应经济学部的8个研究所），从而建立了一个“一对多”的科教融合新模式。

这次所组建的6个学院——国际政治经济学院、社会与民族学院、新文学院、新哲学院、新历史学院、新政府管理学院，正是按照“一对多”的模式在原学院基础上重新组建的。这6个学院的命名重组，标志着社科大的学科整合、学院重组工作基本告一段落；以此为标志，社科大的科教融合体制机制改革迈入了更新阶段，迈上了更高水平。沿着这个方向走下去，发挥学科整合与学院重组的核聚变功效，各学院必将在学科建设、人才培养、学术发展等方面释放出新的巨大的动能，社科大一定

能够走出一条中国特色社会主义一流文科大学办学之路。

习近平总书记多次强调，“党和国家事业发展对高等教育的需要，对科学知识和优秀人才的需要，比以往任何时候都更为迫切”，“要想国家之所想、急国家之所急、应国家之所需”。社科大决定命名重组国际政治经济学院等六大学院，并同步调整学科专业布局，既是社科大科教融合体制机制的深化和升华，亦是立足新时代新阶段党和国家事业发展全局打造国际政治经济学、社会学、民族学、哲学、文学、历史学、政治学、公共管理学等学科教学“国家队”最强阵容的重要举措，更是与全体哲学社会科学同人共同构建中国特色哲学社会科学学科体系、学术体系、话语体系的切实行动。

借今天这样一个学院命名重组的契机，我想就办好科教融合学院，推进社科大学科建设与人才培养等谈几点看法。

第一，进一步明确学院办学理念，明晰人才培养特色。办学理念是一所大学的灵魂和根本，集中体现在办学定位、办学特色和办学方略上。大学办学理念要在学院的人才培养中予以体现和落地。各学院要以习近平新时代中国特色社会主义思想为指导，胸怀“国之大者”，立足中国实践、解决中国问题，瞄准中国特色社会主义一流文科大学的办学定位，坚持教育为人民服务，为国家战略服务，办出“国家队”水准，完成“国家队”任务，履行“国家队”使命，致力于为社会主义现代化建设培养“哲学社会科学最高层级研究型人才”，为繁荣发展新时代哲学社会科学事业培养学术大家、学问大家。需要进一步明确的是，学院的人才培养特色不是基于旧有传统的路径依赖，也不是基于模仿学习的拿来主义，而是基于社科大整体办学定位和人才培养特色在学院层面的自然延伸和具体落实。特色的基础是规范，不能以特色拒绝人才培养的普遍规律与要求；特色的关键是有载体、能落地，要有系列的人才培养环节对这些特色加以支撑。

第二，进一步发挥科教融合优势，完善学院治理结构。科教融合是社科大与生俱来的深层底色，而科教融合的关键和基础在学院，学院的教师队伍融合好了，治理结构理顺了，社科大的科教融合才有成功的保障。社科院各个学部具有非常强的实力，比如这次重新组建后的国际政治经济学院所依托的社科院国际学部，不仅具有悠久的学科传统，而且分支最全面、研究领域最完整、专业科研人员规模最大。不仅拥有兼顾基础研究和政策研究的区域国别问题研究团队，而且拥有成熟完备的成果转化渠道、高度国际化的学术交流机制。文学哲学部、历史学部、社会政法学部等也都拥有该领域强大一流的教研队伍、首屈一指的学术影响力、雄厚丰硕的办学资源。因而，几大学院要深刻认识科教融合的重大意义，要充分依托各研究所（院）的现有优秀资源，用好、用足独具特色的社科院科教融合平台；要立足于可持续发展，坚持以“双向”融合、“双赢”融合为着力点、着重点，通过兼具科学性与灵活性的体制机制安排，打造科教融合命运共同体，努力探索并走出一条具有社科大特色、建立在“科教相济”“科教相长”基础上的科教融合道路。

第三，进一步落实“入主流、入体系，一体化、一盘棋”办学方略，着力打造一流学科。在深入研究和严格遵循现代高等教育规律和社科院办现代高等教育规律基础上，我们确立了社科大“两入双一”—也就是“入主流、入体系，一体化、一盘棋”的颇具特色的社科大办学方略。“入主流”，就是通过全面融入国民教育体系主流，补齐自身短板。“入体系”，就是通过全面融入社科院体系，做强自身优势。“一体化”，就是通过贯通本硕博培养体系，实行本硕博一体设计、一体部署。“一盘棋”，就是将科教资源融为一体，实行统一规划、统一调配，实行“一盘棋”配置。尤其是在推进学科建设和优化人才培养方案的问题上，要切实以创新性的思维和实打实的举措，贯彻好“两入双一”

办学方略。

习近平总书记在中国人民大学考察时特别指出，“世界百年未有之大变局加速演进，世界进入新的动荡变革期，迫切需要回答好‘世界怎么了’‘人类向何处去’的时代之问”。习近平总书记也将高校哲学社会科学学科的学生称为“我国哲学社会科学后备军”。社科大几大学院的命名重组正当其时，也正当其用。我们既要在研究解决事关党和国家全局性、根本性、关键性的重大问题上，拿出真本事，取得好成果；我们也要在培养可靠的哲学社会科学最高层级研究型人才上亮出真家底，实现新突破。

中国社会科学院将一如既往地全力支持社科大，推进中国特色社会主义一流文科大学建设。我也相信，只要按照现代高等教育规律办事，按照中国社会科学院办现代高等教育规律办事，以“行百里者半九十”的清醒，不懈推进科教融合学院建设，今天命名组建的几大学院以及其他科教融合学院，必将能真正办出水平、办出特色、办出影响，办成让党中央满意、让人民放心、让学生家长愿意把孩子送来的一流、知名、特色的学院。

大事记

1月

4日，北京市教委公布2021年北京大学生艺术系列活动评审结果，社科大学生艺术团舞蹈队、主持朗诵队、合唱队、民乐队向组委会报送的6件作品全部获奖，摘得三银两铜。

20日，社科大扩建研究生宿舍项目提前完成主体结构封顶。副校长张树辉带队慰问冒雪奋战在一线的施工人员，并代表学校向中建三局北京分公司赠送锦旗。

22日，社科大举办北京2022年冬奥会和冬残奥会志愿者出征仪式。副校长张树辉出席仪式并致辞。

27日，共青团中央青年志愿者行动指导中心党委书记张朝晖到驻地看望慰问社科大北京2022年冬奥会志愿者。副校长张树辉，中国人文科学发展公司党委书记、董事长、总经理郇伟，纪委书记、副总经理丁海川等共同参加慰问活动。

28日，由中央网信办主办的2021中国正能量“五个一百”网络精品评选结果出炉。中国青年网和社科大新闻传播学院共建的建设性新闻工作坊2项作品《中国人的故事丨【榜样家书】施林娇：十八洞村苗阿妹的诗和远方》《中国人的故事丨不怕难，我是中国青年》分获“百篇精品网络正能量文字”“百篇精品网络正能量图片”奖。

29日，教育部办公厅、国家文物局办公室发布《关于实施考古学国家急需高层次人才培养专项的通知》，选取部分高校会同有关联合培养单位实施考古学国家急需高层次人才培养专项，社科大成功入选承担专项任务高校。

2月

9日，社科大在2021年举行的第11届“挑战杯”首都大学生课外学术科技作品竞赛中，获得特等奖4项、一等奖4项、二等奖1项、三等奖6项，并首次获得“优胜杯”，获评“优秀组织奖”，总成绩位居北京高校前列，取得了历史性突破。

23日，由中国社会科学院大学和中国社会科学院国际合作局、葡萄牙科英布拉大学中国研究中心合作举办的“中国社会科学院—科英布拉大学‘中国研究’课程”在线上顺利开班。中国驻葡萄牙大使赵本堂、社科大副校长张波、科英布拉大学副校长若瑟·菲格雷多、科英布拉大学中国和葡语国家研究院院长鲁伊·马科斯出席开班仪式并致辞。仪式由中国社会科学院国际合作局局长王镭主持。

25日，新学期全体教职工大会在良乡校区召开。中国社会科学院副院长、党组成员，中国社会科学院大学党委书记高培勇出席大会并讲话。校长张政文布置学校春季学期重点工作。全体校领导出席会议，全体教职工与近百位学生代表应邀参加会议。会议由副校长王新清主持。

27日，应用经济学院开学典礼在良乡校区行政楼140教室举行。中国社会科学院副院长、党组成员，中国社会科学院大学党委书记高培勇为应用经济学院授旗并讲话。应用经济学院院长杨开忠、经济学院院长黄群慧、商学院院长何德旭发言。中国社会科学院职能部门、相关研究所领导，大学校领导，各部门、院系负责同志和相关学院师生代表以及兄弟院校代表共400余人参加了大会。大会由副校长王新清主持。

3月

2日，《中国社会科学院大学学报》新刊发布会暨哲学社会科学创新与学术期刊繁荣发展研讨会在京召开。中国社会科学院副院长、党组成员，中国社会科学院大学党委书记高培勇出席会议并讲话。校长张政文主持新刊发布会。

是日，学校召开大学宿舍文化育人研讨会。研讨会由社科大教育部高校思想政治工作创新发展中心举办，副校长张树辉，纪委书记、副校长尤利前出席会议，各相关职能部门和部分学院代表参加研讨。

3日，《中国社会科学院大学学报》2022年第1期发表中国社会科学院副院长、党组成员，中国社会科学院大学党委书记高培勇的《办学定位、办学特色和办学方略的探索与抉择——关于“如何办好中国社会科学院大学”问题的系统思索》一文。

7日，全国政协十三届五次会议第二次全体会议在人民大会堂举行。全国政协委员，中国社会科学院副院长、党组成员，中国社会科学院大学党委书记高培勇围绕“促进共同富裕要力求效率与公平的统一”作大会发言。

8日，《光明日报》刊登全国政协委员、校长张政文在全国两会议政建言：优秀传统文化是文化自信的基石。

10日，全国政协委员、校长张政文出席中国教育电视台CETV-1高清频道《育见》两会特别节目《两会会客厅》，解读新时期如何从为党育人、为国育才的战略高度理解和认识劳动教育，如何以劳动教育为抓手搞好“五育”融合。

是日，纪委书记、副校长尤利前在良乡校区主持召开我校第一届纪委第八次全体委员扩大会议。纪委委员、各学院党总支（党委）纪检委员参会。会议传达学习了十九届中央纪委六次全会精神，重点学习了习近平总书记在十九届中央纪委六次全会上发表的重要讲话精神和中央纪委书记赵乐际在十九届中央纪委六次全会上的工作报告精神，传达学习了《中国共产党纪律检查委员会工作条例》。

11日，全国政协委员，中国社会科学院副院长、党组成员，中国社会科学院大学党委书记高培勇接受《21世纪经济报道》专访，强调“趋于微观化的政策组合是实现今年经济目标的重要底气”。

15日，《光明日报》刊登中国社会科学院副院长、党组成员，中国社会科学院大学党委书记高培勇的文章：《以市场主体为重心促进宏观政策和微观政策深度融合》。

17日，中国社会科学院大学与中国地方志指导小组办公室在国家方志馆签署战略合作框架协议。校长张政文，中国地方志指导小组办公室党组书记高京斋分别致辞并代表双方签署协议。校领导张波、张斌，中国地方志指导小组办公室领导曹宏举、邱新立出席签约仪式。社科大历史学院负责人，中国地方志指导小组办公室、国家方志馆、方志出版社相关负责人参加签约活动。

19日，北京市教育委员会官网公布《中共北京市委教育工作委员会北京市教育委员会关于公布课程思政示范项目名单的通知》，社科大《马恩经典哲学著作选读》《货币金融学》《当代中国政府与政治》《大学英语读写》和《公共政策分析》等五门课程入选了课程思政示范课程，相应授课教师和教学团队被认定为北京市课程思政教学名师和教学团队。

24日，中国社会科学院副院长、党组成员，中国社会科学院大学党委书记高培勇到政府管理学院调研指导，并与政府管理学院领导班子、教职工代表就学院建设发展进行座谈交流。纪委书记、副校长尤利前陪同调研。

25日，《中国社会科学》2021年度好文章颁奖典礼举行。中国社会科学院原副院长、社科大特聘教授张江，中国社会科学院原副院长、社会学院特聘教授李培林，国际关系学院院长、博士生导师张宇燕，国际关系学院岗位教师、博士生导师冯维江等老师获奖。

29日，第十七届“挑战杯”全国大学生课外学术科技作品竞赛决赛结果公布，社科大1项作品获得特等奖，2项作品获得二等奖，3项作品获得三等奖。

4月

1日，校园服务驿站正式投入使用。2日，校长张政文、副校长张树辉和纪委书记、副校长尤利前带领有关部门负责人考察了解驿站运行情况。

8日，第二届首都大学生诚信演讲比赛获奖名单公布，社科大政府管理学院2021级本科生谭舒予的作品《以诚为笔，绘出时代的水墨卷》获一等奖。

是日，校党委理论学习中心组举行2022年第一次集体学习。传达学习了中央领导同志重要批示及中国社会科学院有关工作方案和中国社科院党组扩大会议精神，专题学习了习近平总书记关于中青年干部的系列重要讲话精神、党的十九届六中全会精神和2022年全国两会精神。校长张政文主持学习活动并讲话，副校长王新清作有关精神的传达。

是日，新闻传播学院院长、特聘教授聘任暨师生座谈会在良乡校区举行。副校长张树辉，新闻传播学院院长、中国社会科学院新闻与传播研究所所长胡正荣，新闻传播学院原院长、特聘教授唐绪军，新闻传播学院党政领导班子成员、全体教职工及学生代表参加会议。会议由新闻传播学院常务副院长漆亚林主持。

是日，全国哲学社会科学工作办公室正式公布了研究阐释党的十九届六中全会精神国家社科基金重大项目立项名单。由社科大规划与评估处处长、党内法规与国家监察研究中心主任、政府管理学院教授柴宝勇担任首席专家申报的“坚定对中国特色社会主义政治制度的自信研究”获批立项。

12日，由社科大互联网法治研究中心主办的社科大互联网法治论坛第50期暨社科大未成年人网络保护论坛第10期“《未成年人网络保护条例》立法建议”研讨会通过云端会议形式举行。来自监管部门、司法机关、高校研究机构及互联网企业的专家参与研讨。

13日，由副校长林维主持的国家重点研发计划项目“内外贯通的审判执行与诉讼服务协同支撑技术研究”结项。该项目是社科大获批的首个国家重点研发项目，标志着社科大科研项目申报的突破性成绩。

21日，中国社会科学院大学主文献阅读平台试运行发布会暨二期工程建设推进会在图书馆笃学讲堂召开，副校长张斌出席会议。有关部门负责人及院系教学秘书80余人参加会议。研究生教育管理部主任谭祖谊主持会议。

是日，社科大开展校园应急封闭管理实战演练。副校长、校疫情防控指挥部副指挥长张树辉、尤利前现场指挥，相关职能部门全程参与演练。良乡大学城管委会主任路鹏实地观摩指导，区卫健委、城市管理委等主管领导及其他高校相关负责人现场观摩交流，学校纪委全程监督指导工作。

22 日，社科大举办马克思主义学术名家大讲堂（第三十七讲），主题为“中国式现代化的实践创新与世界价值”。讲座由教育部长江学者、吉林大学党委副书记、教授、博士生导师韩喜平主讲，社科大马克思主义学院常务副院长李楠、副院长王维国出席，学院本、硕、博师生参与学习。

25 日，校长张政文、副校长高文书在有关部门负责人陪同下视察了学术月宣传工作。

26 日，为推动学校品牌形象建设和传播，规范学校视觉形象识别系统的应用，在大学组建五周年之际，中国社会科学院大学视觉形象识别系统（2022 版）正式上线发布。

4 月，社科大社科思政文库《高校责任的勇毅书写——中国社会科学院大学疫情防控特辑》一套三本，由光明日报出版社正式出版。特辑共分为《众志成城》《文以载道》《成风化人》三部，合计 1200 页，110 万字。

是月，社科大代表队首次参加第十九届 Willem C. Vis（East）Moot 国际商事仲裁模拟仲裁庭辩论赛，成功跻身该赛事全球 64 强，斩获最佳申请人书状提名奖（全球前 5%），这也是中国大陆赛队时隔 6 年重回 64 强的舞台，取得突破性成绩。2022 年也是社科大代表队第二次参加第二十九届 Willem C. Vis Moot 国际商事仲裁模拟仲裁庭辩论赛，斩获最佳被申请人书状提名奖（全球前 20%）。社科大代表队成为唯一一支同时在 Vis East 和 Vis Moot 两项赛事中均获得书状奖项的中国大陆赛队。

5 月

2 日，中国社会科学院副院长、党组成员，中国社会科学院大学党委书记高培勇到学校检查疫情防控工作。

3—4 日，社科大和北京高校新闻与文化传播研究会联合主办了两场线上“大思政课”，《经济日报》知名记者高兴贵和中国人民革命军事博物馆原副馆长黄亦兵先后进行授课。副校长、北京高校新闻与文化传播研究会理事长张树辉主持并致辞。新闻传播学院、历史学院的数百名师生以及来自研究会会员单位高校的新闻宣传一线工作人员以“云端”方式聆听讲座。

4 日，副校长王新清，纪委书记、副校长尤利前，副校长高文书检查校园疫情防控各项工作。

是日，《人民日报》刊发《2020—2021 学年度本专科生国家奖学金获奖学生代表名录》，展示本专科生国家奖学金获奖学生中的 100 名优秀代表的风采。社科大优秀学子古沛灵名列其中。

11 日，中国社会科学院大学团员青年学习习近平总书记在庆祝中国共产主义青年团成立 100 周年大会上的重要讲话暨北京 2022 年冬奥会志愿服务总结表彰座谈会以线上线下相结合的方式召开。副校长张树辉出席会议并讲话。

17 日，中国社会科学院大学组建 5 周年之际，中国社科院领导、老领导、科教融合学院院长、师生和校友发来祝福视频，共同祝愿社科大越办越好。

18 日，《人民日报》刊登校长张政文文章：《让百年党史照亮复兴征程——读〈百年大党面对面〉》。

23 日，社科大邀请到外交部外语专家、前驻外大使陈明明为同学们带来了一场主题为“如何像大使一样用英语演讲”的精彩线上讲座。副校长张波主持讲座。

25 日，中国税务网发布报道：《深化税收大数据应用高质量服务经济社会发展——访中国社会科学院大学副校长张斌》。

27—28 日，由社科大和中国社会科学院财经战略研究院、中国人事科学研究院共同举办的第二届“新时代人力资源管理创新与发展”高端学术论坛在线举行。副校长高文书主持开幕式。

31 日，《人民日报》刊登中国社会科学院副院长、党组成员，中国社会科学院大学党委书记高培勇、中国社会科学院经济研究所邓曲恒文章：《从战略性有利条件把握经济社会发展大势》。

5月，中国共产主义青年团成立100周年之际，中国社会科学院副院长、党组成员，中国社会科学院大学党委书记高培勇寄语社科大青年师生："青年兴则国家兴，青年强则国家强。"希望社科大的青年教师和莘莘学子，认真学习习近平总书记在庆祝中国共产主义青年团成立100周年大会上的重要讲话精神，立志"为人民做学问"，投身民族复兴，在青春的赛道上跑出属于自己的最好成绩！

6月

1日，《法治日报》刊登副校长林维文章：《共建未成年人友好型网络空间》。

8日，《光明日报》刊登中国社会科学院副院长、党组成员，中国社会科学院大学党委书记高培勇文章：《归根结底是建构中国自主的知识体系》。

11日，由社科大科研处、马克思主义学院、教育部高校思想政治工作创新发展中心联合主办的"喜迎二十大　奋进新时代"第二届全国青年马克思主义者本硕博论坛在社科大举行。副校长高文书，马克思主义学院院长、中国社会科学院马克思主义研究院党委书记辛向阳出席开幕式并致辞。

13日，社科大第三期大学生骨干培训班结业仪式在线上线下同步举行，副校长张树辉出席仪式并讲话。

15日，国际政治经济学院、社会与民族学院、文学院、哲学院、历史学院、政府管理学院命名重组大会在中国社会科学院学术报告厅召开。中国社会科学院副院长、党组成员，中国社会科学院大学党委书记高培勇向国际政治经济学院、社会与民族学院授旗并讲话。全国人大常委会委员、社会建设委员会副主任委员，中国社会科学院学部委员、社会政法学部主任李培林，教育部社会科学司司长徐青森出席并讲话。中国人民大学党委常委、副校长朱信凯到会并致辞。国际政治经济学院院长张宇燕、哲学院副院长张志强、社会与民族学院院长陈光金、文学院院长张伯江作为命名重组学院代表发言。中国社会科学院职能部门、相关研究所领导，中国社会科学院大学校领导，各部门、院系负责同志和相关学院师生代表近百人现场参会，学校师生线上参会。大会由副校长王新清主持。

18—19日，2022年故宫学学术研讨会以线上线下结合方式在故宫博物院召开，校长张政文在会上致辞。

21日，社科大召开院党组第一巡视组巡视中国社会科学院大学党委工作动员会议。校长张政文主持会议，并代表校党委作表态发言。

28日，中国社会科学院大学（研究生院）2022年毕业典礼在线上线下同步举行。中国社会科学院副院长、党组成员，中国社会科学院大学党委书记高培勇出席毕业典礼并讲话。校长张政文宣读《中国社会科学院大学（中国社会科学院研究生院）关于准予2022届博士研究生、硕士研究生、本科生毕业的决定》。校领导、各学院、各部门负责人和全体在校毕业生在良乡校区行政楼140教室参加线下毕业典礼，不能到现场的毕业生和家属、学校师生、校友等通过网络直播线上参加。毕业典礼由副校长王新清主持。

30日，中国社会科学院副院长、党组成员，中国社会科学院大学党委书记高培勇主持召开学院党的工作座谈会，与各学院党委、党总支书记集体谈心谈话。校长张政文、副校长张树辉出席会议。会议围绕落实《中国共产党普通高等学校基层组织工作条例》与中国社会科学院2022年度工作会议暨全面从严治党加强党的建设工作会议和人才工作会议精神，紧扣立德树人根本任务，扎实推进社科大党的建设和思想政治工作。

是日，"传承与发展·重温誓词"七一党日活动在社科大望京校区举行。副校长王新清和纪委书记、副校长尤利前出席活动。

6月，教育部办公厅发布《关于公布2021年度国家级和省级一流本科专业建设点名单的通知》，社科大哲学、国际经济与贸易、财务管理3个专业入选国家级一流本科专业建设点，马克思主义理论、法语2个专业入选省级一流本科专业建设点。至此，社科大所开设的16个本科专业已全部入选一流本科专业建设“双万计划”，其中，国家级一流本科专业建设点13个，省级一流本科专业建设点3个。

是月，“青创北京”2022年“挑战杯”首都大学生创业计划竞赛各专项赛道获奖名单陆续公布，社科大喜获1金9银8铜。至此，社科大在“青创北京”2022年“挑战杯”首都赛主赛道和专项赛道累计斩获2金12银10铜，共计24枚奖牌。本届比赛，社科大学子首次获得金奖，取得历史最好成绩。

7月

1日，在社科大离休干部杨振百岁寿诞之际，副校长王新清和有关部门负责人通过线上方式为老人送上诚挚的问候和衷心的祝福。

5日，社科大科研工作会议在良乡校区召开。中国社会科学院副院长、党组成员，中国社会科学院大学党委书记高培勇出席会议并讲话。全体校领导、各部门、学院负责人和师生代表400余人现场参会，各科教融合学院院长、特聘教授、岗位教师、研究生导师、本硕博学生线上参会。会议由校长张政文主持。

12日，社科大研究生教育管理部党支部召开以“坚持问题导向，抓住关键环节，扎实做好科教融合具体工作”为主题的党支部民主生活会。中国社会科学院副院长、党组成员，中国社会科学院大学党委书记高培勇作为支部党员参加会议。副校长王新清列席会议。

14日，为共同商讨学校通识核心课程建设思路和改进策略，提高通识课程教学质量，社科大在良乡校区召开了“人文与社会科学研究方法”专题研讨会。副校长张斌出席会议并讲话。

15日，由历史学院王华教授担任首席专家的国家社会科学基金中国历史研究院中国历史重大问题研究专项2021年度重大招标项目“中国与现代太平洋世界关系研究（1500—1900）”（项目编号：LSYZD21015）开题论证会在良乡校区召开。中国历史研究院副院长李国强、副校长高文书出席并致辞。

16—17日，2022宏观形势年度论坛·夏季年会在京举行。中国社会科学院副院长、党组成员，中国社会科学院大学党委书记高培勇在全体大会三“新经济学家·宏观力论坛”上作开幕演讲。高培勇表示，从上半年经济运行轨迹来看，最困难的时期已经过去，中国经济总体上已进入快速重启阶段。

18日，《中国社会科学报》刊登校长张政文文章：《新时代故宫学发展的几点思考》。

19日，《人民日报》刊登中国社会科学院副院长、党组成员，中国社会科学院大学党委书记高培勇的文章：《引领新时代中国经济发展的强大思想武器》。

是日，全国政协召开“深入实施新时代人才强国战略”专题协商会，全国政协委员、校长张政文作题为“扎实推进拔尖人才培养工作”的发言。

29日，由党内法规与国家监察研究中心主任、政府管理学院教授柴宝勇担任首席专家，研究阐释党的十九届六中全会精神国家社科基金重大项目“坚定对中国特色社会主义政治制度的自信研究”（立项编号：22ZDA065）开题报告会在中国社会科学院政治学研究所举行。副校长高文书致辞。

8月

1日，《经济日报》头版刊发中国社会科学院副院长、党组成员，中国社会科学院大学党委书记高培勇关于2022年中国宏观经济形势的专论文章：《中国经济的底色与底气》。

4—6日，中国高等教育学会召开第57届高等教育博览会，公布2021年度“双百计划”典型案例名单并举行授牌仪式。社科大中华文化研究中心与北京横山公益基金会联合举办的“文明互鉴”系列活动入选中国高等教育“双百计划”典型案例。

13—14日，由社科大哲学院和天津社会科学院伦理学研究所暨《道德与文明》杂志社联合主办，《中国社会科学院大学学报》编辑部协办，科研处支持的第三届实践哲学论坛暨“实践哲学的中西会通”研讨会召开。校长张政文，中国社会科学院哲学研究所所长、中国社会科学院大学哲学院副院长张志强研究员，天津社会科学院伦理学研究所所长、《道德与文明》杂志社主编杨义芹研究员分别致辞。开幕式由副校长高文书主持。

17日，中国社会科学院大学与北京市人民检察院举行合作签约仪式暨检察大数据研究与应用座谈会举行。中国社会科学院大学党委常务副书记、校长张政文和北京市人民检察院党组书记、检察长朱雅频分别代表中国社会科学院大学和北京市人民检察院共同签署合作协议书。中国社会科学院法学研究所所长、中国社会科学院大学法学院院长莫纪宏，副校长林维，北京市人民检察院党组成员、政治部主任王海江参加会议。会议由北京市人民检察院党组成员、副检察长张朝霞主持。

23日，《人民日报》刊登中国社会科学院副院长、党组成员，中国社会科学院大学党委书记高培勇文章：《深刻把握促进共同富裕的基本精神和实践要求（深入学习贯彻习近平新时代中国特色社会主义思想）》。

25—31日，为进一步巩固“如何办好社科大”大讨论的阶段性成果，促进大学工作重心转移工作落地、落实、落细，学校分别于8月25日、26日、31日连续召开科教融合学院工作汇报会，听取13个科教融合学院的工作汇报，全方位梳理现状、讲清规划、剖析问题、研讨对策，为各科教融合学院的下一步发展打好基础。中国社会科学院副院长、党组成员，中国社会科学院大学党委书记高培勇全程出席并主持3场汇报会。

26—27日，“学术中国·2022”国际高峰论坛在京举办，校长张政文发表了题为“百年变局中的反思——文明与文化的冲突、超越及中国方案”的发言。

30日，《人民政协报》刊登校长张政文署名文章：《千秋伟业，人才为本；人才强国，教育优先》。

9月

1日，社科大召开2022年秋季新学期教职工大会。中国社会科学院副院长、党组成员，中国社会科学院大学党委书记高培勇出席大会并讲话。校长张政文布置学校秋季学期重点工作。副校长张树辉、张波、张斌、尤利前、高文书出席会议并报告工作，学校教职工约400人参加大会。会议由副校长王新清主持。

5日，为帮助新生尽快适应从高中向大学生活的转变，了解本科阶段的学业特点，为今后合理规划自己的大学生涯奠定基础，副校长张斌以“从高中到大学的转变”为题，面向2022级全体本科新生作专题讲座。

6日，社科大在良乡校区南综合楼党员学习室举行了2022年秋季应征入伍学生欢送会。副校长张树辉出席仪式并发表动员讲话。

7日，校党委副书记、副校长，研究生院院长王新清以“研究与创新是研究生教育的永恒主题”为题，为研究生新生讲授入学第一课，从四个方面阐述了研究与创新对于研究生生涯的重要意义。

8日，学校召开中国社会科学院院内交流挂职干部欢迎欢送会。副校长王新清出席会议并讲话。

是日，学校召开通识课程“大学生发展与心理健康”课前动员会，副校长张树辉、张斌出席会议并讲话。

9日，在第38个教师节来临之际，中国社会科学院大学在中国社会科学院学术报告厅组织召开教师节座谈会，表彰获得北京市教育教学类奖项的团体及个人，共商学校建设发展及人才培养大计。中国社会科学院副院长、党组成员，中国社会科学院大学党委书记高培勇出席座谈会并发表讲话。校领导张政文、王新清、张波、张斌、尤利前出席座谈会。各学院和职能部门主要负责人、教职工代表、学生代表50余人参加座谈会。座谈会由校长张政文主持。

13日，房山区委书记邹劲松带队到社科大调研学校疫情防控、校园建设等情况，区委区政府部分领导和有关部门负责同志陪同调研。校长张政文，副校长张树辉、张斌及有关部门负责人参加调研。

15日，校长张政文以“初心之问”引出授课主题，围绕“新时代青年的信仰培育”，从“何为信仰”“信仰何来”和“如何信仰”三个方面，为2022级本硕博新生讲授“思政第一课”。

16日，由中国社会保障学会主办，光明网、《社会保障评论》编辑部协办的“共同富裕大家谈”第一期在北京举行。中国社会科学院副院长、党组成员，中国社会科学院大学党委书记高培勇作了题为“正确认识扎实推动全体人民走向共同富裕”的报告。

是日，中国社会科学院院长、党组书记石泰峰到中国社会科学院大学考察调研。石泰峰强调，要深入学习贯彻习近平总书记关于教育的重要论述精神，落实立德树人根本任务，充分发挥科教融合办学特色，努力走出一条中国特色社会主义一流文科大学的办学之路。中国社会科学院副院长、党组成员，中国社会科学院大学党委书记高培勇陪同调研。全体校领导和有关部门负责人参加。

18日，2022年开学典礼在良乡校区图书馆东侧广场隆重举行。中国社会科学院副院长、党组成员，中国社会科学院大学党委书记高培勇，中国社会科学院秘书长、党组成员赵奇，全国人大常委会委员、社会建设委员会副主任委员、博士生导师江小涓出席开学典礼。全体校领导，各科教融合学院领导，各部门、学院负责人，教师代表以及本硕博新生等共2000余人在线上线下共同观礼。开学典礼由副校长王新清主持。

是日，新宿舍楼启用仪式在良乡校区举行。中国社会科学院副院长、党组成员，中国社会科学院大学党委书记高培勇，中国社会科学院秘书长、党组成员赵奇出席仪式。全体校领导，房山拱辰街道办事处主任、良乡大学城管委会常务副主任路鹏，有关部门负责人、师生代表和承建单位员工参加观礼。

20日，校长张政文前往学生一食堂、二食堂和校园超市调研并检查工作，倾听同学们的意见和建议。纪委书记、副校长尤利前和后勤处负责人陪同调研。

是日，北京市教育委员会相继下发《关于公布2022年优质本科课程和优质本科教材课件遴选结果的通知》（京教函〔2022〕394号）、《关于公布2022年北京高等教育本科教学改革创新项目的通知》（京教函〔2022〕395号）和《关于公布2022年北京高校优秀本科育人团队和北京高校优秀教学管理人员评选结果的通知》（京教函〔2022〕398号），社科大获评“北京优质本科课程”4门，“北京高等学校优秀专业课（公共课）主讲教师”4人，“北京优质本科教材课件”3个，“北京高等教育本科教学改革创新项目”3项，“北京高校优秀教学管理人员”1人，共计15项。

是日，由国务院参事室与中国社会科学院、广西壮族自治区人民政府联合举办的第十四届中国—东盟智库战略对话论坛在广西南宁召开。中国社会科学院副院长、党组成员，中国社会科学院大学党委书记高培勇出席并发表讲话。

28日，由中国社会科学院生态文明研究所、湖北省社会科学院联合主办的“长江高端智库对话·2022”活动在武汉举行，主题为“推动流域综合治理，统筹四化同步发展”。中国社会科学院副院长、党组成员，中国社会科学院大学党委书记高培勇发表致辞。

29日，副校长张波为2022级外国留学生讲授入学教育第一课。留学生工作相关负责人、老师以及2022级留学生新生线上参加会议。

30日，中国社科院党组第一巡视组向社科大党委反馈了巡视情况，院第一选人用人专项检查组反馈了专项检查情况。中国社科院党组巡视工作领导小组成员、直属机关党委常务副书记、巡视办主任王晓霞同志传达了院长、党组书记石泰峰同志在听取2022年度巡视汇报时的讲话精神，中国社科院党组第一巡视组组长郭红同志反馈巡视意见并对整改工作提出要求，校长张政文主持会议，代表校党委作表态发言，并签收巡视反馈材料。

是日，《经济日报》刊登中国社会科学院副院长、党组成员，中国社会科学院大学党委书记高培勇文章：《新发展理念是习近平经济思想最重要最主要内容》。

9月，《中国政协》2022年第17期发表校长张政文文章：《在学懂弄通做实中感悟思想伟力》。

是月，副校长林维主编的国家智库报告《未成年网络保护发展报告（2021）》由中国社会科学出版社出版。

是月，副校长张波受邀参加联合国人权理事会第51届会议平行会议并作题为“教育促进文明互通”的发言。

10月

6日，由中国社会科学院大学思想政治教育高等研究院、数字文明与智慧治理实验室联合主办的“思政AI、沟通机制与数字文明”研讨会在良乡校区举行。副校长张树辉主持会议并致辞。法雨科技有限公司创始团队、课题组成员、各相关职能部门负责人、学院专家学者代表和校级团学组织学生骨干代表20余人参加会议。

12日，北京市房山区史志办公室赠书仪式在社科大图书馆笃学讲堂举行。副校长王新清，房山区史志办公室主任高晓坤出席赠书仪式并讲话。

13日，社科大首场校情通报会在融媒体实验室举行。副校长张树辉出席通报会。校情通报会的举办是在校党委的领导和中国社会科学院副院长、党组成员，中国社会科学院大学党委书记高培勇的关心下，由校长张政文直接筹划、推动，并得到学校相关部门积极支持的结果，举办校情通报会的目的是展示学校发展，发布相关信息，回应师生关切，解答师生疑问。

16日，中国共产党第二十次全国代表大会在北京人民大会堂隆重开幕，中共中央总书记、国家主席、中央军委主席习近平代表第十九届中央委员会向党的二十大作报告。校党委积极部署，各学院党委（党总支）、各部门悉心组织、认真落实，全校师生以多样化形式收看收听开幕会盛况，学习习近平总书记的大会报告。开幕会在广大师生中引起强烈反响。

19日，《人民政协报》第11版刊登全国政协委员、校长张政文文章：《用新的伟大奋斗加快建设教育强国》。

20日，社科大“喜庆二十大　奋进新征程”书画摄影展正式开展。中国社会科学院副院长、党组成员，中国社会科学院大学党委书记高培勇在副校长张树辉、张波、张斌、尤利前的陪同下前往教学楼橡果艺巷参观。

是日，校党委理论学习中心组进行第六次集中学习活动，专题学习党的二十大精神，深入学习讨论习近平总书记代表第十九届中央委员会向大会作的报告。会议由中国社会科学院副院长、党组成员，中国社会科学院大学党委书记高培勇主持。

24 日，《光明日报》刊登副校长张树辉与校高等教育研究所副所长高迎爽合著文章：《推动数字文明，高等教育要贡献中国智慧》。

27 日，校党委召开党委常委会，专题研究共青团工作，听取校团委关于共青团开展学生思想政治工作汇报。中国社会科学院副院长、党组成员，中国社会科学院大学党委书记高培勇和全体校领导出席会议，党委办公室、党委组织部等部门列席会议。会议由高培勇主持。会议学习传达了有关部委关于高校共青团建设的文件，校团委负责人就学校共青团的基本情况、工作开展和学生思想政治工作的情况、下一步工作思路和相关工作意见建议等向党委作了汇报。

28 日，法学院主办的第二届“京都杯”法律辩论赛正式启动。本次系列活动由法学院执行院长吴用教授主持，副校长林维致辞。

是日，社科大首届“我爱我师”颁奖典礼圆满落幕。

是日，新闻传播学院召开第二届“实践教学与卓越人才培养创新高峰论坛”。副校长张树辉，新闻传播学院院长、中国社会科学院新闻与传播研究所所长胡正荣出席论坛并致辞。新闻传播学院执行院长漆亚林主持论坛。

30 日，社科大与英国斯特灵大学合作办学项目——创新与领导力博士学位教育项目 2022 级新生开学典礼在望京校区报告厅举行。副校长张波、高文书出席并致辞。

31 日，由中华人民共和国商务部主办、中国社会科学院大学实施的多哥政府官员治国理政能力建设研修班举行结业研讨会。商务部国际商务官员研修学院副院长陈润云、驻多哥共和国大使馆经济商务参赞胡冰，副校长张波出席会议并发言。研讨会由国际教育学院党总支书记朱孔京主持。

10 月，副校长王新清代表校党委开展国庆节、重阳节走访慰问离退休老干部活动。重点看望了社科大生病住院、高龄、独居的老同志，为他们送上了节日的问候和祝福。

11 月

3 日，社科大数据治理及全量数据中心建设工作动员会在良乡校区召开。校长张政文出席会议并讲话，副校长张树辉主持会议。

4 日，由社科大“新形势下高校学生思想动态观测管理与信息沟通机制创新综合研究”课题组、思想政治教育高等研究院联合主办的“大思政格局下高校信息沟通机制的探索与创新”研讨会在良乡校区举行。副校长王新清出席并致开幕词，副校长张树辉作总结致辞。各兄弟高校专家学者、相关部门负责人、教师和课题组成员参加会议。

是日，中国财政学会第 23 次全国财政理论研讨会分论坛——“面向未来的税制改革与转型”暨《财政科学》专题沙龙第 17 期在北京举行。副校长张斌出席会议并致辞。

5 日，第一届全国法学学生“东放明”杯模拟立法大赛在湘潭大学落幕，社科大法学院两支参赛队伍分获本赛事二等奖和三等奖。

7 日，在第五届中国企业论坛主题论坛上，中国社会科学院副院长、党组成员，中国社会科学院大学党委书记高培勇作主旨演讲时表示：高质量发展是全面建设社会主义现代化国家的首要任务，高质量发展的主体只能也应当是以企业和企业家为代表的市场主体。因此，要把高质量发展的基点放在市场主体身上，确保所有的政策配置、所有的政策操作首先聚焦于稳住市场主体。

8 日，教学综合楼项目在良乡校区奠基动工。中国社会科学院副院长、党组成员，中国社会科学院大学党委书记高培勇，中国社会科学院秘书长、党组成员赵奇出席。房山区政府副区长王大泉，良乡大学城管理委员会副主任徐振安受邀参加奠基。校领导张政文、王新清、张树辉、张斌，基建处处长韩铭福，中建三局项目负责人张利勇，项目指挥部、各部门负责人、师生代表和参建单位及承建单位员工代表观礼。奠基动工仪式由副校长张树辉主持。

是日，中国社会科学院“深入学习贯彻党的二十大精神 推动哲学社会科学创新工程高质量发展”座谈会在京举行。中国社会科学院副院长、党组成员，中国社会科学院大学党委书记高培勇出席会议并讲话。

9日，学习贯彻党的二十大精神中国社会科学院大学宣讲报告会在良乡校区召开。中国社会科学院学习贯彻党的二十大精神宣讲团成员，中国社会科学院副院长、党组成员，中国社会科学院大学党委书记高培勇作宣讲报告。校党委理论学习中心组成员张政文、王新清、张树辉、张波、张斌、尤利前、高文书，校党委委员、纪委委员，全体中层干部，教职工党支部书记和师生党员代表现场参加会议，其他师生通过校内直播平台在线同步收看。宣讲报告会由校长张政文主持。

10日，社科大第五届田径运动会在良乡校区田径场开幕。中国社会科学院副院长、党组成员，中国社会科学院大学党委书记高培勇和校领导张政文、王新清、张树辉、张波、高文书出席运动会开幕式。副校长张树辉宣布新操场启用并主持运动会开幕式。

11日，“人民政协报教育在线周刊”微信公众号刊登全国政协委员、校长张政文文章：《加快推进高等教育强国建设》。

12日，“中国社会科学院大学习近平经济思想研究中心”成立暨学习贯彻党的二十大精神研讨会在良乡校区召开。中国社会科学院副院长、党组成员，中国社会科学院大学党委书记高培勇出席开幕式并致辞。中国社会科学院国家高端智库首席专家、学部委员蔡昉，校长张政文，以及来自中国社会科学院、各兄弟高校和科研机构的领导专家出席会议。副校长王新清主持开幕式，副校长高文书主持大会并作主旨演讲。

是日，中国社会科学院大学与社会科学文献出版社联合发布《社会组织蓝皮书：中国社会组织报告（2022）》。

16日，应用经济学院税收政策与治理研究中心与社会科学出版社联合发布《税收蓝皮书：中国区域税收发展报告（2022）》。

19日，社科大首届文化遗产研究青年学者论坛在线举行。副校长高文书、历史学院副院长施劲松发表讲话。

21日，2022年宋庆龄儿童发展国际论坛“数字时代的儿童赋能与发展”平行分论坛在中国宋庆龄青少年科技文化交流中心举办。副校长林维通过视频形式作题为“未成年人数字鸿沟挑战与数字公平实现”的主题演讲。

25日，社科大首届本科生跨学科学术论坛暨“全球发展：共同使命与行动价值”学术研讨会在线上召开。中国社会科学院副院长、党组成员，中国社会科学院大学党委书记高培勇出席研讨会并致辞。

26日，中国宏观经济论坛（CMF）年度论坛在线上举行。本次论坛聚焦“在大调整中温和复苏的中国宏观经济”。中国社会科学院副院长、党组成员，中国社会科学院大学党委书记高培勇受邀出席论坛并讲话。

26—27日，主题为“八二宪法四十年：成就、经验与展望”的中国法学会宪法学研究会2022年年会召开。中国法学会副会长、中国法学会宪法学研究会会长郑淑娜，副校长王新清，盈科律师事务所全球董事会主任、鲁东大学盈科法学院院长梅向荣出席开幕式并致辞。司法部普法与依法治理局局长王晓光、中国法学会研究部副主任阮莹出席开幕式。中国社会科学院法学研究所所长、中国社会科学院大学法学院院长、中国法学会宪法学研究会常务副会长莫纪宏主持开幕式。

27日，第十六届红十字国际人道法模拟法庭比赛落下帷幕。经过为期两天的激烈角逐，社科大代表队最终荣获本届赛事三等奖。

28日至12月2日，第二十届“贸仲杯”国际商事仲裁模拟仲裁庭辩论赛在线上成功举行，社科大法学院代表队荣获全国三等奖，队长王祉恒获得“突出贡献奖”。

11月，社科大教师刘晓春参加联合国人权理事会第51届会议主题边会并发言。

12月

1日，由人民日报社指导、《人民论坛》杂志社主办的“深入学习贯彻党的二十大精神——第八届国家治理高峰论坛年会暨人民论坛创刊30周年座谈会”在北京举行。全国政协副主席辜胜阻，全国政协民族和宗教委员会主任王伟光，人民日报社副总编辑方江山，全国政协文化文史和学习委员会副主任叶小文，国务院发展研究中心党组成员、副主任余斌，中国社会科学院副院长、党组成员，中国社会科学院大学党委书记高培勇，原中央党史研究室副主任李忠杰，中央党校（国家行政学院）教授韩庆祥等出席论坛。高培勇在学习贯彻党的二十大精神主题演讲中发言。

5日，为深入学习贯彻党的二十大精神，充分发挥哲学社会科学的育人育才功能和中国社会科学院学部委员的学术优势和学术影响力，中国社会科学院大学“学部委员大讲堂”第一讲：“‘非遗’与人文学术”以线上直播方式成功举办。

6日，《人民日报》刊登中国社会科学院法学研究所所长、中国社会科学院大学法学院院长莫纪宏文章：《依规治党为自我革命提供有力保障》。

9日，“国际传播能力建设与北京对外文化传播”学术研讨会在京召开。副校长张树辉参会并致辞。

10—11日，“风月同天薪火相传”中国社会科学院大学第二届“中华优秀文化传承与传播”学术研讨会在腾讯会议云端召开。研讨会开幕式由国际教育学院党总支书记朱孔京主持，副校长张波为大会致开幕词。中国社会科学院学部委员冯时教授，同济大学国际文化交流学院院长孙宜学教授作主旨发言。

14日，由社科大与南阳师范学院共建学术合作平台“南阳研究院”主办的系列学术讲座，以线上线下结合的形式开展第一讲。副校长王新清教授和南阳师范学院校长、南阳研究院副院长张宝锋教授出席并致辞。中国社会科学院大学党委宣传统战部部长、历史学院教授、博士生导师王华担任主讲嘉宾。

15日，“中国社会科学论坛（2022年·经济学）：黄河生态文明国际论坛”在北京和济南采取线上线下相结合方式举行。全国人大常委会副委员长丁仲礼，中国社会科学院副院长、党组成员，中国社会科学院大学党委书记高培勇，山东省委常委、济南市委书记刘强出席开幕式并致辞。

16日，第一届中国式现代化发展战略论坛暨第十四届中原智库论坛在郑州举行。中国社会科学院副院长、党组成员，中国社会科学院大学党委书记高培勇作视频致辞。

28日，“语言AI，智造美好未来”2022第三届语言AI发展大会在京召开。副校长张树辉发表致辞演讲。

29日，由《经济观察报》主办的2021—2022年度（第二十一届）受尊敬企业年会上，中国社会科学院副院长、党组成员，中国社会科学院大学党委书记高培勇发表题为“推动高质量发展的责任主体是企业和企业家”的主题演讲。

12月，2022年“高教社杯”全国大学生数学建模竞赛结果揭晓。社科大3支代表队获得北京赛区一等奖，2支代表队获得北京赛区二等奖，其余9支代表队均获得成功参赛奖。

学校事业发展简述

中国社会科学院大学（以下简称社科大），英文名称是University Of Chinese Academy Of Social Sciences（UCASS），2017年5月根据中共中央的决策部署，在加快构建中国特色哲学社会科学语境下，以中国社会科学院研究生院为基础，整合中国青年政治学院本科教育及部分研究生教育资源而创办。社科大的校训是"笃学、慎思、明辨、尚行"。中国社会科学院研究生院成立于1978年，经老一辈党和国家领导人邓小平、叶剑英亲自批准设立，是直属于中国社会科学院的研究生培养基地，也是我国最早成立的研究生院之一，是人文和社会科学学科设置最为完整的一流研究生院，为党和国家培养了一大批哲学社会科学高级专门人才。

2022年，学校共有望京、良乡两个校区，校园占地面积约43万平方米。学校立足"大学科"理念，设立13个科教融合学院及国际教育学院、继续教育学院，哲学社会科学学科门类齐全，覆盖哲学、理论经济学、应用经济学等主要学科领域。设置有学士学位专业16个，硕士学位一级学科17个，硕士学位二级学科授权点124个，博士学位一级学科16个，博士学位二级学科授权点118个，一级学科博士后科研流动站16个。拥有13个国家级一流本科专业建设点，3个北京市一流本科专业建设点。

截至2022年底，社科大拥有教职工785人。其中，在职教职工406人，正高职称56人，副高职称132人，中级职称105人。高、中级职称人员占全校在职人员总数的72.2%；专任教师1808人，包括教授967人、副教授718人、讲师120人、助教3人。博士后科研流动站1个，其中，博士后研究人员出站5人，在站8人。博士生导师773人，硕士生导师1038人。聘用长期外籍教师4人，安排46名短期境外专家学者以线上方式讲学和研讨交流。

2022年，学历教育学生中毕业生有1837人。其中，博士研究生406人、硕士研究生1063人、本科生368人。截至12月31日，毕业生总体落实去向人数1595人，毕业去向落实率为85.52%，其中本科毕业生就业率为87.88%，研究生毕业生就业率为84.89%。全年共招生2208人，其中，博士研究生502人，硕士研究生1309人（全日制学术硕士研究生452人，全日制专业学位硕士研究生690人，非全日制专业学位研究生167人），本科生397人。在校生7157人。

在党建工作方面，在院党组的坚强领导下，社科大党委以习近平新时代中国特色社会主义思想为指导，深入学习贯彻党的二十大精神，全面贯彻落实习近平总书记关于教育的重要论述、"5·17"重要讲话精神、致社科院建院40周年贺信精神和中央对社科大建设的系列重要指示批示精神，围绕立德树人根本任务，全力探索科研院所办一流大学的创新之路。督促各科教融合学院成立新党委，完善“三重一大”决策机制和事项清单，成立中国社会科学院大学党校，制定《中国社会科学院大学党校2022年秋季学期培训计划》开展业务培训工作，有序组织各基层党支部开展增补委员和换届选举工作，不断提升、优化党组织功能架构，切实加强党的建设。以迎接党的二十大为主线，精心组织开展主题学习宣传教育实践活动，组织收听收看党的二十大盛会，开展各类形势与政策报告会、辅导讲座、论坛等，确保党的二十大精神落地生根、见行见效。认真履行全面从严治党主体责任，坚持以严的基调强化正风肃纪，锲而不舍落实中央八项规定精神，坚持把政治标准和师德师风作为教师评价考核的第一标准，紧盯重要时间节点和关键领域，着力营造风清气正的教书育人环境。

在意识形态和安全稳定方面，社科大党委严格贯彻执行意识形态工作责任制，严格落实院安全工作会议精神，制定完善《中国社会科学院大学党委意识形态责任制实施细则》等规章制度，深入开展安全稳定隐患摸排，不断丰富校园安全管理智能化手段。坚决贯彻落实党中央、北京市和社科院关于疫情防控工作的要求，妥善处置了十余次突发事件，实现了在校师生“零感染”，切实保障了校园教育教学、学习生活等方面始终平稳有序。9月16日，时任中国社会科学院院长、党组书记石泰峰到社科大考察调研。

在深化科教融合方面，2022年上半年，按照学科属性、学科关联度，遵循科教融合的总体方针和学科发展规律，将分散在不同学院、学系的二级学科统一整合到相应的学院，实现了“一院一所（系）”到“一院多所（系）”的深度科教融合改革，标志着社科大的学科整合、学院重组工作取得阶段性成果。2022年下半年，学校连续召开科教融合学院工作汇报会、职能部门座谈会、科教融合学院院长座谈会，围绕制定科教融合学院的组织规范体系制度和议事规则等进行深入讨论，针对问题逐一分解、落实，为社科大将科教融合的办学特色转化为人才培养优势奠定了基础。依托社科院强大的科研和人才优势，学校聘请54名学部委员、二级研究员担任特聘教授，701名学术能力强、有一定教学经验的研究人员担任岗位教师，加上专职教师267名、研究生导师1941名，组建了由岗位教师、特聘教授、专任教师和研究生导师组成的“四位一体”高水平师资队伍，师资结构得到变革性提升。

在学科建设方面，开展哲学等16个一级学科评价，重点遴选出9个一流学科作为首批一流学科建设点，哲学等3个专业入选国家级一流本科专业建设点，马克思主义理论等2个专业入选省级一流本科专业建设点，全校16个本科专业实现国家“双万计划”全覆盖，有力地推进了一流大学和一流学科建设。开展博士、硕士学位授权点调整、增列、自主设置申报（备案）工作，逐步打造形成布局合理、优势突出、特色鲜明、适应国家和教育发展需要的学科体系。

在教育教学方面，学校始终坚持“三全育人”基本理念，在原有教学内容基础上有机融入党的二十大精神，持续推进“学部委员 + 领导干部 + 学术名家”系列思政金课，积极推进“三进”工作，实施好“马骨干”项目。高度重视2024年本科教学合格评估，开展本科教育教学规范性检查等工作，编制《中国社会科学院大学2021—2022学年本科教育教学质量监测报告》；进一步加强研究生教育质量保障体系建设，制定完善研究生教育教学等相关制度，人才培养水平稳步提升、结构不断优化，社会影响力持续提升。2022年，学校4门课程、1项教育教学成果、6名教师、3个课题和3个教材课件获省部级以上奖励与立项；相继出版中华人民共和国史系列教材、《现代消费经济学》等10本教材；在第十七届“挑战杯”全国赛中，社科大首次获得特等奖；在服务北京2022年冬奥会和各类社会实践活动中，师生多次获得全国和北京市表彰。

在科学研究方面，学校始终坚决贯彻落实科研经费“放管服”改革等要求，鼓励科研人员承担科研项目，扩大科研人员经费使用自主权，召开全校科研工作会议，进一步凝聚科研共识，促进学校科研事业蓬勃发展。2022年，学校共有校级非实体研究中心52个，新增“习近平经济思想研究中心”“中国古典社会学（群学）研究中心”等5个非实体研究中心。举办、承办“21世纪马克思主义研究高端论坛”“世界能源发展报告发布会”等43场学术会议。全年承担省部级以上项目23项，第一单位署名论文504篇，核心及以上论文251篇；第一单位署名出版著作类科研成果48部，其中专著22部。社科大学生以第一作者发表34篇论文类成果，核心及以上期刊发表21篇，占比62%，科研水平不断提升，科研成果持续涌现。

在对外合作与交流方面，学校立足“围绕中心、服务大局，以我为主、兼容并蓄，提升水平、内涵发展，平等合作、保障安全”的原则，与日本早稻田大学等6所海外知名高校新签或续签合作协议7份。采取“申请—考核”方式招收国际研究生，招生人数、层次、生源地实现全面扩展。积极实施学生海外学习交流支持计划等，安排学生参加耶鲁大学等境外合作院校学习交流项目20余项，60名学生获得奖学金资助，资助比例达67.4%。举办、承办“第五届中国社会科学院—昆士兰大学亚太论坛”等各类讲座、国际会议30余场，极大地丰富了师生国际化发展需求。在国际学位项目、创新与领导力博士学位项目等持续发力，首届汉语国际教育硕士就业率达91%，毕业生满意度均达到90%以上。大力支持“一带一路”研修项目，先后培养各国官员学者500余人次，为讲好中国故事、昭示中国道路、提供中国方案、放大中国声音、加强中国对外话语体系构建提供有效助力。

在校园文化和基础建设方面。国以史为鉴，校以史明志。在学校成立五周年之际，经过半年多的努力，对校史馆进行了改建。加强年鉴史志工作，编纂《中国社会科学院大学年鉴（2021）》。完成社科大视觉形象识别系统、综合形象宣传片的制作和发布，充分发挥校园文化对师生思想浸润的积极导向作用。聚焦“十四五”期间建设规划，高效完成扩建研究生宿舍项目和宿舍调整工作，顺利竣工体育场改造工程，启动教学综合楼项目，持续改善办学条件。

学校严格按照教育部要求，建立健全非学历继续教育体制机制，出台《中国社会科学院大学继续教育管理办法》等11份文件，强化矩阵式宣传推广，不断提升继续教育管理水平，为继续教育培训项目招生营造清朗环境。2022年，学校8个办学单位共申报39项非学历教育培训项目，成功举办短期、在职高级课程培训32项，53个班次2818名学员申领结业证，社会影响力、品牌知名度逐年攀升。

社科大将继续立足于“马克思主义坚强阵地、我国哲学社会科学研究的最高殿堂、党中央国务院重要的思想库和智囊团”这一社科院特殊定位，全面落实立德树人根本任务，为党育人、为国育才，以“科教融合”为办学特色，以“两入双一”为办学方略，致力于培养政治可靠、学术精湛、视野开阔、人格健全的哲学社会科学高层次研究型人才，努力建设成为中国特色社会主义一流文科大学。

机构与负责人

学校领导

学校领导一览表

表 1

职务	姓名
中国社会科学院副院长、党组成员，中国社会科学院大学（中国社会科学院研究生院）党委书记	高培勇
中国社会科学院大学（中国社会科学院研究生院）党委常务副书记，中国社会科学院大学校长，中国社会科学院研究生院副院长	张政文
中国社会科学院大学（中国社会科学院研究生院）党委副书记，中国社会科学院大学副校长，中国社会科学院研究生院院长	王新清
中国社会科学院大学（中国社会科学院研究生院）党委常委、副校长（副院长）	林　维
中国社会科学院大学（中国社会科学院研究生院）党委常委、副校长（副院长）	张树辉
中国社会科学院大学（中国社会科学院研究生院）党委常委、副校长（副院长）	张　波
中国社会科学院大学（中国社会科学院研究生院）党委常委、副校长（副院长）	张　斌
中国社会科学院大学（中国社会科学院研究生院）党委常委、纪委书记、副校长（副院长）	尤利前
中国社会科学院大学（中国社会科学院研究生院）副校长（副院长），兼任中国社会科学院大学应用经济学院执行院长	高文书

学校各部门、院系负责人一览表

表 2

序号	机构名称	姓名	职务
1	党委办公室（校办公室、工会办公室）	王川培	主任
2		李　峰	综合管理五级职员
3		苏志杰	综合管理六级职员
4	党委组织部（党校）	赵卫星	部长
5		赵　凡	副部长
6		苏　文	综合管理六级职员
7	党委宣传统战部（新闻中心）	王　华	部长

续表 2

序号	机构名称	姓名	职务
8	纪委办公室	孙　红	主任
9	党委学生工作部（学生工作处、党委人民武装部）	金　英	副部长
10		陈　军	综合管理五级职员
11	团委	漆光鸿	团委副书记，兼任学生工作部（学生工作处）副部（处）长
12		谢丽泉	副书记
13	人事处（党委教师工作部）	刘文瑞	处长（部长）
14		曹蓓蓓	综合管理五级职员
15	教务处	罗自文	处长
16		张洪涛	副处长
17		张洪磊	综合管理六级职员
18		熊水和	综合管理六级职员
19	科研处	王炜（女）	处长
20		蒋甫玉	综合管理六级职员
21	研究生教育管理部（学位办公室）	谭祖谊	处长（主任）
22		李为人	副处长（副主任）
23		张秀台	综合管理五级职员
24	招生与就业处	王志毅	处长
25		冯杰梅	综合管理五级职员
26	国际交流与合作处（港澳台办公室）	李　提	处长
27		曾茂富	副处长
28	规划与评估处	柴宝勇	处长
29		高迎爽	副处长
30	财务处	王立恒	处长
31		刘　琦	副处长
32		贾晶晶	副处长
33	后勤处	王学文	副处长
34		张　率	副处长
35		王小斐	综合管理六级职员
36	党委保卫部（保卫处）	张部林	副处长
37		高东生	副处长
38	基建处	韩铭福	处长
39		邢言利	副处长
40		刘　岩	综合管理六级职员
41	望京校区管理办公室	邓淑娜	党总支书记
42		胡文敏	综合管理五级职员
43		莫志林	副主任

续表 2

序号	机构名称	姓名	职务
44	继续教育管理中心	常淑贞	副主任
45	马克思主义学院	李　楠	执行院长
46		王维国	副院长
47		秦国伟	副院长
48		王　亮	综合管理六级职员
49	文学院	沈健平	党委书记
50		李　俊	执行院长
51		徐宇雷	党委副书记
52	外国语学院	杨树森	党总支书记
53		吴波龙	执行院长
54		赵洪宝	副院长
55		杨迎兵	副院长
56	哲学院	韩育哲	党总支书记
57		周勤勤	执行院长
58		赵　猛	副院长
59	历史学院	闫　雷	党委书记
60		袁宝龙	副院长
61		刘　强	副院长
62	经济学院	钟德寿	党委书记
63		张　涛	执行院长
64		李石强	副院长
65		刘克龙	综合管理六级职员
66	商学院	何　辉	党委书记
67		张菀洺	执行院长
68		蒋　震	副院长
69	应用经济学院	张志国	党委书记
70		陈洪波	副院长
71	法学院	张初霞	党委书记
72		吴　用	执行院长
73		苗鸣宇	副院长
74		柳建龙	副院长
75	政府管理学院	黄建云	党委书记
76		蔡礼强	执行院长
77		薛在兴	副院长
78		皇　娟	副院长
79		罗维亿	党委副书记

续表 2

序号	机构名称	姓名	职务
80	社会与民族学院	赵一红	执行院长
81		张　超	综合管理五级职员（党委副书记）
82		李　原	副院长
83	新闻传播学院	彭　冰	党总支书记
84		漆亚林	执行院长
85		杜智涛	副院长
86	国际政治经济学院	张晓东	党委书记
87		粟瑞雪	执行院长
88		权　达	副院长
89	国际教育学院	朱孔京	党总支书记
90		高海龙	院长
91		孙兆阳	副院长
92	继续教育学院	王　炜	院长
93		雷　艺	综合管理六级职员
94		辛建辉	综合管理六级职员
95	体育教研部	杜振财	综合管理五级职员
96		张韶光	副主任
97	计算机教研部	翟剑锋	副主任
98	图书馆	周军兰	馆长
99		田　杰	副馆长
100	网络中心	宿培成	主任
101		高　歌	综合管理六级职员
102	学报编辑部	任朝旺	主任

中共中国社会科学院大学第一届委员会

高培勇　张政文　王新清　林　维　张树辉　张　波　张　斌　尤利前　朱孔京　韩育哲
王　炜　谭祖谊　闫　雷　王　华　柴宝勇　何　辉　赵一红　黄建云　张菀洺　刘文瑞

中共中国社会科学院大学第一届纪律检查委员会

纪委书记：尤利前

纪委副书记：孙　红

纪委委员：钟德寿　王立恒　李　楠　沈健平　张　超

中国社会科学院大学第一届学位评定委员会

主　席：张政文

副主席：王新清

成　员：卜宪群　王延中　史　丹　刘丹青　刘跃进　李　平　李向阳　何德旭　辛向阳　张宇燕　张志强　张　波　张莞洺　陈　甦　陈光金　陈众议　陈星灿　林　维　赵一红　柴宝勇　唐绪军　黄群慧　谭祖谊

中国社会科学院大学教学委员会

主任委员：王新清

副主任委员：张　斌　林　维

秘书长：罗自文

委　员：（按姓氏笔画排序）

刘文瑞　李　俊　李石强　杨迎兵　杨蓉蓉　张韶光　陈洪波　苗鸣宇　赵　猛　皇　娟　秦国伟　袁正清　袁宝龙　夏杰长　柴宝勇　高海龙　漆亚林　谭祖谊　翟剑锋

中国社会科学院大学副高级职称评审委员会

主　任：张政文

委　员：王新清　林　维　张　波　赵一红　高文书　柴宝勇　王延中　任万平　宇文利　吴向东　胡百精　黄延敏

中国社会科学院大学教材建设委员会

主　　　任：王京清

第一副主任：高培勇

副　主　任：张政文　王新清　张　斌

委　　　员：马　援　曲永义　林　维　张树辉　张　波　刘文瑞　王立胜　黄群慧　张菀洺　吴　用　蔡礼强　张宇燕　陈光金　辛向阳　刘跃进　程　巍　唐绪军　李国强　谭祖谊　柴宝勇　王　炜

中国社会科学院大学聘用委员会

主　任：副校长、研究生院院长

副主任：分管人事工作副校长

委　员：校领导、党委常委、党委办公室负责人、人事处负责人、纪委办公室负责人、教务处负责人、科研处负责人、学生工作部负责人、学位办公室负责人、二级学院的执行院长（须为博士生导师）

中国社会科学院大学专业技术资格评审委员会

主　任：张政文

委　员：王新清　林　维　张　波　赵一红　王延中　高文书　柴宝勇　吴向东　宇文利
胡百精　任万平　黄延敏

中国社会科学院大学离退休干部工作领导小组（党委组织部）

组　长：王新清

副组长：张　斌　尤利前　王清海

成　员：赵卫星　王立恒　王学文　王小斐

党务行政

综合管理

中国社会科学院大学党政综合性事务管理与服务工作由党委办公室（校办公室）承担。党委办公室（校办公室）负责全校性党政工作报告和文件起草；负责党委会、党委常委会、校长办公会等校级会议，全校性重大活动和重大接待任务组织协调；负责文件办理、督查督办、接诉即办、印章管理、审计、信访、国家安全、规章制度建设、信息统计、信息公开、国内合作、年鉴、合同管理、法律事务、学校值班、收发室、档案室等日常工作。办公地点位于北京市房山区长于大街11号行政楼。

2022年，党委办公室（校办公室）起草完成党政工作报告、工作要点、工作总结、会议材料等文稿；组织党委会5次、党委常委会31次、校长办公会68次；组织毕业典礼、开学典礼、应用经济学院成立暨经济学院商学院学科建设大会和国际政治经济学院、社会与民族学院、文学院、哲学院命名重组大会等重大活动；收发文1500余件；累计登记办理合同888份；建立接诉即办工作机制，受理相关诉求100余件；加强年鉴史志工作，编纂《中国社会科学院大学2021年年鉴》；完成校史馆改建工程；收集、整理、校对、更新学校各部门校级规章制度，编纂首版《中国社会科学院大学规章制度汇编》。

组织人事工作

【概况】中国社会科学院大学党委组织部（党校）在校党委的领导下负责全校党的组织建设和干部队伍建设；制定开展组织工作的计划及实施措施；开展全校党员教育、管理工作；认真做好党员发展工作；做好领导干部培养、考察、选拔、任用、管理、考核、监督等工作；推动干部交流和培训工作；学校编制机构构架和调整；落实离退休干部政治待遇、生活待遇。

2022年12月，中国社会科学院大学党委下设10个学院党委、6个学院（部门）党总支、1个直属离退休党支部。下设183个党支部，包括35个教职工党支部（其中1个教工党支部调整中），148个学生党支部，中共党员2369名。

中国社会科学院大学设管理机构19个、业务部门20个。管理机构是：党委办公室（校办公室）、党委组织部（党校）、党委宣传统战部（新闻中心)、纪委办公室、党委学生工作部(学生工作处)、团委、人事处(党委教师工作部)、教务处、科研处、研究生教育管理部(学位办公室)、招生与就业处、国际交流与合作处(港澳台办公室)、规划与评估处、财务处、后勤处、党委保卫部(保卫处)、基建处、望京校区管理办公室、继续教育管理中心。业务部门是:马克思主义学院、文学院、外国语学院、哲学院、历史学院、经济学院、商学院、应用经济学院、法学院、政府管理学院、社会与民族学院、新闻传播学院、国际政治经济学院、国际教育学院、继续教育学院、体育教研部、计算机教研部、图书馆、网络中心、学报编辑部。

中国社会科学院大学人事工作由人事处(党委教师工作部)承担。人事处(党委教师工作部)是学校人力资源工作、教职工队伍建设、高层次人才引进、师德教育的管理与服务部门,实行合署办公。主要职责包括:教职工培训及管理,师德师风建设,人才队伍建设,人力资源调配,专业技术职务评聘,教职工工资、福利和社会保险,非领导干部的考核、聘任及管理,非备案人员因私出国(境)的审批和管理,博士后流动站管理,人事档案管理,考勤、请销假等日常管理。

截至2022年底,校内教职工共计785人,其中在编教职工406人,高、中级职称人员占编内教职工总数的72.2%。"四位一体"专任教师共计1808人,教授967人、副教授718人,讲师120人。学校设有4个一级学科博士后科研流动站,本年度博士后研究人员出站5人、在站8人。

2022年度工作情况如下:

加大人才引进与调配工作力度。本年度,通过公开招聘方式完成人才引进计划13人,其中教学科研岗9人、行政管理岗4人;通过院内调动方式调入其他院所优秀科研人员4人,其中正高职称3人、副高职称1人;通过劳务派遣方式招聘补充工作人员46人,其中硕士以上学历20人、本科学历24人、大专学历2人。同时,不断创新工作方法,进一步优化工作程序,着力提高人才引进工作成效。

建设高水平专业师资队伍。调整优化特聘教授和岗位教师相关制度,修订完善《中国社会科学院大学特聘教授与岗位教师聘任管理办法(试行)》,加强"四位一体"师资队伍建设。规范授予荣誉教授和聘请客座教授工作,制定出台《中国社会科学院大学授予荣誉教授和聘请客座教授管理办法(试行)》,促进学科专业的建设发展。积极拓展高层次人才引进渠道,尝试开展国家自然科学基金海外优青项目、"长江学者奖励计划"讲座教授项目等人才项目,探索完善配套措施,着力提升师资队伍建设质量和水平。

做好专业技术职务评聘工作。根据社科院人事教育局《关于开展2022年专业技术职务评聘工作的通知》等文件精神,在上级部门的指导帮助下,人事处认真开展了本年度专业技术职务任职资格评审工作,经过前期准备、材料审核、会议评审、名单公示、常委会审定等严格的工作程序,评审产生了向社科院推荐参评高教系列正高人选5名(含1名转系列)、向社科院备案的高教系列副高人选12名(含2名转系列)和讲师人选1名(转系列),顺利完成了本年度专业技术职务评聘工作。

加强师德师风和专业能力建设。坚持把政治标准和师德师风作为教师评价考核的第一标准,严格执行《中国社会科学院大学师德失范行为处理办法》,在本年度的职称评审、创新考核等教师考核评价工作中,严把政治关,在师德师风问题上实行一票否决,确保了相关工作的正确政治方向。同时,会同教务部门拟定了专职教师业务培训计划,通过开展线上线下培养活动,引导教师自觉提高科研能力和教学水平。

【强化人事管理服务】 加强日常考勤管理监督。根据校领导指示要求,2022年7月制定并实施《中国社会科学院大学教职工考勤管理办法(试行)》,严格执行考勤制度，认真加强考勤管理，严肃考勤纪律，学校行政管理工作质量与水平得到明显提高。

做好薪酬福利社保工作。加强教职工薪酬管理和福利社保工作，进一步理顺工作程序、加强人力配备、提高业务水平，确保教职工工资福利发放与社保工作的规范有序，为学校的正常运转以及建设发展提供有力保障。

完成人事档案专审工作。按照社科院人事教育局《关于中国社会科学院干部人事档案专项审核工作安排的通知》要求，人事处克服时间紧、任务重的实际困难，聚焦重点、扎实工作，完成394名教职工档案的专项审核任务。

【完善激励保障制度】 完善绩效工资分配制度。人事处根据社科院及学校有关文件精神，牵头研制《中国社会科学院大学编内人员奖励性绩效工资分配实施细则》，于2022年12月经校长办公会审议通过并发布实施。同时，按照上级工作部署，全力做好2022年度创新绩效考核及奖励性绩效工资分配工作。

推进高教系列职称评审改革。根据院人事局工作部署，在上级部门的指导下，人事处启动高教系列职称评审改革工作，起草制定《中国社会科学院大学高教系列职称评审工作管理办法（试行）（草案）》，经过反复沟通和修改完善，已经基本成文。

【推进教职工绩效工资分配制度改革】 为完善学校绩效工资分配制度，进一步激发广大教职工的工作积极性，建设一支培养德才兼备、爱岗敬业的教学科研及管理人才队伍，2022年，学校人事处根据社科院及学校有关文件精神，牵头研制了《中国社会科学院大学编内人员奖励性绩效工资分配实施细则》，于2022年12月经校长办公会审议通过并发布实施。同时，按照上级工作部署，顺利完成2022年度创新绩效考核及奖励性绩效工资分配工作，取得较好的工作成效。

随着学校激励保障制度的逐步完善，绩效工资分配的激励导向作用得以显现，学校教师队伍的工作积极性得到进一步提升，课程教学质量不断提高，高水平科研成果持续涌现，整体质量得到显著提升。

【中国社会科学院大学组织召开教师座谈会】 为深入贯彻落实习近平总书记在全国教育大会上的重要讲话精神，全面贯彻落实党的教育方针，坚持立德树人根本任务，大力弘扬学校尊师重教的良好氛围，进一步激发广大教师潜心教学、精心育人的工作热情，努力打造一支师德高尚、学术精湛的教师队伍，在第三十八个教师节来临之际，中国社会科学院大学在中国社会科学院学术报告厅组织召开教师节座谈会，欢庆教师节，表彰获得北京市教育教学类奖项的团体及个人，共商学校建设发展及人才培养大计。

中国社会科学院副院长、党组成员，校党委书记高培勇出席座谈会并发表讲话。校领导张政文、王新清、张波、张斌、尤利前出席座谈会。各学院和职能部门主要负责人、教职工代表、学生代表共50余人参加座谈会。

2022年9月9日，社科院报告厅教师节座谈会现场

（人事处供图）

2022 年退休教职工名单

表 3

序号	姓名	原部门（学院）	退休年月	人员分类
1	张　磊	外国语学院	2022 年 2 月	编内
2	孟相林	党委组织部（党校）	2022 年 4 月	外聘
3	石文东	社会与民族学院	2022 年 8 月	编内
4	邱伟立	综合协调办公室	2022 年 9 月	编内
5	栾明香	外国语学院	2022 年 9 月	编内
6	姜丽萍	法学院	2022 年 10 月	编内
7	关希丽	后勤处	2022 年 12 月	编内

宣传统战工作

【概况】 中国社会科学院大学宣传工作和统战工作由党委宣传统战部（新闻中心）承担。宣传统战部负责学校的政治理论学习、意识形态工作、融媒体运营和管理、精神文明和校园文化建设、对外形象宣传、统一战线工作等。

【政治理论学习】 2022 年全年，学校持续推动党史学习教育常态化、长效化，深入学习贯彻习近平总书记系列重要讲话精神，特别是习近平总书记关于中青年干部和高等教育的重要论述和指示；按照《中国社会科学院大学学习宣传贯彻党的十九届六中全会精神工作方案》，扎实开展理论学习、宣传宣讲、研究阐释，密切结合“如何办好社科大”，将学习贯彻总书记讲话精神和十九届六中全会精神落到大学建设和发展的实处。学校党委认真学习宣传全国两会精神，并将之与推动大学学院和学科调整、深化科教融合战略有机结合，凝心聚力，突出实效。学校党委紧密围绕学习宣传贯彻党的二十大精神主线，认真组织、系统规划、狠抓落实，有条不紊地推进学习宣传贯彻活动，制定并通过了《中国共产党中国社会科学院大学委员会学习宣传贯彻党的二十大精神工作方案》，下发实施。

2022 年，校党委按照年度学习计划组织安排了理论学习中心组相关学习活动和集体学习（扩大）会议，学习内容包括：学习党的十九届六中全会精神，学习 2022 年全国两会精神，学习习近平总书记关于中青年干部的系列重要讲话精神，专题研究学校意识形态工作，传达学习院党组扩大会暨院 2022 年度意识形态工作专题会议精神和中央有关文件精神，传达学习习近平总书记在省部级主要领导干部“学习习近平总书记重要讲话精神，迎接党的二十大”专题研讨班上的重要讲话精神，研读副院长高培勇的《办学定位、办学特色和办学方略的探索与抉择》、研究“办好社科大”的实现路径，专题学习党的二十大精神、学习讨论习近平总书记代表第十九届中央委员会向大会作的报告，开展党的二十大精神专题辅导学习。

作为主责职能部门，宣传统战部为学校党委理论学习提供保障，起草有关实施方案和工作方案，组织学习贯彻党的二十大精神专场宣讲报告会；根据院直属机关党委的要求和校党委统一部署，组织基层党组织和党员干部、广大师生落实落细学习贯彻和宣传阐释活动，组织、主办、协办和参与了一系列的主题活动，包括：组织党的二十大收听收看活动，共同组织和开展“喜庆二十大，奋进新征程”书画、摄影展，协助组织开展主题党日活动、宣讲活动等。还充分利用官网、微信公众号、短视频官方账号等新媒体，进行多角度、全方位的系列宣传报道，继续用好党史学习教育专题网站，编写7期党史学习教育简报和学习贯彻党的二十大精神专题简报。根据学习工作的需要，为基层党组织和党员干部购买党的二十大学习材料和其他理论学习用书。

【意识形态工作与信息沟通机制建设】 在学校意识形态领导小组领导下，宣传统战部修订、完善了《中国共产党中国社会科学院大学委员会意识形态工作责任制实施细则》，新制定《中国共产党中国社会科学院大学委员会网络意识形态工作责任制实施细则》，先后发布4个通知，对网络、新媒体、课堂、讲座、学术活动等的政治和意识形态把关作出明确要求和提醒，把牢校园意识形态关。严格按照“谁主办谁负责，谁主管谁负责”的原则落实意识形态工作责任，严把宣传阵地意识形态关，要求全校各种宣传媒介的使用，必须坚持意识形态关口前移，审稿先进行意识形态审核，确保不存在意识形态问题。根据中国共产党中国社会科学院大学委员会意识形态责任制实施相关要求，常态化进行意识形态安全工作检查。

根据校党委的要求和部署，宣传统战部从10月中旬起开通常态化校情通报会制度，展示学校发展，发布相关信息，回应师生关切，解答师生疑问，2022年共举办7场，得到广大师生的认可与欢迎，取得了良好的效果。由副校长张树辉主持，宣传统战部组织开展了“新形势下高校学生思想动态观测管理与信息沟通机制创新综合研究”校级委托专项课题研究，探索高校信息沟通机制的创新路径，借以解决学校信息沟通机制的“卡脖子”问题。

【融媒体运营和管理】 2022年，社科大官方微信公众平台累计发文532篇，其中单篇最高阅读量超过4.9万次。截至2022年12月31日，大学官方微信视频号共发布视频107条，其中单个视频最高浏览量11.1万次；抖音官方视频号共发布视频72条，其中单个视频最高浏览量13.2万次；B站官方视频号共发布视频72条，其中单个视频最高浏览量2.2万次。党史学习教育专题网站2022年发布消息数量约660条。

【精神文明和校园文化建设】 2022年，完成中国社会科学院大学视觉形象识别系统的制作和发布，制作并发布中国社会科学院大学综合形象宣传片，注重对名师和学生典型的发掘和塑造宣传，发挥校园文化对师生思想浸润的积极导向作用。宣传统战部与校工会、团委等组织开展了“喜庆二十大，奋进新征程”书画、摄影作品评选和展览活动。

【对外形象宣传】 宣传统战部注重抓亮点、抓外宣，不断加强与中国社科院媒体及社会主流媒体的紧密联系，得到中国社会科学网、《中国社会科学报》、《人民日报》（网）、《光明日报》（网）、新华网、《中国教育报》（网）、《北京教育》等十几家单位的大力支持，增强了学校宣传工作的传播力、影响力、受众关注度。2022年，中国社会科学院媒体及社会主流媒体报道社科大重大新闻有50多篇。例如，《北京教育》（高教）2022年第1期刊发《以新发展理念探索科教融合的高校特色发展之路》；2月28日，光明网发表了中国社会科学院大学成立应用经济学院 培养高端经管人才“国家队”；3月8日，中国青年网发表了《中国社会科学院大学学报》新刊发布会暨哲学社会科学创新与学术期刊繁荣发展研讨会在京举办；3月18日，中国方志网发表了中国地方志指导小组办公室、中国社会科学院大学战略合作框架协议签署仪式在国家方志馆举行；4月9日，光明网发表了胡正荣受聘中国社会科学院大学新闻传播学院院长、唐绪军受聘特聘教授；6月23日，中国社会科学网发表了2022年故宫学学术研讨会在京举行；9月2日，《中国教育报》刊发了高校哲学社会科学“有组织科研”理论研讨会在京召开；12月底，光明网、中国新闻网等发表了马克思主义中国化时代化与中国式现代化北京人文论坛举办等等。在举办学校学习贯彻党的二十大精神专场宣讲报告会、国际政治经济学院等六学院命名重组大会、2022届毕业典礼、2022年开学典礼、签署合作办学战略协议、教育基地揭牌仪式等重大活动时，宣传统战部一方面在校内协调专业队伍，组织学生记者团队；另一方面邀请中国社会科学院媒体和社会主流媒体给予宣传报道。同时负责媒体活动安排和新闻报道内容。

【统一战线工作】 2022年，宣传统战部进一步加强提高统一战线工作科学化、规范化、制度化水平，以习近平新时代中国特色社会主义思想为指导，深入贯彻习近平总书记关于加强和改进统一战线工作的重要思想，坚持和加强党对统一战线工作的领导，坚持推动构建大统战工作格局，坚持面向新时代全面谋划统一战线发展。按照上级部门有关统战工作的精神和校党委的要求，调查研究学校统战工作方面的情况，为统战对象服务，制定开展统战工作的计划及实施措施，与中国社科院统战与青年处、房山区和朝阳区统战部、民宗委加强互动交流和合作，推进学校统战工作。协助房山区统战部、朝阳区统战部完成相关工作。

【年度创新性工作】 校情通报会是社科大落实“接诉即办”进校园、畅通师生信息沟通渠道、创建和谐校园的一项机制创新，是在党委书记高培勇的关心下，在校党委的领导下，由校长张政文直接筹划、推动而设立。举办校情通报会的目的是展示学校发展，发布相关信息，回应师生关切，解答师生疑问。

校情通报会由宣传统战部负责组织落实，在学校相关部门的积极参与和支持下，于2022年10月13日正式落地。校情通报会采用线下互动、线上直播的方式，每次围绕一个师生关切的主题，以每周或两周一次的频率举行。截至2022年12月底，共举办7场，取得了良好的效果。

每次通报会前，宣传统战部会提前通过群聊、朋友圈、团学组织权益部门等多方渠道，搜集和聆听学校师生的真实声音，确定当前的关注热点，同时根据学校近期重要发展成就和重大事项，确定通报主题，随即“点兵点将”，约请相关部门负责人进行现场发布和答疑。面对同学们多样化的诉求，有的可以做到特定部门当场答复，有的要通过学校研究后解决，无论是哪种诉求，通报人都会给予积极的回应。通报会上的“自由提问”环节，要应对同学们各种猝不及防的随机提问，这是一个让通报人神经绷紧甚至“汗不敢出”的过程。

张树辉是校情通报会的直接督办领导，他表示：“校情通报会不是作单向通报，而是要建立与师生的良性互动，为师生们提供意见表达的机会、畅通沟通交流的渠道。校情通报会就是要做到‘有面儿、有里儿，更有理’，既要让同学们感受到自己被重视的‘仪式感’，又要有实打实解决同学诉求的决心和力度，同时还要渗透思政教育传递做人做事的道理。”

纪检监察工作

【概况】 2017年中国社科院大学成立后，为加强纪检工作，学校专门成立独立的、实体化的纪委办公室，编制4人，成立时有专职纪检干部2名，2022年有专职纪检干部3名。纪委办公室作为中国共产党中国社会科学院大学纪律检查委员会的具体办事机构，主要职责是在校党委、中国社会科学院直属机关纪委的领导下，在中央纪委国家监委驻中国社会科学院纪检监察组的指导下，忠诚履行党章赋予的职责，协助校党委推进全面从严治党、加强党风廉政建设和组织协调反腐败工作，坚决落实好校纪委全面从严治党监督责任，聚焦主责主业，做好监督执纪问责工作，努力为建设中国特色社会主义一流文科大学提供纪律保障。

【把握监督重点，加强对廉洁风险高发领域的监督】 大学纪委高度关注招生录取、基建工程、招标采购、评优评先、职称评聘、博导遴选、师德师风等高校廉洁风险高发领域。2022年，社科大第一次在博士招生录取工作中实行申请—考核制，为加强博士招生工作的监督，大学纪委专门向实行申请—考核制的院系党组织发函，请院系党组织高度重视博士招生录取工作，保障博士招生工作的顺利进行，还对试卷印制、初试复试、考生信访处理等环节进行了重点监督，并对招生部门负责人进行重点约谈；在工程招标采购中，安排纪检干部对部分项目招标过程进行监督，2022年重点监督教学综合楼招标工作，并多次约谈提醒基建处负责人、招标代理公司项目负责人以及工程总包方负责人；在职称评聘、博导遴选等工作中，纪委办公室安排人员全程列席监督；为做好学校“三重一大”事项的监督，不仅纪委书记作为班子成员参加党委会、常委会和校长办公会议，专职纪委副书记也全程列席；在师德师风建设方面，结合巡视整改任务督导教师工作部加强制度建设，严格执行《中国社会科学院大学师德失范行为处理办法》，在本年度的职称评审、创新考核等教师考核评价工作中，严把政治关，在师德师风问题上实行一票否决，推动师德师风学习教育制度化、常态化。

【紧跟形势任务，全程监督做好院党组对大学党委的巡视整改工作】 按照社科院党组统一部署，2022年6月21日至7月29日，院党组第一巡视组对大学党委进行集中巡视，并于2022年9月30日向大学党委反馈了巡视意见。大学纪委全程监督做好院党组第一巡视组对大学党委进行巡视的配合工作和后期巡视整改工作，在大学党委领导下牵头制定整改方案，并严格按方案明确的整改任务督促有关部门抓好整改落实。中国社会科学院副院长、党组成员、社科大党委书记高培勇先后多次主持召开党委常委会议，专题研究部署巡视整改工作，大学党委常务副书记张政文多次主持召开专题会议听取巡视整改工作进展情况汇报，研究推进整改落实工作。

【注重警钟长鸣，坚持开展常态化教育提醒工作】 2022年大学纪委为全校党员干部购买下发了《习近平关于坚持和完善党和国家监督体系论述摘编》，组织全校党员干部认真学习，切实提高纪律规矩意识。大学纪委还坚持在教师节、中秋、国庆、春节等重要时间节点做好纪律提醒工作，转发有关违纪案例通报，以案说纪，开展警示教育。在特殊时间节点，对招生与就业处处长、组织人事处处长、基建处处长等重要敏感岗位负责人及时进行提醒约谈。

【组织召开大学第一届纪委第八次全体委员会议】 2022 年 3 月 10 日，大学第一届纪委第八次全体委员会议在良乡校区召开，会议由纪委书记尤利前主持。会议传达学习了十九届中央纪委六次全会精神，重点学习了习近平总书记在十九届中央纪委六次全会上发表的重要讲话精神、赵乐际在十九届中央纪委六次全会上的工作报告精神，组织学习了《中国共产党纪律检查委员会工作条例》。会上，尤利前通报了驻院纪检监察组约谈提醒大学纪委的有关情况，并就把握大学监督工作重点、切实提高政治站位提出五项工作要求。会议审议通过《关于加强 2022 年博士招生监督的工作方案》和《关于贯彻落实纪律建设督办例会决定事项单的方案》，并研究了进一步推进落实纪委委员联系部门、学院制度的有关情况。

【组织召开大学第一届纪委第九次全体委员会议】 2022 年 9 月 8 日，大学第一届纪委第九次全体委员会议在良乡校区召开，会议由纪委书记尤利前主持。会议集体学习了习近平总书记在中共中央政治局第四十次集体学习时的重要讲话精神，传达了驻院纪检监察组约谈提醒大学纪委有关情况及 2022 年度社科院纪检干部培训班会议精神，安排部署了教师节、中秋节、国庆节前教育提醒 4 项重点工作。会议还通报了 2022 年上学期大学纪检工作情况，研究部署了下学期重点工作，研究讨论了分批召开大学纪检委员座谈会事宜。

【组织召开大学第一届纪委第十次全体委员会议】 2022 年 11 月 2 日，大学第一届纪委第十次全体委员会议在良乡校区召开，会议由纪委书记尤利前主持。会议集体学习交流了习近平总书记代表十九届中央委员会所作的《高举中国特色社会主义伟大旗帜，为全面建设社会主义现代化国家而团结奋斗》的报告、十九届中央纪律检查委员会的工作报告，传达了《中央纪委国家监委驻中国社会科学院纪检监察组关于加强对中国社会科学院机关纪委和院属单位纪检组织业务指导和监督检查的工作办法（试行）》文件精神，通报了大学纪委巡视整改任务及有关工作进展。会上，尤利前交流了党的二十大精神的学习体会，并就当前大学纪委重点工作提出三点意见。

【组织纪检干部参加社科院纪检干部培训】 2022 年 8 月 30 日，大学纪委书记参加院纪检干部培训班。会后，大学纪委向校领导班子、中层干部、纪检干部传达了会议精神和杨笑山组长讲话精神。

工会工作

2022 年度工会在校党委和社科院工会的领导下，把学习宣传贯彻习近平新时代中国特色社会主义思想和关于工人阶级和工会工作的重要论述作为首要任务，以广大教职员工群众关心的热点问题为出发点，以其切身权益为落脚点，在对教职工的思想政治引领、发挥主力军作用、维护教职工权益、加强工会组织自身建设等方面，依托基层工会小组，发挥了桥梁纽带作用。2022 年度校工会主要从以下几方面入手做出努力。

【坚定政治站位，发挥工会组织的宣传引领作用】 组织喜庆二十大书画摄影展。为庆祝党的二十大胜利召开，在学校组织的书画摄影展中，教职工5人报送13幅摄影作品，2人报送6幅书画作品。教职工181人线上观看“献礼二十大，奋进新征程”中央和国家机关工会联合会主题摄影展。

举办职工心理健康讲堂。通过调研其他高校、社科大心理中心、中国劳动关系学院社会工作学院心理研究室所举办的心理健康课程，在线开设高校教职工心理健康讲堂，提供国家公务员心理健康应用中心资料，为教职工纾解心理压力，提高幸福感获得感，树立积极健康的心理意识作出服务。

【在职工急难愁盼之时传递组织温暖】 5月25日，经过反复沟通协商，与具备资质的货运方达成协议。充满各方爱心的物资被分装、打包，派送师傅于26日下午陆续出发，直至27日晨，连夜将107份“爱心包”送往分散在北京各处的教职工家庭。6月2日，在校党委领导们的重视与协调下，第二批“爱心包”及时发向连日来战斗在学校一线的101位工作人员家庭。

进入6月，为切实保障社科大教职员工及家属身体健康，按每位会员200元标准，在线发放防控所需的口罩、消毒液、护目镜等物资。会员手指一点防疫物资就快递到家了。

2022年6月2日，社科大职工家属收到来自学校工会邮寄的物资 （工会办公室供图）

举办国庆暖心托管班。10月4—7日，与校团委联合为社科大青年教职工解决国庆上班期间子女“看护难”问题，组织部分老师和学生志愿者，开展针对青年教职工子女的托管服务活动。被托管的孩子们，年龄分布从不足3岁到15岁，日均60人次，多时高达80人。参加托管活动的志愿者、家长、孩子们纷纷表示“感谢组织，从本次托管活动中获益良多，希望今后多多开展这样的活动”。

职工特殊时期的慰问。在教职工结婚、生育、生病住院、直系亲属去世、退休离岗等特殊时期，工会小组及时送去慰问品，传递组织温暖。2022年有13人受到慰问。

2022年10月4—7日，学校工会与团委联合开展了针对青年教职工子女的托管服务活动 （工会办公室供图）

2022年10月7日，国庆托管班结班集体合照 （工会办公室供图）

【组织开展群众性文体活动，调动教职工群众参与学校建设的积极性】 教职工协会活动丰富多彩。瑜伽协会，每周一、周四是固定活动时间。协会不断地向着规范化和系统化发展，深受教职员工的欢迎，目前协会微信群已经有95人。每次活动也基本保持20余名会员参加。羽毛球协会，是社科大品牌协会，拥有固定会员每日训练，2022年组织了“2022年第五届社科杯师生交流赛”和校际比赛。乒乓球协会成员，在历届校内外比赛中成绩卓著，2022年除坚持日常训练外亦举办了教职工友谊赛和师生交流赛。篮球协会，积极训练，举办了师生交流赛。此外，气排球协会、书画协会、摄影协会亦积极组织会员参加校内外各项比赛、活动。

2022年10月9日，学校田径运动会开幕式上精神抖擞的教职工队伍 （工会办公室供图）

2022年10月9日，学校田径运动场上你争我赶的老师们 （工会办公室供图）

组织2022年田径运动会。10月9日、10日在社科大田径运动会上，20位教职工赛出了成绩，近40位教职工参加开幕式方队，焕发出社科大人勇于进取、奋发向上的闪亮光彩。

【想职工所想，急职工所急，办实实在在事】 年初，为全体会员购买北京市公园年票，使得职工能够任意畅游北京的公园。

年节福利品及消费帮扶。每遇国家法定节假日向每位会员发放年节慰问品，通过线上商城使职工以最实惠的价格购得满意商品。同时，通过参与公益社科院消费扶贫活动，也使社科院定点帮扶地区的农民得到益处。

举办名医问诊及健康讲座。及时发布社科院健康协会名医问诊通知和健康讲座资讯，为老年病、高血压、高脂血症、失眠、焦虑症等病友提供医患沟通机会。

组织大龄未婚职工联谊活动。组织社科大大龄单身职工参与朝阳区教育局工会举办的“邂逅初冬·让LOVE升温”2022年冬季单身青年线上交友联谊活动，社科大单身职工多人响应。

【完善自身建设，增强工会组织服务职工群众的能力】 2022年初导入工会工作信息化管理系统，从会员会籍、活动报名、签到、慰问品发放、线上课程到重大事项审批等工会系列工作已初步实现“互联网+”平台智能化管理。

定期召开工会委员会会议，对于上年度决算、本年度预算以及年度主要工作任务研究讨论、决议通过。

对于困难职工补助、生日慰问蛋糕品牌的选择、年节慰问品发放方式等关系到职工切身利益的重大事项，事必集体决策执行。

教育管理

本科生教育管理

【概况】 教务处是学校负责本科教学工作和实施本科教学管理的职能部门，下设综合行政办公室、教学实践办公室、教务管理办公室、教学改革建设办公室、教师教学发展中心、师资与人才培养办公室、教材建设与管理办公室和教学保障中心。主要职责包括：进行本科教育教学日常管理；统筹本科生实践教学工作；推动专业建设、课程建设、教材建设等工作；开展教育教学研究，促进人才培养模式与教育教学改革；提升教师教学能力；推进公共教学设施和教学实验室建设与管理，保障日常教学活动；承担校教学指导委员会、校教材建设委员会、语言文字工作委员会等机构秘书处工作。

社科大设置13个科教融合学院，开设34个本科专业（16个专业招生），国家级一流本科专业建设点13个；省级一流本科专业建设点3个，拥有各类教室、实验室100间。

【推动教学改革创新，提升课程教学质量】 规范课程教学秩序。本年度，社科大共开设本科生课程913门、1059个课堂，其中有198门采取教学团队的模式授课；社科大在良乡大学城课程共享项目中累计对外分享课程84门，其他高校学生选择社科大课程共计18门，社科大学生选择其他高校课程共计11门，课程共享涉及学生26人次。2022年，全校共安排本科课程期末考试692场次，课程489门，上述考试均通过线上考试平台完成线上监考及试卷批阅。全校课程教学整体运行平稳有序，未发生任何重特大教学事故。

全面推进课程建设。本年度学校积极推进在线开放课程建设和混合式核心课程建设，立项建设8门在线开放课程和25门混合式核心课程建设项目，不断更新教学理念，推进课程创新与提高教材课件的规范性和前沿性，推进教学方式转变，提高教师的教学水平和课堂教学质量，有力支撑学校专业发展建设和实践创新教育改革，提升人才培养质量；本年度，5门课程获评北京市高校课程思政示范课程；1项教学成果获评北京市高等教育教学成果奖一等奖；4门课程获评北京高校“优质本科课程”；3门课程的教材课件获评北京高校“优质本科教材课件”；2门课程的教案获评北京高校“优质本科教案”。

加强教材建设管理。抓好管理，严格规范教材选用。经核查，2022年本科开课所用教材，共128门课程均已按要求使用“马工程”重点教材；参与审读中等职业学校思想政治、语文和历史统编教材共计9册。相继组织编写出版6部中华人民共和国史系列教材；组织全国近50所高校和科研院所的近百位作者共同参与编写国内首套“气候变化经济学”系列教材；组织国家安全学系列教材编写工作；积极参与《中国共产党简史》《中华人民共和国简史》《改革开放简史》《社会主义发展史》“四史”教材编写工作。开展教材立项共计60项，教材建设和管理工作取得显著成效。

开展教学改革研究。进一步完善校内本科教学改革支持体系，积极开展系统性、前瞻性、持续性研究及探索，有效发挥教学改革在提升人才培养能力中的重要作用。本年度，3个项目获北京高校“本科教学改革创新项目”立项，6个项目获校级“本科教学改革示范项目”立项。

【促进科教深度融合，建设高水平师资队伍】 加大骨干教师发展与培育力度。深入学习贯彻习近平总书记关于教育的重要论述，落实立德树人根本任务，引导高校教师潜心教书育人。本年度，5名教师个人（或团队）获评北京市高校课程思政教学名师和团队，4名教师获评“北京高等学校优秀专业课（公共课）主讲教师”，1名教师获评北京市高校教师创新大赛正高组三等奖，1名教师获评北京市优秀本科教学管理人员，2名教师获评校级教学名师，3名教师获评校级青年教学名师。

丰富教师技能培训内涵。社科大牵头和组织2022年全国高教处长会、2022年北京高校本科教学业务会、北京高校在线课程建设工作推进会、北京市课程思政推进会、北京高校本科专业建设工作推进会、北京高校体育美育劳动教育工作推进会、聚焦产出的一流本科专业建设与综合改革暨专业认证研讨会、教改管理系统培训会等8次培训，共计176人次教师参加培训。

【整合专业建设力量，打造一流本科专业】 本年度共有19篇论文获校级优秀本科毕业论文，2篇获北京市优秀本科毕业论文；大学生创新创业训练计划项目共立项132项，其中国家级41项，北京市级30项，校级61项，涵盖社科大所有专业学生500余人次。依托社科大科教融合的培养模式，目前社科大有107个较为稳定的实习实践基地。本科生毕业论文质量和实践教学水平有较大程度提升。本年度，3个专业获评国家级一流本科专业建设点，2个专业获评省级一流本科专业建设点。至此，学校开设的16个本科专业已全部入选一流本科专业建设“双万计划”。其中，国家级13个，省级3个，实现了一流专业建设点全覆盖。社科大科教融合特色下的“小精尖”本科人才培养和专业建设取得显著成效。

【教室软、硬件建设保障教学需求】 2022年，完成了良乡校区24间多媒体教室的电子巡考及数字信号听力教学考试系统；完成了5间双师课堂、1间模拟法庭、3间教师工作室的建设；完成了教师教学发展平台系统的初步配置；召开了2次智慧教学培训研讨会；有序推进智慧教学环境建设，提升了学校教学信息化水平。

研究生教育管理

【概况】 截至2022年底，研究生教育管理部（学位办公室）共有教职工15人。本部门贯彻执行国务院学位委员会的工作方针和决议，制订中国社会科学院大学学位授予工作细则、有关研究生培养管理和学位管理规章制度；负责全校研究生培养与学位工作；负责学位授权点动态调整申报和管理工作；负责博士生指导教师、硕士生指导教师遴选、资格审核与管理；负责非学历人员博士、硕士学位的申请和管理工作；负责组织校学位评定委员会及学院分委员会成员的遴选、换届工作；负责制订校级优秀博士学位论文评选办法，组织校、省级和国家级优秀学位论文的评审、上报；负责组织有关学位信息的上报工作，完成国务院学位委员会、北京市学位委员会布置的工作。

截至2022年底，共有文、史、哲、经、法、管理6个学科门类，现有一级学科博士学位授权点16个、硕士学位授权点17个，二级学科博士学位授权点118个（含自主设置博士学位授权点27个）、硕士学位授权点124个（含自主设置硕士学位授权点28个），还有税务硕士、金融硕士、法律硕士、社会工作硕士、汉语国际教育硕士、翻译硕士、新闻与传播硕士、文物与博物馆硕士、工商管理硕士、公共管理硕士、会计硕士11个专业学位授权点。

2022年春季授予博士学位330人，学术硕士学位384人，专业硕士学位731人，学士学位428人。2022年秋季授予博士学位76人，学术硕士学位66人，专业硕士学位48人。

【研究生教学培养】 修订2022级研究生培养方案。其中，包括90个博士研究生培养方案，93个学术型硕士研究生培养方案，9个专业型硕士研究生培养方案。完成研究生一体化管理系统内培养方案和个人培养计划的录入审核工作。

完成研究生课程成绩审核共计2217门；完成研究生公共选修课成绩核算录入，阅卷费发放；完成各类教学档案存档管理，主要包括：成绩报表、试卷、课程论文等；完成日常成绩查询、数据维护、成绩复核工作；开具在校生及毕业生成绩相关证明3000余份。

2022年持续推进主文献一期项目和二期项目51个（涉及48个二级学科），目前已全部结项，完成主文献目录编选工作。共提交了51份项目结项书、论文汇总表和书籍汇总表，共推荐论文3205篇，推荐专著4389本，提交电子论文2929篇，提交电子书籍795本。经整理、补充和规范，已向图书馆移交了51个项目的结项材料。

【制定博士研究生中期考核综合考试大纲】 2022年10月25日，发布《关于制定博士研究生中期考核综合考试大纲的通知》，组织、开展博士研究生中期考核综合考试大纲的制定工作。截至年底，共收到10个学院提交的88份博士研究生中期考核综合考试大纲。

【加强研究生导师管理】 清理、核对与更新原有研究生导师库信息。对导师库中原有的1896名研究生导师的信息进行清理、审核。截至2022年12月，确认了现有1811名研究生导师的岗位信息，现任博士生导师773人，硕士生导师1038人。

审核新增博士生导师和硕士生导师遴选申报资料。2022年度审核了中国社会科学院大学各院系共144名硕士生导师、66名博士生导师和1名转入博士生导师的申请材料。

按照教育部要求，完成2022年度博士生导师信息采集报送工作，精准对接综合统计调查数据。在此基础上，完成2022年度全国研究生教育评估检测专家库信息更新报送工作。

【学科建设】 根据国务院学位委员会办公室《关于对有关博士硕士学位授权点进行对应调整的通知》要求，启动有关博士、硕士学位授权点的对应调整工作，预将文物与博物馆硕士专业学位点调整为文物硕士专业学位点和博物馆硕士专业学位点。

2022年根据国务院学位办新修订的《研究生教育学科专业目录（2022年）》，2022年6月17日，经校学位评定委员会审议通过，申报增列2个自主设置二级学科博士点（方志学和中国学）。2022年7月13日，北京市学位委员会下达2021年增列2个专业硕士学位学科点（翻译和新闻与传播）。

2022年12月8日，经校学位评定委员会审议通过，申报增列1个博士一级学科点（公共管理学），1个专业博士学科点（社会工作），3个专业硕士学科点（应用统计、数字经济和保险）和4个自主设置二级学科博士点（翻译学、比较文学与跨文化研究、数字经济学和中国特色社会主义政治经济学）和1个自主设置二级学科硕士点（政府运行保障管理）。

【推进“中国学”建设工作】 为落实中央领导就中国研究和发展中国学做出的重要指示、批示，依据社科院相关工作要求和部署，在社科院国际局的指导下，启动了“中国学”建设工作，就设立“中国学”研究生专业，做好做强国内中国研究，培养中国学研究专门人才进行部署，出台《中国社会科学院大学推进“中国学”建设工作方案》（社科〔2022〕大学外字6号）、《中国社会科学院大学马克思主义学院推进“中国学”建设工作方案》等指导性文件，分别成立了中国社会科学院大学推进中国学建设工作专班和马克思主义学院“中国学项目”专班及工作小组。

根据学校工作方案时间表和路线图，召开数次专项工作会议，落实中国学建设相关工作，取得了显著成效。2022年，在马克思主义学院马克思主义中国化专业下开设了“中国学”研究方向，并于当年度协调校内博士生、硕士生招生名额若干，完成中国学研究方向研究生招录工作。同时，完成二级学科点教育部申报备案，并获批自主设置“中国学”二级学科。

【加强研究生教育质量保障体系建设】 2022年，继续制定、修订、完善研究生教育教学、培养管理的相关制度文件。主要包括：《中国社会科学院大学博士、硕士学位授权学科和专业学位授权类别动态调整实施细则》《中国社会科学院大学研究生教学培养经费支出标准（试行）》《中国社会科学院大学博士研究生培养方案管理暂行办法》《中国社会科学院大学硕士研究生培养方案管理暂行办法》《中国社会科学院大学研究生课程考试及成绩管理暂行办法》等。已完成制定或修订工作并公布实施5项制度规定，有5项制度文本尚在征求意见过程之中。

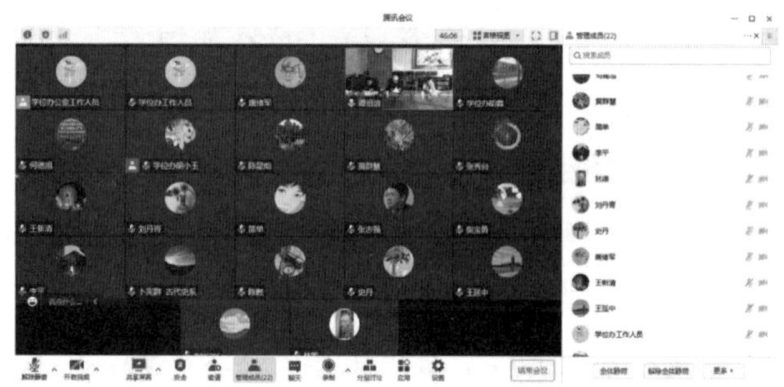

2022年6月17日和7月11日，研究生教育管理部（学位办公室）组织了中国社会科学院大学学位评定委员会一届九次、十次会议，会议讨论并通过授予本硕博学位共1873人。2022年12月8日，研究生教育管理部（学位办公室）组织了中国社会科学院大学学位评定委员会一届十二次会议，共有19位委员参会，会议讨论并通过授予硕博学位共190人

［研究生教育管理部（学位办公室）供图］

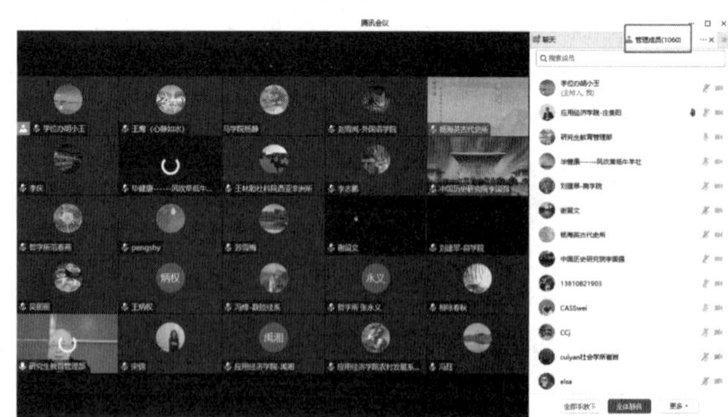

2022年11月11日，研究生教育管理部（学位办公室）组织研究生导师全员培训。各研究生培养单位的导师1070人参会

［研究生教育管理部（学位办公室）供图］

招生与就业工作

【概况】2005年，中国社会科学院研究生院（以下简称研究生院）成立就业指导办公室，当时隶属于研究生工作处。2007年，为加强招生与就业工作，研究生院新组建了招生与就业处，招生办和就业办成为其下属两个部门。2017年，随着中国社会科学院大学正式组建，招生办在原有研究生招生业务的基础上，新增本科招生业务。自此，招生与就业处共涉及研究生招生、本科生招生、就业指导三大业务板块，根据业务职能划分为3个科室。截至2022年底，招生与就业处共有教职工10人。

研究生招生科室的主要职责是：负责研究生招生考试规章制度的制定和建设完善工作；负责组织各学位点的招生专业目录编制及招生宣传工作；负责组织研究生招生计划的编制、申报等工作；负责组织研究生招生考试的报名、自命题、阅卷、复试、调剂、录取等工作；负责研究生招生系统的管理工作；负责研究生招生考试的档案管理工作等。

本科招生科室的主要职责是：贯彻执行党和国家路线、方针、政策和法律法规，完成各级考试机构招生工作要求；负责拟订学校全日制普通本科招生章程、招生计划、招生工作方案；负责组织、协调学校招生宣传工作；负责学校全日制普通本科招生录取工作，同时协同相关部门做好新生报到、资格复查工作等。

就业指导科室的主要职责是：贯彻落实国家的就业方针政策，开展就业指导与服务活动，教育和引导毕业生树立正确的择业观念，规范毕业生就业行为；根据学生的需求，提供就业指导与咨询，指导和帮助学生解决成长求职过程中遇到的各种困难；积极培育校园就业市场，为学校与用人单位之间供需见面，以及毕业生与用人单位之间双向选择创造更好的机会和条件；根据国家政策要求，全面落实全校毕业生就业方案，认真办理毕业生就业手续，保证毕业生顺利地走上工作岗位等。

学校以提高本科及研究生的生源质量和促进毕业生更加充分更高质量就业为抓手，理顺招生和就业之间的内在关系，坚持招生、就业“两位一体”的联动机制，服务教学中心，扎实推动各项工作开展。

2022年社科大共招生2208人，其中研究生1811人（博士生502人、硕士生1309人），本科生397人。

本科招录397人，高考成绩文科录取平均分为596.6分，理科录取平均分为612.8分，高考综合改革省份录取平均分为637分，北京地区提档线最低为639分。

研究生招录1811人，其中全日制博士研究生502人，全日制学术硕士研究生452人，全日制专业学位硕士研究生690人，非全日制专业学位研究生167人。

社科大2022届毕业生共1856人，其中本科毕结业生396人，硕士毕业生1063人，博士毕业生406人。截至2022年底，毕业生总体落实去向人数1595人，毕业去向落实率为85.52%。本科毕业生就业率为87.88%，研究生毕业生就业率为84.89%。

2022年4—6月招生办推出13期“‘院’之所在，志之所向”文字与视频宣传。与中国教育在线合作，组织两个学院开展“知你所学，‘院’为你选”专业直播活动。携手教务处、部分学院在中国教育电视台、新浪网、各地媒体开展直播宣传活动，制作“招生宣传MG动画”，多方位介绍各学院、专业特色，吸引考生报考，取得较好的宣传效果。

组织第五届“我为社科大代言寒假走访中学宣传”活动，共有300余名本科生利用寒假返回母校开展宣传。2022年开展20余场线下宣传，各类直播、咨询50余场。共有在校生、校友171人，教师57人参与宣传工作，为考生、家长服务，推介更多优质生源报考。

【进一步推进招生制度改革促进招考方式日益多元化】 2022年，502个博士中，采取推免直博方式招生11人，硕博连读方式录取考生38人；马克思主义理论骨干人才计划录取87人；有21个招生单位采取申请考核制招生方式，共录取考生220人；采取统一入学考试方式的招生单位20家，共录取考生184人。申请考核方式从使用范围和录取考生数量上均超过传统的入学考试方式。

持续提升就业指导和服务水平。一是全力做好就业信息精准推送，依靠公众号、就业信息网向毕业生推送信息千余条；在毕业生就业信息群、就业工作群同步发布就业信息，最大程度提高信息覆盖面。二是简化就业派遣工作程序，提升就业管理数字化水平。2022年上线了“就业信息服务平台”，不仅实现了就业信息填报、就业材料电子化存档、就业数据实时更新、派遣手续线上办理等功能，极大地提高了工作的精准度和工作效率。三是多方开拓就业市场，举办线上、线下专场双选会8场，联合双选会17场，共计4416家企业、5000余人次参与。四是开展多层次、多样化就业指导。继续面向本科生开设选修课程《大学生职业发展与就业指导》，该课程在“北京高校就业指导课程教学大赛”中荣获优秀奖。创新推出“启航‘职’通车”“岗位精拆”等23期就业指导直播课，开展15期“扶摇‘职’上——求职经验朋辈分享活动”，举办“简精彩人生，历职场未来”简历一对一指导活动，引导学生发现核心优势，掌握简历精修技巧。继续依托“社科大线上就业课程平台”，为全体在校生推送职业生涯规划及就业指导类视频课程52门；持续打造公务员精品辅导项目，在良乡和望京校区为毕业生准备培训天数为“7+1+2”的公务员考试基础课程、冲刺班、面试班的全程辅导；在良乡和望京两校区交替组织“求职训练营”线下授课，为毕业生扫除盲点，提升就业力。

2022年11月9—11日，招生就业处组织举办2023届毕业生“求职训练营”（1） （招生与就业处供图）

2022年11月9—11日，招生就业处组织举办2023届毕业生“求职训练营”（2） （招生与就业处供图）

学生工作

【概况】 2022年，学生工作处以习近平新时代中国特色社会主义思想为主旨，在校党委的正确领导下，坚持“立德树人”的根本任务，遵循“两入双一”的办学方略，立足学生思想政治教育引导、学生管理全面系统、学生服务专业具体，高标准、高质量开展各项工作。

2022年，社科大在校学生7157人。其中，在校本科生1594人，在校研究生5563人。在校研究生中，科学学位研究生3385人（博士生2110人、硕士生1275人），专业学位研究生2178人。学历教育学生中毕业生1862人。其中，研究生毕业生1469人（博士生406人、硕士生1063人）、普通本科毕业生393人。

【进一步做好学生思想政治教育工作】 2022年，学生工作处以学习宣传贯彻党的二十大精神为工作主线，进一步做好学生思想政治教育工作。一年来，多次组织学生干部座谈会、党（团）支部学生负责人工作交流会，倾听学生心中所想，解决学生实际所需。组织开展“学术CP”活动、文创产品设计展，丰富校园文化生活。组织学生党支部开展“冬奥之光，照亮前行”“科研之路，你我同行”和学习“两会精神，争做时代先锋”“党的二十大和我的人生路”主题党日活动16场，将冬奥精神和学生党建深度融合，提升党性修养，加强理论学习，夯实党建活动内容，掀起学习党的二十大精神热潮。组织各学生党、团支部开展学习习近平总书记在建团100周年大会上的讲话，组织学生参加“学习贯彻党的二十大精神中国社会科学院大学宣讲报告会”、组织参加“七一党日活动”，组织各学院班级开展“喜庆二十大·奋进新征程”主题班会、“红色云履”主题班会，党史知识竞赛等活动13场，全面学习贯彻党的二十大精神。

【推进辅导员队伍体制机制改革创新】 2022年，学生工作处积极探索社科大辅导员队伍建设体制机制改革创新，全方位、多层次推动辅导员队伍专业化、职业化建设。组织全校131名辅导员开展第二期辅导员培训。培训内容以6个维度30门成长专题课程为主，结合组织开展多项专题讲座。以“扎实做好学生思想政治工作”为目标，完善辅导员队伍建设制度，细化辅导员队伍建设实施举措。组织辅导员、班主任参加“二十大精神宣讲”、“青年马克思主义者的知与行”、辅导员心理健康教育、新信息技术革命与高校意识形态工作等多项专题讲座，引导辅导员树立正确的职业理想和育人理念，提高整体素质和工作水平。

【持续做好学生党员发展工作】 以学生党建引领学生发展成长，持续做好学生党员发展对象的培训工作，全年共组织两批次，900余名发展对象的培训工作。培训包括党的二十大精神学习、习近平新时代中国特色社会主义思想、形势政策教育、党史国史、党员入党程序和流程、理想信念教育等线上课程学习，各学院组织开展交流研讨会、思想汇报撰写，在线考试等环节，加强培训效果，严把学生党员发展关。

【创新心理健康教育工作模式】 2022年，学生工作处创新与构建新时代大学生心理健康教育工作模式。通过整合校内资源成立《大学生发展与心理健康》心理健康模块授课组进行授课，学生满意率达

90%以上。打造讲座品牌，开展11期专题讲座，传播心理健康知识。收听参与的学生超1000人次。线上线下心理咨询共服务900余人次，“树洞邮箱”回复信件60余封，心理自助手册阅读人数超2000人次。加强心理服务信息化建设，心理服务一体化系统的本地化部署基本完成。通过量表测试的方式对全体本科新生进行心理普查，对有问题的85名学生进行集中访谈；分别在4月和11月心理问题高发期，对全体学生开展心理状态异常筛查。完善心理危机干预流程，建立学院案例会商制度。根据对学生的咨询评估情况，结合既往记录，向学院出具《心理咨询情况通知单》并提出后续工作建议。

【开展奖学金评定工作】 完成了2022年本科生国家奖学金、国家励志奖学金、学校奖学金的评定及发放工作。共有14名本科生获得国家奖学金，发放奖学金11.2万元；31名本科生获得国家励志奖学金，发放奖学金15.5万元；643名本科生获得学校奖学金，发放奖学金73.98万元。

完成了2022年研究生国家奖学金、学业奖学金的评审及发放工作，其中，获得学术学位新生奖学金854人，发放奖学金765.8万元；获得学术学位学业奖学金1444人，发放奖学金1249.6万元；获得专业学位新生奖学金和学业奖学金383人，发放奖学金130.2万元；获得研究生国家奖学金81人，发放奖学金202万元。

研究生助学金每月发放3900人次，全年共计发放助学金3406.6150万元。

【有序开展各项资助工作】 122名本科生被认定为家庭经济困难学生，其中特别困难学生54人；550名研究生被认定为家庭经济困难学生，其中特别困难106人。根据学生家庭经济困难情况，适时开展相应的资助工作，包括：

2022年，共有108名家庭经济困难本科生获得一等国家助学金，12名家庭经济困难本科生获得二等国家助学金，发放助学金共计382800元，其中包括7名享受一等国家助学金的退役复学本科生，发放助学金共计23100元。

为126名家庭经济困难本科、研究生新生开通“绿色通道”，保证学生顺利入学。为绿色通道有需要的学生发放爱心大礼包共计6078元；为家庭经济困难本科生发放返乡路费补贴22960元，对家庭经济困难本科生暑期社会实践给予资助，受助学生共计6人，资助金额5000余元；根据减免学费的相关制度要求，经过学生自愿申请、院系综合学生的个人消费情况、受资助情况进行了审核，为109名家庭经济困难本科生进行了学费减免，减免金额共计205050元；为家庭经济困难本科学生发放水电补贴共计29415元，为在校本科生发放物价补贴共计1124240元；为550名家庭经济困难研究生发放生活困难补贴，共计1855200元；为8名2022届本科毕业生发放北京市求职创业补贴8000元，为121名2022届研究生毕业生发放北京市求职创业补贴121000元；为7名2022届家庭经济特别困难本科毕业生发放校内求职创业补贴14000元。为25名2022届家庭经济特别困难研究生毕业生发放校内求职创业补贴50000元。

为引导和鼓励高校毕业生面向中西部地区和艰苦边远地区基层单位就业，国家对到中西部地区和艰苦边远地区基层单位就业的中央高校应届毕业生实行学费补偿国家助学贷款代偿。2022年，社科大为12名毕业生进行了在岗确认，发放补偿代偿金合计85476元。

做好临时困难补助的审核和资金发放工作。2022年，共有9位同学申请临时困难补助，发放资助资金共计98000元。

为帮助家庭经济困难学生缓解学费压力，为学生提供助学贷款服务，2022年共计506名学生申请了生源地助学贷款，162名学生申请了校园地助学贷款。

2022年，学校积极响应国家号召，做好应征入伍学费补偿助学贷款代偿工作。为2名应征入伍学生办理学费补偿共计33000元；为11名退役复学学生办理学费减免共计89200元；为3名退役复学学生发放奖励性资助共计金额15000元。

勤工助学助力学校各部门日常工作。截至2022年12月底，参与勤工助学的本科生约1100人次，发放勤工助学费用433814元。参与勤工助学的研究生约3000人次，发放勤工助学工资共计2194777元。

【开展优秀毕业生评选工作】 为鼓励并引导我院毕业生树立正确的就业观和成才观，组织开展了校级优秀毕业生和市级优秀毕业生的评选工作。2022届毕业生共有196人获得校级优秀毕业生荣誉称号，97人获得北京市优秀毕业生荣誉称号。

【稳步推进学籍管理工作】 学籍管理办公室细致做好学籍学历日常管理和各项服务工作。2022年注册新生学籍2172人（包括485名博士研究生，1284名硕士研究生，393名本科生）；注册毕业生学历1862人（包括406名博士研究生，1063名硕士研究生，393名本科生）。

【扎实推进档案管理工作】 档案管理办公室确保每份档案可查、可追踪，档案材料应归尽归。2022年毕业季度完成本硕博毕业生归档材料10647份（成绩单、文件、学位材料、毕业生登记表、档案转递单、党员档案、报到证），转递本硕博档案1360份。2022年接收新生档案1916份（包括非定向研究生档案1523份，本科生档案393份）。

【有序开展国防教育与征兵工作】 加强国防教育，强化征兵宣传，推进学生军事理论与军事技能训练工作。通过线上线下相结合的方式开展军事理论课教学。在完成教学大纲内容的基础上，增加了四课时俄乌冲突对我国的战略影响的授课内容，有效增强了同学们的爱国热情，提升了报效祖国的思想意识。严把征兵政策，加大宣传力度，通过校园网、国防协会公众号、现场咨询和组织线上宣讲会等形式全力做好在校大学生应征入伍工作。组织、策划安排了2020级、2021级本科学生的军事技能训练工作。

【推进学生工作处工作宣传】 通过"社科大学工"、学生工作处官网开展宣传推广工作。"社科大学工"官微运维内容更加多元、更加贴合学生实际。每月内容更新量和关注量稳步上升。

【港澳台学生工作】 2022年港澳台研究生招生2人，毕业1人。2022年12月在籍港澳台学生32人，其中博士研究生23人，硕士研究生9人。

为吸引更多港澳台学生到社科大就读和促进其在校成长成才，学校组织港澳台学生申报国家"港澳台侨"学生奖学金，4名学生获奖。

共青团工作

【概况】 共青团中国社会科学院大学委员会是中国社科大青年学习和实践新时代中国特色社会主义的学校，是全校各级团组织和团员青年的组织和领导机关。校团委下设办公室、组织部、理论宣传部、学术科创部、社会实践部、志愿服务部（志愿服务指导中心）和社团工作部（学生社团管理服务中心）7个职能部门，负责管理校青春媒体中心、校学生艺术团、校国旗护卫队、校辩论队和校广播台5个直属机构。

全校共有28周岁以下青年4813名，在籍学生团员4286名，其中保留团籍的学生党员1188名。在籍教师团员41人，其中保留团籍的教师党员9名。二级团组织17个，包括14个学院分团委（团总支）、1个团学组织团总支、1个望京校区团工委（派出机构）、1个教职工直属团支部。团支部228个。校团委现有在编人员3名，聘用人员和劳务派遣人员4名，学生骨干58名。各学院团委（团总支）书记均为辅导员，其中10个学院为党委或党总支副书记兼任。

【意识形态工作】 2022年，校团委组织编撰团刊《社科学子》，指导青年团员科学高效地开展共青团理论学习。青春媒体中心宣传工作再创佳绩，与2021年同期相比公众号关注用户人数增长45%。发表图文推送453篇，其中阅读量在1000人次以上的69篇，在2000人次以上的9篇，其中一篇阅读量达4.4万人次，创历史新高。打造线上“社科青年说”栏目，已录制相关主题视频8期，正式发布5期，累计播放量达1.4万余次。

2022年，围绕着青年大学生热点问题，校团委撰写多篇调研报告，承担北京市多项青年委托任务，在大学生就业、学习党的二十大精神等主题上研究报告亮点频出，多篇青年工作重要研究成果得到发表。此外，校团委组织开展了第一届“人文之光”青研计划专项赛，引导在校同学关注研究青年问题、青年工作，提高学习和研究能力，拓宽学术视野。

【组织建设】 2022年，在基层团组织建设上，校团委围绕健全二级团组织开展系列基础性工作，进一步扩大团组织的管理向心力和组织引导力。强化“一切工作到支部”的理念，严格落实“三会两制一课”制度，采取有效措施加强基层团支部团员管理。在有条件的学院规范成立分团委，发挥好学院共青团组织作为学校共青团工作中坚力量的作用。定时定期针对全校专职、兼职团干部开展团史、团务培训，各二级团组织按时按需对团支部进行培训。定期召开二级团组织书记会议，确保工作跟进。

2022年上半年，校团委推进团员教育评议、团支部对标定级和“5+3+1”规定动作工作情况，进一步加强“两优一先”评选工作的规范性。校团委动员各团支部严格遵守社科大制度安排，落实好“两个一般”“两个主要”的推优入党工作要求，做到28周岁以下青年100%由团组织推优入党；促各级团支部团员在“志愿北京”系统上完成100%的注册率，发布团支部及团员志愿服务活动指标，引领青年群众参与“五大青年行动”；号召各级团组织落实全团主题教育实践活动部署，100%按时完成组织化学习教育活动。

2022年上半年，社科大6个团学组织在首都“先锋杯”创建活动中通过验收，获得“先锋杯”称号；下半年，申报“先锋杯”优秀团学组织7个，高校活力团支部（社团）6个。中国社会科学院大学争创“两优一先”工作顺利完成，在北京市建团百年先进组织和个人评选中，学校1个团支部、2名个人荣获表彰。2022年共评选出校级优秀共青团员515名、优秀共青团干部240名、先进团支部37个。

【服务青年】 2022年，立足立德树人根本任务，校团委持续推动全体青年团员注册成为青年志愿者。严格落实《中国社会科学院大学志愿服务管理办法》《中国社会科学院大学志愿服务立项和时长认定办法》等校级规章制度。持续开展包括“新生帮帮团”“温暖衣冬”“雷锋月”“爱校劳动”在内的

2022 年，社科大北京 2022 年冬奥会志愿者　　（团委供图）

常态化志愿活动，不断打造系列项目品牌。此外，招募 116 名本硕博学生参与“返家乡”“一起云支教”寒假实践活动，与 303 名小学生配对成功开展系列活动，总计志愿时长 1958 小时，累计收集成果 234 份。2022 年，校团委联合研究生支教团举办了“书送爱心，点亮梦想”图书募捐活动。目前，5130 册书籍已顺利运达陕西省丹凤县丹凤中学和丹凤初级中学两所学校；7000 余册书籍已送达新疆维吾尔自治区皮山县高级中学。

学校共有 50 位师生志愿者参与国家速滑馆 2022 年北京冬奥会志愿服务保障工作。志愿者参与正式服务长达 28 天，总体服务时长达到 11600 小时。在志愿服务保障工作结束后，校团委牵头及时设计并实施“四个一”冬奥遗产转化工作：召开一场总结会，总结和梳理经验和成效，表彰优秀志愿者；编写一本《社科学子——冬奥专刊》；组建一支冬奥宣讲团，在广大青少年中开展宣讲；鼓励志愿者参加“青创北京”首都大学生创业计划竞赛“青力冬奥”专项赛。

2022 年，校团委牵头组织开展西部计划校内选拔招募工作。共有 9 名符合条件的同学通过校内选拔，进入北京市项目办组织的最后面试阶段。最终，共 6 名同学入选 2022 年度西部计划志愿服务项目，分别奔赴重庆、新疆、湖北、黑龙江等地开展服务。

在学校党委的密切关注下，社科大第 23 届研支团于 2022 年 7 月份圆满完成支教服务，顺利返校。1 位志愿者获评 2022 年全国大学生志愿服务西部计划优秀等次志愿者和陕西省大学生志愿服务西部计划优秀志愿者，7 位志愿者获评“中国社会科学院大学志愿服务先进个人”称号，3 位志愿者获“中国社会科学院大学志愿服务突出贡献奖”，第 23 届研究生支教团获评“中国社会科学院大学志愿服务优秀团队”称号。第 24 届研支团的 3 名志愿者已于 2022 年 7 月前往新疆维吾尔自治区巴音郭楞蒙古自治州博湖县博湖中学和博湖高级中学开展为期一年的支教工作。2022 年 9 月，第 25 届研究生支教团的招募选拔工作顺利完成。

2022 年，学校持续推进以“知行社科”为品牌的系列社会实践活动，不断完善“集中 + 常规”“实践 + 培训”的工作格局。有序推进国家部委实习见习、公共部门政务实习实践、社区实习实践、企业实习实践等日常“知行社科”项目。还特别开设了“实践方知人生事”栏目，集中展示第四届“知行社科”暑期社会实践活动优秀团队相关成果。校团委在进行优秀实践团队评选后，最终从 33 个团队中评选出 10 个优秀团队。

2022 年，校团委面向全校同学组建“房山区疫情流调青年志愿服务队”。队伍共募集志愿者 176 人，工作质量与效率获房山区政府高度评价。社科大流调志愿者事迹被多家媒体报道，流调志愿者队伍荣获“2022 年度房山区青年突击队”荣誉称号。校团委第一时间组织广大青年志愿者参与学校疫情防控工作，志愿者参与人数为 995 人次，共计志愿服务时长 4402 小时。

2022 年，校团委立足“全程育人”，开展了本科生、研究生新生入学适应融入性训练，打造专家、学工队伍、同辈群体组成的工作团队，多层面关注新生认知、行为和情绪等需求。落实“共青团促进大学生就业行动”，多级联动针对 49 名帮扶对象。围绕就业工作开展“护航 3+1”助力就业行动。提供 130 余次就业信息推广，信息覆盖面广、可靠性强。围绕学校工作重心，校团委通过组织各级团组织和团员青年宣讲、宣传、学习等方式，及时传递党委声音。

【团学改革】“第二课堂成绩单制度”已于2022级本科生开始施行。校团委在《共青团“第二课堂成绩单”管理办法》和运行系统出台的基础上不断推进2022级本科生“第二课堂”的运用落实，试验性统合课外培养环节。“第二课堂成绩单制度”由“课程项目体系、记录评价体系、数据信息体系”三部分构成，分为思想成长、实践实习、志愿公益、创新创业、文体活动、工作履历、技能特长7个模块。

2022年，校团委拟定《团日活动指导手册》，为团支部举办团日活动提供具体指导，使社科大团日活动做到高质量、有特色，营造团学工作亮点；结合工作实际，编撰《基层团务工作手册》，不断探索规范各团总支工作新方式，团务工作对接新模式、新方法，提高团总支与校团委的沟通效率与水平。

2022年，校团委严格落实《中国社会科学院大学学生社团建设管理办法》，聚焦党的领导具体化，严格落实党委领导学生社团的日常管理工作和具体事务，积极做好学生社团的管理与服务，对学生社团活动进行指导监督。各级团学组织先后开展了共计43项种类丰富的学生社团文体活动。其中，举办大型文艺晚会与室外才艺展示8场，文化座谈会活动15项，公益文化类活动9项，体育活动11项，进一步拓展了校园文化的深度和广度，发挥了文化育人的良好效应。

持续深化团的改革，有效推进从严治团。2022年，校团委积极工作，落实《中国社会科学院大学推优入党工作实施办法（试行）》《中国社会科学院大学党委关于做好发挥研究生支教团思想政治教育功能工作的实施方案》《中国社会科学院大学研究生支教团管理办法（试行）》《中国社会科学院大学志愿服务管理办法》《中国社会科学院大学学生社团建设管理办法》《中国社会科学院大学发展团员工作实施细则》《中国社会科学院大学推动学生会（研究生会）改革实施方案》《中国社会科学院大学共青团“第二课堂成绩单”制度实施办法（试行）》和《中国社会科学院大学志愿服务立项和时长认定办法》等近十个校级文件精神并开展文件细化和制度实践，毫不动摇坚持党的领导，始终恪守“党旗所指就是团旗所向”，坚持与党同心、跟党奋斗，切实履行党赋予的政治使命，坚持不懈用习近平新时代中国特色社会主义思想武装全团，通过学习会、组织生活会等，开展对标对表，自我检查。全面落实重大事项请示报告制度，狠抓团组织建设，规范组织设置运行，依章依规设置团的基层委员会、团（总）支部委员会和派出机构。创新组织形态，在学生会、研究生会、研究生支教团、扬帆计划实践团等持续成立功能性团支部。继续健全完善信息公开机制，持续推进加强对组织形象的维护。

【实施“青马工程”，多种途径扩大思政工作覆盖面】2022年，校团委深入实施“青年马克思主义者培养工程”，形成“1+7+4+N”的培训工作模式，即依托“青年马克思主义者培养工程”核心平台，实施青马导师制度，开设不同层次7个班次，实现了院系团委书记、新任班级团支部书记、校级学生会工作人员、学生社团团支部书记培训全覆盖。开设“理论素养、关键技能、实习实践、视野提升”4个模块的多项课程。多措并举、多点开花培育青年团学骨干，“辛青年”学习会、“博观计划”、“鸿渐训练营”有序展开。

【创新创业取得突破性进展，配套支持更加齐备】2022年，在第十七届“挑战杯”全国大学生课外学术科技作品竞赛中，社科大推荐的6项作品全部获奖，1项作品获得特等奖，2项作品获得二等奖，3项作品获得三等奖，是唯一一个满格推荐作品且全部获奖的文科高校，无论是获奖数量还是获奖层级，都有巨大突破，取得了历史最佳成绩。

2022年，社科大共有9支参赛队伍进入“青创北京”“挑战杯”首都大学生创业计划竞赛终审答辩环节。最终通过激烈的角逐，斩获1枚金奖、3枚银奖、2枚铜奖。这是社科大首次在“挑战杯”首都大学生创业竞赛中获得金奖，实现历史新突破。社科大在本届“挑战杯”首都大学生创业计划竞赛专项赛道摘得1金9银8铜，其中“青绘团史”专项赛道1银1铜、“青振京郊”专项赛道3银2铜、“青力冬奥”专项赛道1金2银2铜、“青创副中心”专项赛道3银3铜。

2022年，元旦晚会合影（团委供图）

【重视文艺活动融合思政教育，开展丰富校园活动】 2022年，校级团学组织文化活动近200场。校团委培育以《红色家书》为代表的优秀思政育人作品，指导学生艺术团举办系列晚会。积极发掘冷少农家书等红色经典和真实史料，通过丰富多彩的艺术形式加以创作呈现。组织系列全校性演讲、征文、答题、自律学习运动等活动，在竞争中提升团员青年的理论水平。组织遴选作品参加“提案中国·全国大学生模拟政协提案大赛”，数个校内作品获全国一等奖等重要奖项。国旗护卫队本年度多次执行校级大型庆典活动、仪仗司礼任务、周一升旗任务、外联交流活动，并严格按照国旗法执行每日升降旗任务。

继续教育管理

【概况】 继续教育管理中心于2022年初成立，是负责学校继续教育的统筹协调和规范管理的职能部门，主要职责包括：拟定继续教育发展规划和管理制度，建立风险防控机制；对各办学单位举办的继续教育进行立项审批；对继续教育的招生简介、广告宣传等进行审核；对继续教育合同事务进行管理；对继续教育办学进行过程指导、质量监督和绩效管理；管理继续教育学生学籍，审核发放继续教育证书等。

2022年，学校8个办学单位共申报39项非学历教育培训项目，其中成功举办短期培训31项，在职高级课程培训班1项；项目总收入1678.06万元。2022年申领结业证书共有53班次2818名学员。

【健全非学历继续教育有关制度】 2021年11月11日，教育部新规发布实施后，学校严格贯彻落实教育部新规要求，按照管办分离原则，成立继续教育管理中心，健全非学历继续教育有关制度，推进学校继续教育改革转型升级。

教育部新规发布实施后，继续教育管理中心发布了关于贯彻落实教育部新规的通知，不再审批包含组织生源合作内容的合作办学项目；要求各部门、办学单位要认真贯彻落实，妥善做好过渡期有关工作。2022年1月底办学单位已与仍在合同存续期内的包含有组织生源内容的校外辅助单位全部进行解约。

截至年底，学校已出台《中国社会科学院大学继续教育管理办法》为龙头的11份文件，形成了非学历继续教育管理制度体系，使各办学单位的办学质量得到强有力的制度保障。学校审议通过了《中国社会科学院大学2022年启动非学历继续教育自主招生工作方案》，明确了系（所）举办课程班和高级课程班的有关政策，推进学校继续教育改革转型升级。

在各办学单位的支持与配合下，按照上级部门要求完成了社科大关于非学历教育领域腐败风险专项清理整顿、编制2021年继续教育发展报告和2022年度高等学校继续教育办学风险专项检查等工作。

【深入办学单位继续教育办学实际，精准服务】 继续教育管理中心深入各院系开展调研，借鉴其他高校先进经验，了解办学单位面临的问题及困难，加强沟通协调，精准服务办学单位，顺利完成了办学单位培训项目立项审批工作及继续教育合同事务管理工作。继续教育管理中心加强了对办学单位继续教育办学进行过程指导、质量监督和绩效管理，做好了学员学籍管理、结业证书申领发放等工作。

【加强学习和专题调研，不断提升组织保障能力】 认真学习党的十九大、二十大等系列会议精神，严守政治纪律和政治规矩，不断增强“四个意识”、坚定“四个自信”、坚决做到“两个维护”。认真贯彻落实学校党委关于继续教育工作的指示精神，坚持不懈用党的创新理论武装头脑，增强工作的积极性、主动性和创造性，不断完善制度规则和办事流程，将廉政教育和思想政治教育贯穿于服务管理全过程。

从办学目标、方向、过程及关键环节入手，制定规划，完善制度和方案，明确岗位职责，坚持用创新精神解决继续教育发展新问题，定期向学校汇报继续教育工作进展情况。从专题学习调研、制度制定和实施、人员聘用和培训、经费年度预算、广告宣传招标采购等重大事项均科学评估和决策，报学校批准实施。

参加教育部组织的专题培训班，学习继续教育理论和知识，学习国家关于继续教育发展相关规章制度，深入研究继续教育办学规律，完善相关工作制度，办事规则和办事流程，结合工作组织开展专题调研，及时发现问题和解决问题。立足岗位要求，牢固树立质量意识、品牌意识、服务意识和风险防范意识，自觉规范发展继续教育和防范风险要求融入继续教育人才培养全过程和管理关键环节之中。

继续推进继续教育管理中心网站建设，目前已进入试运营阶段，运用信息化手段开展清理虚假不实招生广告工作，加强信息公开，扩大社会监督，建立监督举报机制，为继续教育培训项目招生营造清朗环境。

【继续教育工作推进会及继续教育文件征求意见会召开】 3—4月，继续教育管理中心牵头，在良乡校区组织召开了继续教育工作推进会、非学历继续教育绩效奖励机制指导意见等文件的征求意见会。张波副校长、尤利前书记出席会议并讲话，各院系主管继续教育工作领导，人事处、财务处等有关职能部门负责人参加会议。会议采用线下方式进行。尤利前就稳妥做好过渡期继续教育有关工作做了安排部署，与会人员就继续教育文件征求意见稿结合社科大实际进行深入研讨。

【开展继续教育调研工作】 5—6月，继续教育管理中心协同继续教育学院调研了人民大学等兄弟院校和社科大各院系的继续教育办学情况，积极推进社科大继续教育培训项目设计、申报、审批工作。

【2021年度继续教育发展报告编制和2022年度继续教育办学风险自查自纠工作】 7月28日，社科大收到《北京市教育委员会转发教育部职业教育与

成人教育司关于做好2021年度高等继续教育发展报告编制工作文件的通知》和《北京市教育委员会关于开展2022年度高等学校继续教育办学风险专项检查工作的通知》（京教函〔2022〕258号）。学校党委高度重视，立即成立了由学校党政主要负责同志牵头，校内各相关部门参与的领导小组和工作小组，切实加强组织按时完成了报告编写和风险自查自纠，并按时向北京市教育委员会提交了报告。

【开展办学单位继续教育工作进展情况调研】 9—10月，在分管校领导的直接领导下，继续教育管理中心调研了社科大办学单位继续教育工作进展情况，并形成继续教育工作进展情况报告，在校长办公会汇报了有关情况。

【2022年度继续教育工作会议召开】 12月30日上午，社科大2022年度继续教育工作会议在良乡校区召开。校党委常委、纪委书记、副校长尤利前出席会议并讲话。各院系主管继续教育工作领导、有关职能部门负责人，继续教育工作专职人员共50余人参加会议。会议采用线上线下相结合方式进行。

会上，各院系汇报了2022年度本单位继续教育工作整体情况及下一步工作打算，并结合办学实际，对学校在继续教育工作人员队伍建设、场地资源投入、项目立项和绩效管理等方面提出了建议，并表示会高度重视、统筹协调加快推进继续教育培训有关工作。

继续教育学院院长王炜通报了学校自2021年以来学校继续教育改革进展情况，表示继教院将全力做好过渡期原有项目培训和社招类项目招生工作，推动学校继续教育工作顺利开展。

继续教育管理中心副主任常淑贞通报了社科大2022年度继续教育工作情况和下一步发展思路，指出2023年学校将通过专题培训、师资库建设、制度建设等措施，进一步做好继续教育办学服务保障和风险防范工作。

会议认为，教育部关于非学历继续教育政策调整后，2022年各院系、部门克服政策调整，主动调整工作思路，积极创新工作模式，为学校继续教育事业发展作出了应有贡献。

会议要求，各单位要进一步认清形势任务，增强做好工作的信心；要熟悉政策规定，守住工作的底线红线；要勇于开拓进取，努力变挑战为机遇；要坚持齐抓共管，共同推动继续教育事业转型发展。

2022年12月30日，学校党委常委、纪委书记、副校长尤利前在校2022年度继续教育工作会议上讲话

（继续教育管理中心供图）

科研工作

课题管理

【新立项课题】 2022年社科大共获批纵向课题39项。

国家社会科学基金项目10项：重大项目1项，“坚定对中国特色社会主义政治制度的自信研究”（柴宝勇主持）；重点项目2项，“犯罪结构变迁与刑法治理模式现代化研究”（林维主持）、“中国共产党建党百年领导经验与领导力建设研究”（蔡礼强主持）；一般项目5项，“建设具有强大凝聚力和引领力的社会主义意识形态面临的主要挑战研究”（李楠主持）、“我国生育负担结构与变化及教育支持对策研究”（杨蓉蓉主持）、“粤港澳大湾区区际法律冲突问题研究”（张美榕主持）、“第三次分配的供给侧研究”（何辉主持）、“平台经济反垄断规制问题研究”（谭袁主持）；青年项目1项，“中国现代文学早期英译与国家形象建构研究（1919—1949）”（刘月悦主持）；高校思政课研究专项1项，“中国精神融入高校思想政治理论课教学方法论研究”（张瑜主持）。

教育部人文社会科学研究项目3项：“中国共产党思想政治教育历史经验研究”（刘爱玲主持）、“基于复广义正交模糊信息的多属性决策方法与应用研究”（杜玉琴主持）、“爱德华·甘斯《自然法与普遍法历史》翻译与研究”（黄钰洲主持）。

北京市社会科学基金项目1项：“新时代中国历史虚无主义批判话语体系建构研究”（解科珍主持）。

中国社会科学院项目3项：国情调研重大项目1项，“基层治理中公共卫生危机治理能力与法治建设情况调研”（徐明主持）；交办委托项目1项，“以党建为引领提升高校治理效能研究”（张政文主持）；“马工程”项目1项，“防范化解重大财政和金融风险互溢问题的研究”（吉富星主持）。

部委规划或理论研究项目12项。

司局级规划或理论研究项目10项。

【结项课题】 2022年社科大共有20项纵向课题结项。

国家重点研发计划重点专项1项，“内外贯通的审判执行与诉讼服务协同支撑技术研究”（林维主持）；国家重点研发计划专项子课题3项：“‘一人多案’的法律理论和业务模型”（李静主持）、“跨层级法院案件管辖权识别预警关键技术与协同综合服务平台应用示范研究”（方军主持）、“面向跨域立案的法律与司法业务知识库构建”（刘晓春主持）。

国家社会科学基金项目6项：“近四十年阐释学在中国的研究”（权达主持）、“刑事证明标准层次性理论之适用问题研究”（孙远主持）、“大数据视角下代际差异对文化消费需求的影响研究”（刘慧主持）、“中德诚信价值观教育比较研究”（向征主持)、“标准必要专利反垄断规制研究”(谭袁主持)、“全球治理中的弱制度设计——从《气候变化框架公约》到《巴黎协定》”(齐尚才主持)。

教育部人文社会科学研究项目1项:“基本权利干预研究”(柳建龙主持)。

北京市社会科学基金项目3项:“供给侧结构性改革与北京市养老金——养老服务供需平衡研究”(郭磊主持)、“以互联网为平台的青少年亚文化传播研究”(吴玥主持)、“北京市反垄断法实施面临的困境及应对问题研究”(谭袁主持)。

部委规划和理论研究项目3项:“共和国脊梁:‘科学大师’纪录片拍摄与传播”(张树辉主持)、“我国高校学术抄袭的治理机制研究”(伏创宇主持)、“新冠肺炎疫情影响下促进青年就业的实现路径与政策建议”(徐明主持)。

司局级规划或理论研究项目3项:“防范化解重大风险背景下的金融服务创新研究”(张严方主持)、“各类抚恤优待对象生活水平状况研究”(吴丽丽主持)、“贵州省安顺市西秀区产城融合发展研究”(任朝旺主持)。

【延续在研课题】 2022年延续在研纵向课题158项。

国家社科基金50项:重大项目6项、重点项目3项、特别委托项目1项、一般项目28项、青年项目5项、后期资助项目4项、艺术学一般项目1项、高校思政课研究专项2项。

教育部人文社会科学研究项目18项。

北京市社会科学基金项目12项。

中国社会科学院项目16项。

部委规划和理论研究项目44项。

司局级规划或理论研究项目18项。

【学生科研项目】 共设立“研创计划”项目199项,其中科学研究项目153项,学术交流项目10项,学术论坛项目26项,考古专项项目10项。共设立“新苗计划”项目138项,其中课题研究项目98项,读书会项目12项,学术团体项目10项,学术竞赛项目16项,专项项目2项。“研创计划”共结项194项,其中科学研究项目结项148项,学术交流项目结项10项,学术论坛项目结项26项,考古专项项目结项10项。“新苗计划”共结项135项,其中课题研究项目95项,读书会项目12项,学术团体项目10项,学术竞赛项目16项,专项项目2项。

成果统计

社科大2022年科研成果统计表

表4

序号	课题类型	成果名称	成果形式	字数(万字)	署名人	发表/出版单位	发表/出版时间	级别
1	国家社科基金单列学科项目	京津冀区域协同治理评估及影响因素研究	专著	23.7	蒋敏娟	光明日报出版社	2022年4月1日	

续表 4

序号	课题类型	成果名称	成果形式	字数（万字）	署名人	发表 / 出版单位	发表 / 出版时间	级别
2	国家社科基金项目	大数据视角下文化消费代际差异研究	专著	18.1	刘慧	中国社会科学出版社	2022 年 10 月 15 日	
3	国家社科基金项目	患者隐私权法律保护研究	专著	23.5	龚赛红等	中国社会科学出版社	2022 年 7 月 1 日	
4	国家社科基金项目	20 世纪中国美学史・第一卷	专著	30.8	吴泽泉，张建军，蒋磊，杨冰，杨和平，张华	江苏凤凰教育出版社	2022 年 5 月 1 日	
5	国家社科基金项目	合宪性解释原则：原理和应用	专著	20.3	柳建龙	中国民主法制出版社	2022 年 4 月 1 日	
6	国家社科基金项目	纬书的思想世界	专著	36.3	任蜜林	中国社会科学出版社	2022 年 1 月 1 日	
7	教育部人文社科研究项目	环境传播场域的话语流变与舆论引导策略	专著	30.1	漆亚林	中国社会科学出版社	2022 年 9 月 1 日	
8	其他课题	新闻传播学专业论文写作	专著	22.0	杜涛	知识产权出版社	2022 年 12 月 1 日	
9	其他研究项目	"一带一路"背景下东盟国家语言政策研究	专著	18.5	张捷，张庆华，刘旭亮，李蕊，武竞，马玉学，范慧玉，夏晓敏，崔丽，吴琳娜，陈敏	北京交通大学出版社	2022 年 10 月 1 日	
10	无依托项目研究成果	遗传资源国际法的实施与续造	专著	26.0	张小勇	知识产权出版社	2022 年 12 月 1 日	
11	无依托项目研究成果	Gesinnung und Sittlichkeit in Hegels Rechtsphilosophie（黑格尔法哲学中的意向与伦理）	专著	15.0	黄钰洲	Duncker & Humblot 出版社	2022 年 3 月 3 日	
12	无依托项目研究成果	社会变迁的心理维度——心理现代性作为探究主题	专著	42.8	沈杰	天津社会科学出版社	2022 年 3 月 1 日	
13	无依托项目研究成果	制度逻辑与基层治理	专著	29.2	周少来	中国社会科学出版社	2022 年 3 月 1 日	
14	无依托项目研究成果	小丑的狂欢与孤寂——费里尼导演作品研究	专著	25.4	文先军	光明日报出版社	2022 年 3 月 1 日	
15	无依托项目研究成果	科技金融、科技创新与产业结构升级	专著	18.0	朱丹	企业管理出版社	2022 年 2 月 1 日	
16	学校社科项目	"智慧金融"技术、平台与创新	专著	27.1	张菀洺，朱照红	清华大学出版社	2022 年 12 月 1 日	
17	学校社科项目	中国近代留学教育比较研究	专著	28.8	朱孔京	中国社会科学出版社	2022 年 9 月 1 日	

续表 4

序号	课题类型	成果名称	成果形式	字数（万字）	署名人	发表 / 出版单位	发表 / 出版时间	级别
18	学校社科项目	提升中国对“一带一路”沿线国家 OFDI 效率研究	专著	20.4	王微微	中国商务出版社	2022 年 8 月 1 日	
19	学校社科项目	新技术革命下的全媒体运营	专著	23.9	王凯山，陈迟	中国社会科学出版社	2022 年 8 月 1 日	
20	学校社科项目	当代大学生社会情感能力状况研究	专著	18.3	高迎爽，张树辉，王涛	中国社会科学出版社	2022 年 8 月 1 日	
21	学校社科项目	个人所得税改革中纳税人权利的实现与保障	专著	26.2	汤洁茵	法律出版社	2022 年 7 月 1 日	
22	学校社科项目	中国居家养老服务体系建设与生活质量提升研究	专著	16.0	孙兆阳，戈艳霞	中国社会科学出版社	2022 年 5 月 25 日	
23	学校社科项目	中小高新技术企业成长阶段技术学习战略研究	专著	15.3	杨小科	经济管理出版社	2022 年 5 月 1 日	
24	学校社科项目	文学空间的重叠与蔓生：“百草园”研究	专著	24.5	丁文	中国社会科学出版社	2022 年 2 月 1 日	
25	学校社科项目	传播犯罪研究	专著	49.9	罗斌	中国社会科学出版社	2022 年 2 月 1 日	
26	中央其他部门社科专门项目	国家治理体系中的基层设计研究——最优授权理论的视角	专著	23.2	李石强	中国社会科学出版社	2022 年 8 月 8 日	
27	国务院其他部门	党政统合与乡村治理：从精准扶贫到乡村振兴的南江经验（Integrated Governance in Rural China：Case Study of Nanjiang County）	译著	20.0	管宇	中国社会科学出版社；德国 Springer 出版社	2022 年 8 月 26 日	
28	无依托项目研究成果	严肃对待新闻：新闻研究的新学术视野	译著	30.4	李青藜	中国人民大学出版社	2022 年 9 月 12 日	
29	无依托项目研究成果	论教育	译著	5.9	宋溟	教育科学出版社	2022 年 2 月 1 日	
30	无依托项目研究成果	中华帝国方志的书写、出版与阅读：1100—1700 年	译著	33.0	向静	上海人民出版社	2022 年 1 月 1 日	
31	学校社科项目	新闻里的数据：计算机辅助报道实用指南（第五版）	译著	21.6	刘英华	社会科学文献出版社	2022 年 10 月 1 日	

续表 4

序号	课题类型	成果名称	成果形式	字数（万字）	署名人	发表 / 出版单位	发表 / 出版时间	级别
32	学校社科项目	消费文化中的名人与粉丝：粉丝生活的自传式民族志考察	译著	25.1	刘津	社会科学文献出版社	2022 年 10 月 1 日	
33	学校社科项目	页岩气革命——走向繁荣的企业和即将消失的产业	译著	10.9	王炜，文婧	社会科学文献出版社	2022 年 7 月 1 日	
34	学校社科项目	爱情的破碎：一部分手史	译著	30.1	陈晓琳	中国环境出版集团	2022 年 4 月 2 日	
35	其他研究项目	金融智能投顾（高级）	编著或教材	43.7	张莞洺，戴鹏杰	清华大学出版社	2022 年 6 月 30 日	
36	其他研究项目	传媒冲击波：智媒时代美国传媒产业和传媒教育巨变与中国方略	编著或教材	28.2	罗自文，刘静怡，董庆文，张金尧	中国社会科学出版社	2022 年 3 月 15 日	
37	无依托项目研究成果	基础会计（第五版）	编著或教材	39.9	王艳茹，刘泉军	中国人民大学出版社	2022 年 10 月 1 日	
38	无依托项目研究成果	《史记》人物传记讲读	编著或教材	45.0	刘国民	北京大学出版社	2022 年 10 月 1 日	
39	无依托项目研究成果	中小企业财税管理（第二版）	编著或教材	23.5	王艳茹，刘昀	东北财经大学出版社	2022 年 8 月 1 日	
40	无依托项目研究成果	创业企业财务管理	编著或教材	33.0	王艳茹，应小陆，杨树军	中国人民大学出版社	2022 年 4 月 1 日	
41	无依托项目研究成果	数据新闻实战（第 2 版）修订版	编著或教材	53.0	刘英华	中国工信出版集团电子工业出版社	2022 年 1 月 1 日	
42	学校社科项目	大数据背景下智慧税务建设研究	编著或教材	31.7	李为人，付广军	社会科学文献出版社	2022 年 11 月 1 日	
43	学校社科项目	全媒体报道实践——思政教育导向下的卓越新闻传播人才培养	编著或教材	44.0	王凯山，薛亮，张薇薇，罗自文，刘朝霞，张威，漆亚林	中国国际广播出版社	2022 年 6 月 1 日	
44	学校社科项目	青少年健康行为研究——基于十个省市的调查数据分析	皮书 / 发展报告	34.8	周华珍，王俊秀，张树辉，吕书红	社会科学文献出版社	2022 年 12 月 1 日	
45	学校社科项目	智能媒体发展报告：2021—2022	皮书 / 发展报告	41.0	漆亚林，杜智涛，刘静静，黄楚新，殷乐，王婷瑜	中国社会科学出版社	2022 年 11 月 1 日	
46	学校社科项目	中国区域税收发展报告（2022）	皮书 / 发展报告	25.8	李为人，付广军，韩莉，蔡昌	社会科学文献出版社	2022 年 10 月 1 日	

续表 4

序号	课题类型	成果名称	成果形式	字数（万字）	署名人	发表 / 出版单位	发表 / 出版时间	级别
47	中央其他部门社科专门项目	社会组织蓝皮书：中国社会组织报告（2022）	皮书 / 发展报告	52.0	黄晓勇，徐明，郭磊，吴丽丽，王艳茹，刘泉军，柴宝勇，赵一红	社会科学文献出版社	2022 年 10 月 1 日	
48	中央其他部门社科专门项目	未成年人网络保护发展报告（2021）	皮书 / 发展报告	11.5	林维，刘晓春，李静	中国社会科学出版社	2022 年 8 月 1 日	
49	中央其他部门社科专门项目	世界能源发展报告（2022）	皮书 / 发展报告	44.1	黄晓勇，陈卫东，王永中，王炜，臧少虎，李阳，于晓洋	社会科学文献出版社	2022 年 8 月 1 日	
50	国家社科基金项目	孔子	科普读物	5.0	赵玉敏	中华书局	2022 年 8 月 21 日	
51	无依托项目研究成果	汉字：方块字里的中国	科普读物	18.0	陈学晶	五洲传播出版社	2022 年 1 月 1 日	
52	学校社科项目	俄罗斯学在中国（第五辑）	其他著作	17.0	李永全，庞大鹏，吴德堃	社会科学文献出版社	2022 年 8 月 1 日	
53	学校社科项目	高校责任的勇毅书写——中国社会科学院大学疫情防控特辑（全三册）	其他著作	112.5	张树辉，鞠文飞，漆光鸿	光明日报出版社	2022 年 4 月 1 日	
54	学校社科项目	人文社会科学新苗支持计划优秀论文选·第二辑	其他著作	33.9	林维	社会科学文献出版社	2022 年 4 月 1 日	
55	无依托项目研究成果	公共阐释论	期刊论文	2.6	张江	中国社会科学	2022 年 11 月 20 日	顶级
56	国家自然科学基金项目	国有资本参股如何影响民营企业？——基于债务融资视角的研究	期刊论文	3.0	何德旭，曾敏，张硕楠	管理世界	2022 年 11 月 5 日	顶级
57	无依托项目研究成果	“全观诗学”论纲	期刊论文	2.2	朝戈金	中国社会科学	2022 年 9 月 25 日	顶级
58	无依托项目研究成果	动词存在论与创造者视域	期刊论文	2.0	赵汀阳	中国社会科学	2022 年 8 月 20 日	顶级
59	无依托项目研究成果	始终把人民健康放在优先发展的战略地位——党的十八大以来健康中国行动的成就与经验	期刊论文	1.5	庄琦	管理世界	2022 年 7 月 5 日	顶级

续表 4

序号	课题类型	成果名称	成果形式	字数(万字)	署名人	发表/出版单位	发表/出版时间	级别
60	国家自然科学基金项目	中国间接税的效率损失——基于中国生产网络结构一般均衡模型方法	期刊论文	4.4	倪红福	管理世界	2022年5月5日	顶级
61	无依托项目研究成果	新时代我国人文社会科学期刊发展与评价	期刊论文	1.7	荆林波，逯万辉	管理世界	2022年5月5日	顶级
62	无依托项目研究成果	六艺之变与中国古典学术的生成	期刊论文	2.2	王秀臣	中国社会科学	2022年4月25日	顶级
63	其他课题	Creating a New Chinese Discourse on Political Economy: The Innovative Development of China' s Private Sector Theory	期刊论文	0.84	张菀洺，刘迎秋	中国社会科学(英文版)	2022年3月31日	顶级
64	中央其他部门社科专门项目	秦汉乡里社会演变与国家治理的历史考察	期刊论文	2.6	卜宪群	中国社会科学	2022年3月25日	顶级
65	国家社科基金项目	九一八事变后国联外交与国民政府对日政策	期刊论文	2.2	侯中军	历史研究	2022年2月25日	顶级
66	无依托项目研究成果	中国开放型经济学的马克思主义政治经济学逻辑	期刊论文	2.2	裴长洪	经济研究	2022年1月20日	顶级
67	无依托项目研究成果	夷夏互化融合说	期刊论文	1.0	王震中	中国社会科学	2022年1月5日	顶级
68	国家社科基金单列学科项目	制度、体制与机制：对国家治理体系的系统分析	期刊论文	1.7	张树华，王阳亮	管理世界	2022年1月5日	顶级
69	无依托项目研究成果	勇于自我革命：中国共产党区别于其他政党的显著标志	期刊论文	0.8	王伟光	求是	2022年1月1日	顶级
70	国家社科基金项目	比较视野下中国式现代化的人类文明新形态价值研究	期刊论文	1.05	孙帅	中共中央党校(国家行政学院)学报	2022年12月1日	权威
71	国家社科基金项目	从生产控制到土壤保护——罗斯福“新政”时期美国农业调整政策的演变及其影响	期刊论文	1.6	高国荣	北京师范大学学报(社会科学版)	2022年11月25日	权威

续表 4

序号	课题类型	成果名称	成果形式	字数（万字）	署名人	发表 / 出版单位	发表 / 出版时间	级别
72	国家社科基金项目	供需与结构：中国社会养老服务体系建构的逻辑——基于六城市养老机构的实证调查	期刊论文	1.5	赵一红，聂倩	社会学研究	2022 年 11 月 20 日	权威
73	国家自然科学基金项目	股票错误定价、市值管理与上市公司并购行为	期刊论文	2.1	何德旭，曾敏，吴育辉，刘蕴霆	中国工业经济	2022 年 11 月 15 日	权威
74	国家社科基金项目	产能利用率具有阈值和评判价值吗——“产能过剩”误区的再考察	期刊论文	1.5	钟春平，翟乃森	财贸经济	2022 年 11 月 8 日	权威
75	学校社科项目	营商环境对民营企业竞争力的影响	期刊论文	1.2	张莞洺，杨广钊	财贸经济	2022 年 10 月 20 日	权威
76	国家自然科学基金项目	外部冲击、国际贸易与政策调节	期刊论文	1.2	杨开忠，徐晓辰	财贸经济	2022 年 10 月 15 日	权威
77	国家社科基金项目	国际经济议程政治化与世界贸易组织改革困境	期刊论文	3.0	徐秀军，林凯文	世界经济与政治	2022 年 10 月 14 日	权威
78	无依托项目研究成果	大国崛起中“以经稳政”的限度、空间和效力——对“经济压舱石”理论的反思与重构	期刊论文	4.5	高程，部彦军	世界经济与政治	2022 年 10 月 14 日	权威
79	学校社科项目	Nonverbal communication with emojis in social media：dissociating hedonic intensity from frequency	期刊论文	0.8	李璐，王晓田	*Language Resources and Evaluation*	2022 年 10 月 12 日	权威
80	国家社科基金项目	从天然雕塑到审美心态：论王朝闻的美育路径	期刊论文	1.3	卢春红	文艺研究	2022 年 10 月 10 日	权威
81	国家社科基金项目	税收制度与市场分工：理论视角与逻辑建构	期刊论文	1.5	蒋震	财政研究	2022 年 10 月 5 日	权威
82	无依托项目研究成果	“的”字补说——北京话中用作他引标记的“的”	期刊论文	1.2	方梅	世界汉语教学	2022 年 10 月 5 日	权威
83	中央其他部门社科专门项目	权力、权利与“人家”——兼谈社会性直指的句法语义表征	期刊论文	1.6	唐正大	世界汉语教学	2022 年 10 月 5 日	权威

续表 4

序号	课题类型	成果名称	成果形式	字数（万字）	署名人	发表 / 出版单位	发表 / 出版时间	级别
84	学校社科项目	社交机器人：数字用户的建构逻辑 与智能陷阱的治理路向	期刊论文	1.6	漆亚林，王钰涵	新闻与传播研究	2022 年 9 月 25 日	权威
85	中央其他部门社科专门项目	21 世纪日本马克思主义的理论新发现与实践新探索——以日本新版《资本论》的修订为例	期刊论文	2.0	谭晓军	马克思主义研究	2022 年 9 月 25 日	权威
86	无依托项目研究成果	中国特色社会主义创造“人类文明新形态”和“中国式现代化道路”	期刊论文	1.2	王伟光	哲学研究	2022 年 9 月 25 日	权威
87	国家社科基金项目	The Study of New Energy Vehicle Choice in China from the Perspective of Complex Neural Network	期刊论文	1.02	刘慧，冯磊	*Frontiers in Physics*	2022 年 9 月 23 日	权威
88	国家自然科学基金项目	数字普惠金融与区域经济不平衡	期刊论文	1.5	李彦龙，沈艳	经济学（季刊）	2022 年 9 月 22 日	权威
89	无依托项目研究成果	全球视野下的中国特色乡村振兴：制度优势与行动路径	期刊论文	1.6	王晓毅，阿妮尔	社会学研究	2022 年 9 月 20 日	权威
90	国家社科基金项目	How does Information Exposure Affect Public Attitudes Toward GMO in China? The mediating and moderating roles of Conspiracy Belief and Knowledge	期刊论文	2.0	杜智涛，肖语奇，徐敬宏	*Frontiers in Psychology*	2022 年 9 月 20 日	权威
91	国家自然科学基金项目	Complex q-rung orthopair fuzzy Frank aggregation operators and their application to multi-attribute decision making	期刊论文	2.0	杜玉琴，杜向军，李媛媛，崔建新，侯福均	*Soft Computing*	2022 年 9 月 19 日	权威
92	国家自然科学基金项目	Q-rung orthopair triangular fuzzy linguistic Frank aggregation operators and their application	期刊论文	1.6	杜玉琴，杜向军，李媛媛，侯福均	*Journal of Intelligent & Fuzzy Systems*	2022 年 9 月 17 日	权威

续表 4

序号	课题类型	成果名称	成果形式	字数（万字）	署名人	发表 / 出版单位	发表 / 出版时间	级别
93	无依托项目研究成果	习近平开放发展理念对中国特色社会主义政治经济学的新贡献	期刊论文	0.7	裴长洪	财贸经济	2022 年 9 月 15 日	权威
94	国家社科基金项目	内蒙古张呼片晋语的入声调	期刊论文	1.3	沈明	中国语文	2022 年 9 月 10 日	权威
95	国家社科基金项目	上古汉语“诸”的再探讨	期刊论文	1.3	赵长才	中国语文	2022 年 9 月 10 日	权威
96	其他研究项目	Traffic Flow Prediction Based on Multi Spatio-Temporal Attention Gated Graph Convolution Network	期刊论文	0.8	盖赟，翟剑锋，宿培成	*Journal of Advanced Academics*	2022 年 9 月 9 日	权威
97	无依托项目研究成果	党的十八大以来税收改革与发展的成就与经验	期刊论文	0.9	张斌	财政研究	2022 年 9 月 5 日	权威
98	国家自然科学基金项目	China’s pathway to carbon neutrality for the iron and steel industry	期刊论文	1.0	禹湘，谭畅	*Global Environmental Change*	2022 年 9 月 1 日	权威
99	教育部人文社科研究项目	Is the WTO Dispute Settlement System a Disaster for the US? An Evaluation of US - China WTO Disputes	期刊论文	0.93	李晓玲，张晓文	*Journal of Chinese Political Science*	2022 年 9 月 1 日	权威
100	国家社科基金项目	当代中国公民政治价值观结构及特征初探	期刊论文	2.6	郑建君，赵东东	政治学研究	2022 年 8 月 18 日	权威
101	国家社科基金项目	优势认知下的遏制——拜登政府对华政策的性质和结构分析	期刊论文	3.1	肖河	世界经济与政治	2022 年 8 月 14 日	权威
102	国家社科基金项目	新发展阶段社会建设与构建新发展格局	期刊论文	1.2	杨典，向静林	中共中央党校（国家行政学院）学报	2022 年 8 月 1 日	权威
103	无依托项目研究成果	近代史研究所与中华民国史研究“三大体系”建设	期刊论文	1.0	金以林	近代史研究	2022 年 7 月 27 日	权威

续表 4

序号	课题类型	成果名称	成果形式	字数（万字）	署名人	发表/出版单位	发表/出版时间	级别
104	无依托项目研究成果	自由伦理的重构——论黑格尔对合法性与道德性之分离的克服	期刊论文	1.4	黄钰洲	哲学研究	2022 年 7 月 25 日	权威
105	国家社科基金项目	资本的有机嵌入——以某农业产业扶贫项目为关键个案	期刊论文	1.8	吕鹏，傅凡	学术月刊	2022 年 7 月 20 日	权威
106	国家社科基金项目	论口头文学的接受	期刊论文	1.6	朝戈金	文学评论	2022 年 7 月 15 日	权威
107	国家社科基金项目	基于 CIE-CEAM 模型的中国工业“双碳”路径模拟	期刊论文	1.2	禹湘，娄峰，谭畅	中国人口·资源与环境	2022 年 7 月 15 日	权威
108	国家社科基金项目	主谓主语句还是主谓谓语句?	期刊论文	2.0	刘探宙	中国语文	2022 年 7 月 10 日	权威
109	国家社科基金项目	青海甘沟话“坐”义动词用作持续体助动词	期刊论文	1.8	杨永龙	中国语文	2022 年 7 月 10 日	权威
110	自选课题	浙西南吴语“鸡嗉子”读音的本字	期刊论文	0.9	谢留文	中国语文	2022 年 7 月 10 日	权威
111	国家社科基金项目	中国光伏产业发展及电价补贴政策影响研究	期刊论文	3	王宏伟，朱雪婷，殷晨曦	数量经济技术经济研究	2022 年 7 月 5 日	权威
112	国家社科基金项目	Generalized morality and the provision of public goods: The role of social trust and public participation	期刊论文	0.9	温莹莹，张晓玲，李凯琴，孙文，郑浩生	*Habitat International*	2022 年 7 月 1 日	权威
113	无依托项目研究成果	活动类连续行动的逻辑刻画	期刊论文	1.2	贾青	哲学研究	2022 年 6 月 26 日	权威
114	学校社科项目	Does Giving and Receiving Helping Behaviour Fit Matter? The Role of Neighbouring Behaviour Fit in Working Residents' Mental Health	期刊论文	1.2	修晶	*Frontiers in Public Health*	2022 年 6 月 24 日	权威
115	省、市、自治区社科基金项目	伟大建党精神政治功能研究——基于政党理论视角的分析	期刊论文	1.7	柴宝勇，黎田	政治学研究	2022 年 6 月 18 日	权威

续表 4

序号	课题类型	成果名称	成果形式	字数（万字）	署名人	发表 / 出版单位	发表 / 出版时间	级别
116	国家自然科学基金项目	Heterogeneity of Decoupling between Economic Development and Carbon Emissions in China’s Green Industrial Parks	期刊论文	1.0	禹湘，李曼琪，康文梅	*Earth's Future*	2022 年 6 月 1 日	权威
117	国家社科基金项目	中国共产党对马克思主义公平正义观的践行与发展	期刊论文	1.2	冯颜利	中共中央党校（国家行政学院）学报	2022 年 6 月 1 日	权威
118	无依托项目研究成果	中国行贿记录查询制度变迁与未来方向	期刊论文	1.5	蒋来用	中共中央党校（国家行政学院）学报	2022 年 6 月 1 日	权威
119	国家社科基金项目	人类命运共同体思想的文明“术语革命”	期刊论文	1.2	杨洪源	中共中央党校（国家行政学院）学报	2022 年 6 月 1 日	权威
120	国家社科基金项目	无条件全民基本收入与共同富裕建设进路探索	期刊论文	1.6	王春光	中共中央党校（国家行政学院）学报	2022 年 6 月 1 日	权威
121	国家社科基金项目	失声・失忆・失踪 ——论阿甘本的“声音伦理”	期刊论文	1.2	徐艳东	北京师范大学学报（社会科学版）	2022 年 5 月 25 日	权威
122	国家社科基金项目	平台治理场域与社会学参与	期刊论文	2.5	吕鹏，周旅军，范晓光	社会学研究	2022 年 5 月 20 日	权威
123	国家社科基金单列学科项目	“心之晦暗”：罗斯金《现代画家》中的风景与忧郁	期刊论文	1.6	乔修峰	外国文学评论	2022 年 5 月 18 日	权威
124	国家社科基金项目	深度智能化时代算法认知的伦理与政治审视	期刊论文	1.3	段伟文	中国人民大学学报	2022 年 5 月 16 日	权威
125	国家社科基金项目	汉语度量衡量词前加“个”现象考察	期刊论文	1.5	储泽祥	中国语文	2022 年 5 月 16 日	权威
126	国家社科基金项目	弱权即公理——决心对比、选择效应与不对称冲突的结果	期刊论文	2.6	杨原	世界经济与政治	2022 年 5 月 14 日	权威
127	国家社科基金项目	“河洛”批评与自觉——基于黄宗羲、黄宗炎的《河图》《洛书》批评及再研究	期刊论文	1.0	胡士颖	哲学研究	2022 年 4 月 25 日	权威

续表 4

序号	课题类型	成果名称	成果形式	字数（万字）	署名人	发表 / 出版单位	发表 / 出版时间	级别
128	国家社科基金项目	精神主动的科学立场、基本规定及实践进路	期刊论文	1.4	王维国	马克思主义研究	2022 年 4 月 25 日	权威
129	国家社科基金项目	早期中国思维中的数理、图理与式图——以北大秦简《鲁久次问数于陈起》为中心	期刊论文	2.2	刘未沫	学术月刊	2022 年 4 月 24 日	权威
130	国家社科基金项目	中国协商民主为什么真？——以标准、条件和效能为视角的分析	期刊论文	1.4	王红艳	政治学研究	2022 年 4 月 18 日	权威
131	无依托项目研究成果	数字经济下的旅游治理：挑战与重点	期刊论文	0.31	宋瑞	旅游学刊	2022 年 4 月 6 日	权威
132	学校社科项目	An Ego Depletion Perspective Linking Political Behavior to Interpersonal Deviance	期刊论文	0.8	修晶，郑俊巍，李志刚，张振铎	*Frontiers in Psychology*	2022 年 3 月 30 日	权威
133	学校社科项目	经济政策不确定性下银行风险承担对企业投资效率的影响	期刊论文	1.3	朱丹，潘攀	中国软科学	2022 年 3 月 28 日	权威
134	国家社科基金项目	日本政府的伪满留日学生政策	期刊论文	1.8	徐志民	近代史研究	2022 年 3 月 27 日	权威
135	无依托项目研究成果	从法国社会学到中国马克思主义民族学——杨堃先生的治学路径和初心	期刊论文	2.1	王希恩	民族研究	2022 年 3 月 25 日	权威
136	国家社科基金项目	中国制造业比重“内外差”现象及其“去工业化”涵义	期刊论文	1.5	黄群慧，杨虎涛	中国工业经济	2022 年 3 月 24 日	权威
137	国家自然科学基金项目	Mapping China’s photovoltaic power geographies: Spatial−temporal evolution, provincial competition and low−carbon transition	期刊论文	1.1	廖茂林，张泽，贾晋，熊焦，韩梦瑶	*Renewable Energy*	2022 年 3 月 16 日	权威
138	无依托项目研究成果	试论习近平经济思想的本质特色	期刊论文	1.3	余斌	马克思主义研究	2022 年 2 月 25 日	权威

续表 4

序号	课题类型	成果名称	成果形式	字数（万字）	署名人	发表 / 出版单位	发表 / 出版时间	级别
139	国家自然科学基金项目	扭曲因子、进口中间品价格与全要素生产率——基于非竞争型投入产出网络结构一般均衡模型事后核算方法	期刊论文	2.3	倪红福	金融研究	2022 年 2 月 25 日	权威
140	国家社科基金项目	论梁启超近代国家思想提出的内在逻辑——以《清议报》为中心	期刊论文	1.7	贾小叶	近代史研究	2022 年 1 月 27 日	权威
141	学校社科项目	扎实推进中华民族共同体建设	期刊论文	1.8	王延中	民族研究	2022 年 1 月 25 日	权威
142	中央其他部门社科专门项目	“人”之视野下的人类文明新形态	期刊论文	1.0	王正	哲学研究	2022 年 1 月 25 日	权威
143	无依托项目研究成果	论中国特色社会主义政治经济学的逻辑起点	期刊论文	1.9	裴长洪	经济学动态	2022 年 1 月 18 日	权威
144	国家社科基金项目	从副词独用现象看位置敏感与意义浮现	期刊论文	1.6	方梅	中国语文	2022 年 1 月 10 日	权威
145	省、市、自治区社科基金项目	Research on the Child Health Care System in China from the Perspective of Equal health benefits—Beijing as the case study	期刊论文	0.59	庄琦	*Child*：*Care, Health and Development*	2022 年 1 月 2 日	权威
146	无依托项目研究成果	观念跨空间迁变与太平洋史研究的路径创新	文章	0.31	王华	光明日报（理论版）	2022 年 4 月 11 日	
147	无依托项目研究成果	让百年党史照亮复兴征程——读《百年大党面对面》	文章	0.19	张政文	人民日报（理论版）	2022 年 5 月 18 日	
148	无依托项目研究成果	应以更明确有效的态度处理无罪案件	文章	0.32	林维	法治日报	2022 年 7 月 6 日	
149	省、市、自治区社科基金项目	党的全面领导深刻塑造全过程人民民主政治优势	文章	0.41	柴宝勇，黎田	光明日报（理论版）	2022 年 7 月 16 日	
150	省、市、自治区社科基金项目	推动人才工作取得更大成就	文章	0.25	徐明	光明日报（理论版）	2022 年 8 月 15 日	
151	无依托项目研究成果	用好专项债限额空间	文章	0.15	吉富星	经济日报（时评）	2022 年 10 月 11 日	

续表 4

序号	课题类型	成果名称	成果形式	字数（万字）	署名人	发表 / 出版单位	发表 / 出版时间	级别
152	无依托项目研究成果	推动数字文明，高等教育要贡献中国智慧	文章	0.18	张树辉，高迎爽	光明日报（15 版）	2022 年 10 月 24 日	

成果简介

【专著】

1.《“智慧金融”技术、平台与创新》

张菀洺（教授）、朱照红（教授）

专著　271 千字

清华大学出版社 2022 年 12 月

随着信息技术的飞速发展，大数据、云计算、人工智能和区块链等四大核心技术日益成为现代金融的四大硬核——银行、保险、证券和信托等创新发展的强大引擎。一个以“智能风控、智能支付、智能理赔、智能投研和智能投顾”五大应用场景为目标的“智慧金融”大生态应运而生。全书共分六章，分别是绪论、金融体系、金融科技、金融安全、智慧金融平台架构与应用和智慧金融创新与发展。作者编写时以智慧金融为主题、金融文化为主线、金融制度为盛装、金融产品为内核、金融科技为骨架、金融保险为保障、金融创新为愿景，深入浅出，不枝不蔓，以期为广大读者奉上一席智慧金融的盛宴。

2.《纬书的思想世界》

任蜜林（副研究员）

专著　363 千字

中国社会科学出版社 2022 年 1 月

本书是一部从整体上对纬书思想体系进行系统研究的著作。根据现存纬书资料，按照中国传统哲学“推天道以明人事”的基本架构，本书对纬书的宇宙元气论、阴阳五行说、天人关系说、礼乐刑德思想、伦理观、历史观、圣人观等主要内容做系统研究和综合分析，从而展现纬书丰富多彩的思想世界。

宇宙元气论是纬书思想的形而上学基础，也是纬书其他思想得以展开的根据。在纬书作者看来，宇宙万物皆从无形之气中生出，这种无形之气就是元气。阴阳、五行是元气的重要内容，也是元气生成万物的中间环节，因此，在宇宙元气论之后继之以阴阳五行说。礼乐刑德思想、伦理观、历史观、圣人观等都属于人类社会方面的内容。天人关系说则反映了纬书作者对于天人之间相互关系的思考。后在圣人观中分析了纬书“为汉立法”的思想宗旨，即证明汉代政权合法性的最终目的。

3.《传播犯罪研究》

罗斌（教授）

专著　499 千字

中国社会科学出版社 2022 年 2 月

本书系统梳理了因传播行为侵害或威胁法益和借助传播权侵害或威胁法益，以及与传播行为密切相关的行为侵害或威胁法益引发的 53 种犯罪，并从刑法基本原则角度研究其发展趋势和立法、司法中存在的主要问题。

4.《制度逻辑与基层治理》

周少来（教授）

专著　292 千字

中国社会科学出版社 2022 年 3 月

当代中国，日益走向开放、多元和流动的现代社会，城市化进程和城乡关系的变迁，催生着社会结构和社会基础的深刻变化，由此引发基层社会治理中的种种矛盾和问题。

本书着眼于制度逻辑和行为激励的分析视角，具体解析了基层政府的行为激励及其政治效应、“形式主义”的体制根源及其治理、破解基层干部人才困局的制度逻辑、基层监督的制度激励及其制度漏洞、乡镇政府的体制性困局及其应对、乡村结构之变及其治理转型等基层治理问题。

5.《患者隐私权法律保护研究》

龚赛红等（教授）

专著　235 千字

中国社会科学出版社 2022 年 7 月

本书试图通过对患者隐私权的内涵、立法保护的比较研究，结合我国立法和司法实际，为我国患者隐私权保护进行科学的立法构建，进而促进我国人格权法、侵权责任法等法律制度的发展和完善，促进我国医患纠纷的解决和医疗卫生事业的发展。本书认为，我国患者隐私权法律保护已经有了宪法依据和刑法、民法、诉讼法及行政法保护的基础，但也存在一些不足。对患者隐私权的保护需从一般法保护和医患关系法保护两个层面展开。

6.《环境传播场域的话语流变与舆论引导策略》

漆亚林（教授）

专著　301 千字

中国社会科学出版社 2022 年 9 月

环境问题成为世界各国在可持续发展中十分关注的议题，生态保护成为全球化战略。本书以马克思主义生态观、生态文明思想为指导，融合多学科理论，探讨不同环境传播主体的话语框架、冲突机制及其变动轨迹，在西方环境理论、中国生态思想和生态实践的基础上建构生态中国的话语范式，以生态文明建设为核心建构具有中国特色的环境传播范式和舆论引导机制，以全球命运共同体为指导思想建构具有通约性的多元主体协同传播治理模式。

7.《大数据视角下文化消费代际差异研究》

刘慧（副教授）

专著　181 千字

中国社会科学出版社 2022 年 10 月

文化消费水平的提升能够提高居民的整体生活品质，倒逼供给侧结构性改革，促进产业结构转型升级。本书基于经济学视角，以定性分析与定量分析相结合的方法，研究大数据时代社会网络对文化消费结构以及文化消费代际差异的影响，刻画了文化消费的代际画像。本书可为中国文化消费结构的升级和高品质的供给提供参考，为中国文化消费政策的有效性和精准匹配提供可操作的实现路径，对现有文化消费结构理论有一定的补充。

【论文】

1.《勇于自我革命：中国共产党区别于其他政党的显著标志》

王伟光（教授）

论文　8 千字

《求是》2022 年第 1 期

党的十九届六中全会审议通过的《中共中央关于党的百年奋斗重大成就和历史经验的决议》（以下简称《决议》），全面总结了中国共产党百年奋斗的重大成就和历史经验，为中国共产党团结带领全国各族人民在全面建设社会主义现代化国家新征程上，齐心协力实现中华民族伟大复兴中国梦的宏伟目标，提供了基本遵循。《决议》科学总结了中国共产党坚持自我革命的光荣传统和宝贵经验，鲜明贯穿了党的初心使命主线，突出阐述了坚持自我革命、以伟大自我革命引领伟大社会革命，以伟大社会革命促进伟大自我革命的战略思想，对于在过去一百年赢得伟大胜利和荣光的中国共产党和中国人民，在新时代新征程上赢得更加伟大的胜利和荣光，具有深远的历史意义、理论意义和现实意义。

2.《公共阐释论》

张江（教授）

论文　26 千字

《中国社会科学》2022 年第 11 期

阐释是公共的。阐释在公共空间展开，是公共空间中的相互理解与交流，而非私人空间的个体理解与自言。阐释空间具有自由性、平等性、宽容性、公共约束和共识性追求等特征。阐释的生成，以普遍的公共性要素为前提，为当代公共理性所规引。阐释的全部前提来源于公共、立足于公共，共通感、集体表象为人类普遍共同所有，语言、逻辑与知识均为公共精神积累。公共理性是阐释为公共的基本根据，是激发和推动阐释的积极动力，是约束和规范阐释的框架标准，是衡量阐释有效性的基本尺度。公共理性在公共阐释中实现功能，公共阐释在公共理性引导和约束下展开。阐释自觉是阐释公共性的本质要求，阐释主体坚持独立主体身份和清醒理性自知，深刻把握阐释的公共规律，满足并超越公共期望，以真理性阐释为目标，实现阐释的实践价值。

3.《国有资本参股如何影响民营企业？——基于债务融资视角的研究》

何德旭（研究员）、曾敏、张硕楠

论文　30 千字

《管理世界》2022 年第 11 期

本文以债务融资为切入点，从“未阐明的规则”和“阐明的规则”两个层面探讨了国有资本参股的“反向混改”是否以及如何影响民营企业。研究发现：国有资本参股可以显著降低民营企业的债务融资成本，扩大债务融资规模，该结论在经过一系列内生性及稳健性检验后依然成立。进一步的机制分析发现：国有资本参股通过提升民营企业的社会声誉、减轻民营企业面临的“统计偏见”、优化民营企业的信息质量以及降低民营企业的“股东—债权人”代理问题等渠道多管齐下地改善了其债务融资。本文将这种声誉提升、信号效应发送、公司治理改善等效用学理化地提炼为“异质性股东的优势互补”，如此不仅构建了“反向混改”的理论分析框架，而且采用股权结构这种更加普适的理论更好地讲述了“混合所有制改革”的中国故事。此外，本文还从微观层面探讨了政府的积极作用，对宏观和中观层面政府与市场关系的现有研究进行了有益补充。

4.《“全观诗学”论纲》

朝戈金（教授）

论文　22 千字

《中国社会科学》2022 年第 9 期

全观诗学是立足口头文学之本体，围绕口头文学之问题，引入多学科视域而构建的文学阐释体系。在技术路线层面，全观诗学以洛德—弗里的“口头（程式）理论”为主线，部分吸收了“民族志诗学”“演述理论”等学派的概念、工具和模型；在方法论层面，移用了斯穆茨的“整全观”概念，以整体性观点把握口头文学的全貌和特征，同时力求结合分析的方法与整体的方法；在世界观层面，以唯物史观作为认识和解析口头文学内外部规律的基础。全观诗学强调共时方法，注重要素间关系和彼此作用，同时引入历史发展的维度，从而多方面展现民众口头文学活动的艺术特征和社会功能等。相较于“书写性”和因特网，“口头性”是人类古老常新的信息技术，且长期居于统领性地位，因而也是“全观”的合理出发点。

5.《动词存在论与创造者视域》

赵汀阳（研究员）

论文 20千字

《中国社会科学》2022年第8期

以知识论为本的哲学是受限于认识者视域的名词哲学，在其主体—客体的框架里无法解释人类的创制。因此，提出一种动词哲学，旨在以创世存在论为本，在创造者视域中重新理解存在和本源，以创制（facio）为出发点来理解一切需要反思的秩序、观念和历史。

6.《始终把人民健康放在优先发展的战略地位——党的十八大以来健康中国行动的成就与经验》

庄琦（讲师）

论文 15千字

《管理世界》2022年第7期

党的十八大以来，以习近平同志为核心的党中央高度重视人民健康，始终把广大人民群众健康安全摆在首要位置，大力推进健康中国建设。在实现“全面小康”目标中深化“全民健康”理念，在落实“人民健康优先发展”战略中贯彻“健康融入万策”方针，在推进健康中国行动中强化“全方位全生命周期健康服务”体系，初步形成了中国特色的健康保障体系，人民健康的健康服务体系逐渐确立，全民参与的健康支撑体系逐步健全，人类健康的中国实践取得重大成就。其重要经验在于，坚持人民健康优先、全民健康参与、全周期健康治理和全人类健康合作的健康中国行动原则，始终坚持“人民生命健康至上”的价值理念，深刻践行“健康融入所有政策”的战略方针，全面实施“全方位全生命周期健康服务”的行动体系，推动构建共建共享的人类卫生健康共同体。“十四五”时期乃至2035年，要大力推动实现全民健康的健康保障与健康服务更加公平可及，促进全民参与的健康环境与健康产业更加友好持续，推动共同富裕的健康中国行动更加深入全面，走向与社会主义现代化国家相适应的健康国家，构建人类卫生健康共同体的中国经验全球共享。

7.《中国间接税的效率损失——基于中国生产网络结构一般均衡模型方法》

倪红福（副研究员）

论文 44千字

《管理世界》2022年第5期

本文构建了嵌入间接税的中国投入产出网络结构一般均衡模型，并创新性地提出间接税效率损失的事后测算方法。基于此，本文利用1992—2017年的中国投入产出表和税收等数据编制了与模型匹配的社会核算矩阵，并进一步进行了实证测算分析。研究表明：（1）总体上，考虑到生产网络结构、微观替代弹性系数和间接税处理方式的影响，中国间接税效率损失率为0.5% ~ 10%。（2）生产网络结构越复杂，微观替代弹性系数越大，间接税的效率损失率就越大。（3）生产网络二阶近似新方法测算的间接税效率损失率远大于经典哈伯格方法。（4）1992—2017年，中国间接税效率损失率呈阶段性特点。1992—2007年，伴随着分税制改革完成和加入WTO后深度融入全球价值链，中国间接税效率损失率总体上呈下降趋势。2007—2017年，中国间接税效率损失率受金融危机的影响先上升，后受减税降费等政策影响而保持平稳或略有下降。

8.《新时代我国人文社会科学期刊发展与评价》

荆林波（研究员）、逯万辉

论文 17千字

《管理世界》2022年第5期

伴随着新一轮科技革命和产业革命的进行，学术期刊出版模式与传播规律正在发生着重大变革，学科交叉融合的加速演进也使得传统学科边界逐渐模糊，为学术期刊发展带来了新的挑战。在技术驱动与学科融合双重影响下，学术期刊的转型发展已成为当前学术界和期刊界共同关注的焦点问题。通过研究梳理，本文总结我国人文社会科学期刊发展历程和趋势，包括数字化、免费化、平台化、规模化、特色化、国际化、内卷化等显著特征。由于我国人文社科期刊数量繁多，期刊建设所存在的问题也各不相同，期刊的转型发展需要期刊自身建设和外部环境两个方面的共同努力。在外部环境营造上，需要进一步规范评价活动，发挥期刊评价的正向引导，坚持评建结合，扎实推进我国人文社会科学期刊在服务经济社会发展需要、营造良好学术生态、引领学术研究健康发展中实现自身高质量转型发展。

9.《六艺之变与中国古典学术的生成》

王秀臣（编审）

论文　22 千字

《中国社会科学》2022 年第 4 期

六艺的概念、文本及其经典化经历了一个漫长的演变过程。它从西周宫廷“六科”知识结构脱胎而来，逐渐演变成春秋贵族的礼乐教育，上升为诸子时代“道”的哲学表达，再成为儒家学派的精神元典，不断泛化、不断升华为成熟的中国古典学术体系。“六艺之教”“六艺之学”“六艺之文”“六艺之道”勾勒出“六艺之变”的精神轨迹，分别从学科进化、生成机制、语文特征、价值内涵等各个层面构建起中国古典学术的体系框架，彰显出中国古典学术的生成本质。流动中生成的六艺，是中国古典学术的元典，也是中国古典学术的基因库。

10.*Creating a New Chinese Discourse on Political Economy: The Innovative Development of China's Private Sector Theory*

张菀洺（教授）、刘迎秋（教授）

论文　8 千字

《中国社会科学（英文版）》2022 年第 1 期

改革开放以来我国民营经济发展实践和理论创新，从作为“社会主义公有制经济的附属和补充”的提出，到上升为我国“基本经济制度”的高度，从必须坚持“两个毫不动摇”的确立，再到进一步明确“民营企业和民营企业家是我们自己人”。民营经济发展及其理论创新经历了四个演进阶段。民营经济发展理论的创新是对社会主义初级阶段内在要求的回应，是对实现共同富裕正确路径选择的回应，是对人的行为理性及其利益诉求规律的回应。民营经济是社会主义市场经济发展的重要成果，是推动社会主义市场经济发展的重要力量，是建设现代化经济体系的重要主体。民营经济发展理论的创新开拓了马克思主义政治经济学的新境界。

11.《秦汉乡里社会演变与国家治理的历史考察》

卜宪群（研究员）

论文　26 千字

《中国社会科学》2022 年第 3 期

乡里是秦汉国家的社会基础，也是国家治理的重要对象。在四百多年的历程中，秦汉国家在乡里治理上多有创新，开创了我国封建社会大一统中央集权国家乡里治理模式之先河。社会演变是国家治理方式转变的根本动因，国家治理方式的转变又是社会演变在政治领域里的反映。春秋战国以降的社会变革，推动了秦汉国家治理的革新，也推动了国家在乡里治理上的积极探索。在乡里社会演变过程中，国家通过对社会流动的控制与治理、对乡里社会结构变化所带来的社会问题的治理、对宗族组织兴起的管控与治理，体现了秦汉乡里社会治理的主要特点，既积累了丰富经验，也留下深刻教训。

12.《九一八事变后国联外交与国民政府对日政策》

侯中军（研究员）

论文　22 千字

《历史研究》2022 年第 1 期

九一八事变爆发后，国民政府最初采取不抵抗政策，冀望于国联等外部力量阻止日本侵略。英法主导的国联有意联合美国，将中日冲突控制在一定范围之内，避免波及其自身利益。各方围绕日本撤兵问题展开的交涉，以及国联陆续出台的三次决议，并未能阻止日军的侵略，这促使国民政府逐步认清了国联的作用和局限。在日本罔顾国联决议、继续扩大侵略的情况下，中国国内掀起反侵略浪潮，国民政府认识到中日问题非经决战不能解决，其对日政策开始向“一边抵抗，一边交涉”转变。

13.《中国开放型经济学的马克思主义政治经济学逻辑》

裴长洪（研究员）

论文　22 千字

《经济研究》2022 年第 1 期

怎样遵循“七一讲话”精神在哲学社会科学各个领域中推进马克思主义理论研究，是当前学科建设中面临的重大任务；在开放型经济领域，如何构建马克思主义政治经济学中国化时代化的学科体系是题中应有之义。马克思主义关于资本主义世界市场和国际贸易的两重性的论述，是社会主义经济建立对外经济贸易关系的理论依据，它在列宁时期的苏联和中华人民共和国成立后 30 年的建设中得到实践运用。改革开放后，邓小平关于时代特征与主题的新判断以及社会主义经济利用“两个市场、两种资源”的理论开拓了中国开放型经济发展的广阔空间。中国开放型经济发展实践中提出的基本政治经济学问题可以归结为：在和平与发展成为时代主题条件下，如何处理国内生产力与世界生产力的互动关系，如何处理生产力发展与国内外生产关系、国内外上层建筑的关系与矛盾。习近平总书记关于世界百年大变局、国内国际双循环以及人类命运共同体等开放发展新理念是马克思主义政治经济学逻辑在中国开放型经济理论中的最新成果。

14.《夷夏互化融合说》

王震中（研究员）

论文　10 千字

《中国社会科学》2022 年第 1 期

黄河中游与下游、中原与海岱地区的早期文明是在交互作用中演进的，民族共同体既有独立发展的一面，也有互化融合的一面，中原地区的华夏族正是因四夷在中原的汇聚、相互融会而形成的。从五帝时代到夏商周三代，直至春秋战国时期，东夷与华夏的关系既有由一方迁徙到另一方而呈现出“嵌入式”的融合，也有经过战争冲撞或兼并而发生的融合。无论哪种方式的融合，都不是单向同化而每每是相互展开的。夷夏互化融合的最终结果，是华夏民族像滚雪球似的越滚越大，海岱东夷则越来越少，到秦汉时期海岱东夷已消失，完全融入华夏民族之中。

15.《制度、体制与机制：对国家治理体系的系统分析》

张树华（研究员）、王阳亮（副教授）

论文　17 千字

《管理世界》2022 年第 1 期

国家治理体系和治理能力现代化是一项超大规模的社会系统工程。系统科学是分析国家制度体系和国家治理体系的理论视角，是推动国家治理体系和治理能力现代化的科学方法论。中国国家治理体系是以社会主义为根本和特质，制度、体制、机制运行为一体，具有整体性、协同性、层次性、关联性等系统性特征。除了制度结构、资源禀赋、权力配置等“硬件”因素外，国家治理体系运行、优化和效能输出还取决于各子系统的协同与衔接机制、信息反馈与调平纠偏机制、系统能动性的激发机制等方面。以系统观推动改革发展，要注意把握系统整体涌现性、统一性与差异性、制度有限性与主体能动性、正负反馈的动态平衡等原则。

16.《比较视野下中国式现代化的人类文明新形态价值研究》

孙帅（副教授）

论文　10.5 千字

《中共中央党校（国家行政学院）学报》2022 年第 6 期

中国式现代化坚持中国共产党的领导，坚持社会主义方向，实行全过程人民民主，超越了西方政党的资本属性与利益集团化倾向，避免了西方民主治理不善的困境，实现了对资本的驾驭和管控，真正实现了人民当家作主。中国式现代化以人类命运共同体为价值追求，尊重世界文明多样性，超越了西方文明冲突论与文明优越主义，致力于建构共建共享、合作共赢、交流互鉴、绿色低碳的全球发展格局，创造了人类文明新形态，为全球发展贡献了中国样本。

17.《供需与结构：中国社会养老服务体系建构的逻辑——基于六城市养老机构的实证调查》

赵一红（教授）、聂倩

论文　15 千字

《社会学研究》2022 年第 6 期

当前，我国的老龄化程度不断加深，如何推进老有所养、老有所依的服务体系建构等问题迫在眉睫。“养老服务体系”是一个内涵比较丰富的概念，是一个“老年人在生活中获得全方位养老服务支持的系统”，其中供需结构平衡是关键问题。以机构养老为案例的实地调研结果表明，养老服务的供需存在偏差，这种偏差从政策和制度设计角度看就是基于供需的结构性平衡缺失，我们需要更多地从社会结构的视角出发来解构供需之间的二元对立，重构养老服务体系的基本逻辑。

18.《数字普惠金融与区域经济不平衡》

李彦龙（讲师）、沈艳

论文　15 千字

《经济学（季刊）》2022 年第 5 期

本文结合省市级宏观数据、市县灯光数据和上市公司数据，考察数字普惠金融对区域经济不平衡的影响及传导机制。研究发现数字普惠金融的发展显著缩小了省内、市间和市内经济不平衡，这一效果在非直辖市和南方地区更明显。创新和产业转型升级是数字普惠金融影响经济不平衡的主要机制。研究还发现数字普惠金融能显著缩小企业间的人均产出差距，提供了数字普惠金融影响区域经济不平衡的微观证据。

19.《自由伦理的重构——论黑格尔对合法性与道德性之分离的克服》

黄钰洲（讲师）

论文　14 千字

《哲学研究》2022 年第 7 期

现代世界的基本特质是合法性与道德性的分离，但这种分离也导致了所谓的“博肯福德困境”：现代国家失去了内在的结合力，从而沦为一个外在的强制机制。在黑格尔看来，康德—费希特的政治哲学以一种标准的现代性规划提出了所谓的“魔鬼民族”构想。在他们看来，国家只需要以强制的心理学机制就可自行运转，但是这样的国家模式最终会导致一种权力的无度。青年黑格尔追随古典的共和主义理想，期望回归一种古典的崇高共同体，但是这种理想无法把握现代社会的现实，最终只能沦为一种无差别的狂热主义。黑格尔认为，客观精神在个体的认识和行动之中有其信念之根，作为主观的实体性，现代公民的意向与伦理的客观制度共同构成了现代国家的自由现实。

20.《伟大建党精神政治功能研究——基于政党理论视角的分析》

柴宝勇（教授）、黎田

论文　17 千字

《政治学研究》2022 年第 3 期

伟大建党精神在中国共产党人精神谱系中处于

开篇地位，既是对中国共产党人建党意旨、政治品格、价值追求的系统概括，也为新时代中国共产党赓续革命精神血脉提供了丰厚滋养。从历史和现实的双重语境考察，伟大建党精神的政治功能彰显于政党形象的建构与呈现、政党话语的生成与传播、政党文化的培育与弘扬、政党认同的塑造与强化、政党规范的表达与实践等多个维度。探究伟大建党精神的政治功能，有利于深入理解伟大建党精神的出场逻辑、思想内涵与实践基础。

【成果奖励】

2022 年社科大开展对教师和学生 2021 年度发表的科研成果的奖励工作，共 182 项教师科研成果获奖，共发放奖金 395.9 万元；共 44 项学生科研成果获奖，共发放奖金 10.35 万元。

非实体研究中心

截至 2022 年底，社科大共有省部级研究中心 6 个，合作研究机构 2 个，文科实验室 1 个（校级）。

表 5

序号	机构类型	机构名称
1	教育部创新发展中心	高校思想政治工作创新发展中心
2	北京人文社会科学研究中心	二十一世纪马克思主义研究中心
3	退役军人事务部	退役军人思想政治和权益维护研究中心
4		全国退役军人事务研究基地
5	校际合作研究机构	南开大学—中国社会科学院大学 21 世纪马克思主义研究院
6		中国社会科学院大学—浙江财经大学浙江研究院
7	中国社会科学院非实体研究中心	文学与阐释学研究中心
8		国际能源安全研究中心
9	校级文科实验室	计算社会科学与国家治理实验室（计算机教研部）

外事及我国澳门工作

概况

中国社会科学院大学国际交流与合作处的前身是中国社会科学院研究生院外事处，主要负责大学外事归口管理并直接执行有关国际交流与合作业务，包括归口管理学校各部门涉外工作、外国留学生招生及日常管理（包括协调安排外国留学生公共必修课）、落实大学国际合作交流渠道拓展和校级合作交流项目、落实学生短期海外培养项目、派遣教师赴海外研修访学、归口管理学校长期聘用外籍教师及外籍专家临时或短期来访及兼职、组织和管理国际学术会议等。截至 2022 年底，国际交流与合作处共有职工 7 人，其中在编教职工 3 人，外聘工作人员 4 人。

国际及我国澳门交流与合作

【留学生《汉语》和《中国概况》“三进”】 深入推进《习近平谈治国理政》多语种版本“三进”工作，用好《理解当代中国》教材，构建外语人才培养的新格局。在张波副校长的领导下，社科大制定了中国社会科学院大学“三进”工作方案，积极落实《理解当代中国》教材中的国际中文系列教材纳入社科大外国留学生课程体系，增强外国留学生对中国国情和文化基本知识的了解，使外国留学生更好地认识中国政治制度和外交政策，理解中国社会主流价值观和公共道德观念。由社科大国际交流与合作处牵头，历史学院和文学院具体落实，完成了《中国概况》《汉语》课程教学大纲修订工作，对两门课程的教学目标、教学设计、教学环节等方面进行优化和调整。

【境外合作交流渠道拓展】 学校积极在全球范围内与海外著名大学、科研机构建立合作交流伙伴关系，不断为师生创造优质的国际交流平台。与日本早稻田大学、美国加州大学戴维斯分校、新加坡新跃社科大学、澳大利亚堪培拉大学、美国杜兰大学弗里曼商学院、美国印第安纳大学共 6 所海外知名高校新签或续签合作协议。截至 2022 年底，社科大已与英国牛津大学、美国加州大学伯克利分校、美国耶鲁大学、荷兰莱顿大学、日本早稻田大学等近百所海外高校建立起合作伙伴关系。

【推进对外及我国澳门交流与互访】 2022年度，社科大教职工因公出国（境）4批次，共4人次，赴美国及波兰访学或任职。

2022年春季学期，第二批澳门大学的3名交换生来社科大学习，为期一学期。

【国（境）外智力引进】 根据学科建设、学术科研发展的实际需要，社科大以线上、线下相结合的方式稳步推进国外智力引进工作。2022年度社科大共邀请或聘请50名境外教师、学者为社科大学生讲课或举办讲座，与社科大教师进行学术研讨，其中4名长期语言类外籍教师承担了社科大英语、法语专业课程，大学英语拓展课程，本科生公共选修课程以及硕士、博士研究生英语听说、读写课程；安排46名短期境外专家以在线方式开展学术专题讲座、研讨和交流。本年度国外智力引进工作为师生提供了与国外同行进行学术交流与合作的机会，拓展了相关领域的国际学术交流渠道，有效提升了社科大师生的学术水平和科研水平。

2022年上半年，社科大积极申报科技部“2022年度国家外国专家项目”，经科技部研究评审，应用经济学院、法学院、马克思主义学院和政府管理学院申报的5个项目均获批准。下半年，社科大应用经济学院聘用日本籍专家教授薛进军，此项目获准纳入2022年“北京市外籍高层次人才资助计划”。

【学生海外培养】 为培养国际化复合型人才，学校积极实施学生海外学习交流支持计划，设立了海外学期学分项目、短期研修项目、双学位项目、国际组织实习、国际竞赛及文化等交流项目，择优给予奖学金支持。

2022年度社科大组织学生申报国家留学基金委公派留学项目（含“国家建设高水平大学公派研究生项目”及国际组织实习等项目），共有9人报名，

2022年9月，发布海报向学生公布“求学之路，榜样领航”海外（境外）学长指导岗名单，欢迎学生向担任此指导岗的赴国（境）外名校深造的社科大毕业生咨询　（国际交流与合作处供图）

8人被录取，录取率88%。

学校继续开展学生海外培养项目，安排学生参加耶鲁大学、牛津大学、加州大学伯克利分校等境外合作院校学习交流项目25项，参加项目学生89人次，其中包含59名本科生、26名硕士生、4名博士生；共有60名学生获得奖学金资助，资助比例达67.4%。

2022年度，共有5名学生获得“优秀本科毕业生海外（境外）深造奖学金”资助，于2022年9月赴芝加哥大学、牛津大学、哥伦比亚大学、约翰霍普金斯大学等全球排名前30的世界顶尖大学攻读硕士学位。

为促进学生参加海外培养项目，2022年社科大设立“海外（境外）学长指导岗”，邀请13名获得“优秀本科毕业生海（境）外深造奖学金”的往届毕业生为有意出国深造的在校生答疑解惑，此项目受到同学们的广泛好评。

【国际学术会议】 2022年学校承办国际会议3次，其中包括中德法学研讨会、第五届“中国社会科学院—昆士兰大学亚太论坛”以及“第八届中韩人文学论坛——未来社会与人文”语言教育文化分论坛，推进了社科大学者与海外高校学者的交流与合

2022年5月27日，社科大参与承办第五届“中国社会科学院—昆士兰大学亚太论坛”

（国际交流与合作处供图）

2022年9月22—23日，“第八届中韩人文学论坛——未来社会与人文”在线上线下同步举办，社科大承办的语言教育文化分论坛成功举行

（国际交流与合作处供图）

作，提升了社科大的国际学术影响力。

【组织中国社会科学院大学组建五周年之“国际化发展交流月”系列活动】 2022年5月，在中国社会科学院大学组建五周年之际，社科大举办了“中国社会科学院大学国际化发展交流月”系列活动。英国牛津大学、俄罗斯莫斯科国立大学、日本早稻田大学、南非国家行政学院、美国杜兰大学、澳门大学等合作伙伴以及在境外学习的社科学子发来热情洋溢的祝贺视频和信函。学校承办中外对话·第五届中国社会科学院—昆士兰大学亚太论坛；举办“全球视野·名师大讲堂”讲座20场；“启航计划”·海外名校项目宣讲会9场；“心系社科，为梦起航”·海外学长留学经验分享会和“中国与世界·大使校园行”讲座等系列活动。

留学生工作

【外国留学生招生和在校生情况】 2022年在社科大国际学生中文项目开展的基础上，继续依托黄埔高等研究院开展高层次人才的博士英文项目。2022年共招收外国留学生16人，生源地覆盖亚洲、欧洲、北美洲、非洲，录取学生来自美国、法国、韩国、伊朗、阿富汗、尼日利亚等15个国家。“一带一路”国家学生申请社科大研究生数量呈逐步上升趋势，招生人数、层次、生源地全面扩展。

2022年在籍外国留学生37人，其中博士研究生27人，硕士研究生10人。

【外国留学生奖学金评选】 为吸引更多外国留学生来校就读和促进其在校成长成才，学校组织外国留学生申报2022年度北京市政府奖学金、北京市“一带一路”奖学金、中国社会科学院大学外国留学生奖学金。2022年度，社科大中文项目外国留学生中分别有4名学生获得北京市政府外国留学生奖学金、2名学生获得北京市“一带一路”奖学金、1名学生获得中国社会科学院大学外国留学生奖学金。

规划与评估

概况

2022年，规划与评估处立足学校发展需要，进一步加强学科建设，深入推进科教融合体制机制改革，积极开展对外合作交流，取得了一定的成果。规划与评估处还深入研究本科合格评估指标体系、“双一流”评价指标体系、学位授权点合格评估指标体系，组织力量填报数据。组织聘用18位知名高校督导专家，加强对教育教学质量管理的督查。完善了本科课堂教学评价系统，及时建章建制。依托高等教育研究平台，申报了3个高等教育研究课题，发布了4期高教信息参考，撰写了3个调研报告，起草了1项工作办法。

规划工作

【学科建设】 一流学科遴选。从服务中国特色哲学社会科学三大体系建设出发，按照社科院学科建设“登峰战略”资助计划，规划与评估处牵头组织一流学科遴选工作，组建工作专班，分工负责填报学科报告，并委托教育部学位与研究生教育中心开展了哲学等16个一级学科评价工作，在学校领导下，将遴选出的9个一流学科作为首批一流学科建设点，有效地激发了学科建设活力，打造学术高峰、冲击一流学科。

先进学科材料报送。根据教育部相关要求，结合学校的实际情况，组织力量撰写了考古学、马克思主义理论、应用经济学、中国史四个先进学科的建设情况报告，材料已报送到教育部。

组织研讨学习。组织了北京大学、清华大学、中国人民大学、中国科学院大学、南方科技大学、中央财经大学等负责学科建设与规划的专家、学者召开专题研讨会。统一协调安排相关部门、各科教融合学院学科建设相关负责人，共计42人线上参加了中国高等教育培训中心主办的新发展格局下高校学科建设能力提升暨交叉学科发展研讨会。这进一步促进了学科建设工作的开展。

【科教融合】 在大学组建五周年之际，科教融合这一办学特色的探索愈加明晰。2022年上半年，在院党组和社科大党委领导下，牵头成立了学院重组工作筹备组，组织了4次筹备工作组会议，6场座谈会，1场学院命名重组大会。按照学科属性、学科关联度将分散在不同学院、学系的二级学科统一整合到相应的学院，实现了“一院一所（系）”到“一院多所（系）”的改革，印发了应用经济学院、国际政治经济学院、社会与民族学院、历史学院、文学院、哲学院、政府管理学院等的重新组建学院的指导意见。

2022年下半年，在社科院党组和社科大党委领导下，规划与评估处制定了科教融合学院的组织规范体系制度。10月13日，校长张政文主持召开了推进科教融合工作的学院执行院长和书记会议，就科教融合面临的主要问题和解决思路进行了深入研讨。10月17日，副院长高培勇在社科院主持召开了科教融合学院院长座谈会，13个科教融合学院院长围绕科教融合学院议事规则这一主题展开了较为深入的讨论，提出了很多有价值的意见和建议，并针对问题逐一分解、落实。

【对外合作】 落实推进与南京师范大学、南京信息工程大学等高校的战略合作，推动签订了《中国社会科学院大学 & 南京师范大学战略合作框架协议》，起草了《中国社会科学院大学 & 南京信息工程大学战略合作框架协议》。

教学评估

【合格评估】 2022年，社科大开展了本科合格评估、“双一流”评价指标体系、学位授权点合格评估指标体系研究，探讨学校发展对策，在张政文校长直接领导下，编制了《中国社会科学院大学本科教育教学合格评估方案》。牵头组织本科教育教学规范性大检查并撰写报告。组织专家审查《中国社会科学院大学研究生培养方案（2021）》；组织完成了《中国社会科学院大学学位授权点监测数据》填报工作，编制并提交《中国社会科学院大学学位授权点年度建设质量报告》《中国社会科学院大学研究生教育质量报告》。

【教学督导】 组织联络并成立了由18位专家组成的督导组，研究完善新的督导听课评价指标体系、试卷审查指标体系、毕业论文审查指标体系。开展本科教学评价、期末试卷抽查、本科毕业论文全样本审核。2021—2022学年全年共听课381门804课时，检查全部本科教学计划，审查课程试卷81门、2324份，评阅2022届本科毕业论文428份。形成了听课报告34份、试卷审查报告16份、毕业论文审查报告17份。结合督导和院系的反馈材料，编制了约30万字的《中国社会科学院大学2021—2022学年本科教育教学质量监测报告》；评选出33篇优秀本科毕业论文，汇编成《中国社会科学院大学优秀本科论文集》（上、下册）。组织督导专家参与2022—2023学年第一学期期中教学检查反馈会并作报告。

【学生评教】 继续健全完善新的本科课堂教学评价系统；根据学科特点与各学院反馈优化了质量评价指标体系；围绕期中、期末学生课堂教学评价，完成了13个科教融合学院与2个教学部门的期中评价报告和全校评价报告。共完成面向全校和全体学生的微信推送 15 期。

【规章建制】 修订《中国社会科学院大学（研究生院）教学督导工作管理办法（试行）》《中国社会科学院大学（研究生院）督学督导工作条例（试行）》《本科生评教成绩使用方法》等几个文件草稿。

高等教育研究

【申报课题】 基于新时代高等教育发展的核心、规划等方面，组织团队申请了 2 项重大、1 项一般的高教研究课题提交至北京市高教学会。

【高校咨询】 编写印发了《高教信息参考》4 期，组织高等教育研究所成员，对专业硕士、学术型硕士、博士分别进行了调研，撰写了《中国社会科学院大学专业硕士生调查报告》《中国社会科学院大学学术型硕士生调查报告》《中国社会科学院大学博士生调查报告》，为学校提供了信息、政策、改革等战略决策服务。

【改革探索】 经过多轮修改和征求意见，数易其稿形成了《中国社会科学院大学高等教育研究所聘任研究人员工作办法（试行）（上会稿）》。

教学机构

哲学院

【概况】 中国社会科学院大学哲学院（School of Philosophy，UCASS）的前身是中国社会科学院研究生院哲学系、世界宗教研究系。哲学院依托中国社会科学院哲学研究所（简称哲学所）、世界宗教研究所（简称宗教所），是哲学专业国内首批博士和硕士学位授予单位。办公地点位于良乡校区北综合楼。

中国社会科学院大学于2017年成立即设置哲学专业，从2018年开始招收哲学专业本科生。2020年9月，根据中国社会科学院大学院系调整暨推进科教融合改革工作方案，中国社会科学院大学正式成立哲学院。哲学院主要依托中国社会科学院哲学研究所，结合世界宗教研究所的学术科研力量，实施学术研究、学科发展与学生培养一体化的科教融合办学方针。2022年9月，哲学院实施科教融合2.0方案，在与哲学所一体化融合的基础上，推进与世界宗教研究所融合，成立新的科教融合哲学院。哲学院采用本硕博一体化培养模式，集中院所各研究室和学科方向力量，组建马克思主义哲学、中国哲学、外国哲学、科技哲学与逻辑学、伦理学与政治哲学、美学与文化哲学、宗教学等七个教研室，优化科研与教学资源配置，组建教学团队，构建了完善的哲学学科体系。在哲学院与哲学所、世界宗教研究所深度融合下，实现了科研与教学师资队伍的一体化建设。哲学院现有教师队伍共125人。其中，岗位教师63人，特聘教授8人，专职教师5人，研究生导师49人；教师队伍中硕士研究生导师65人，博士研究生导师52人。哲学院师资队伍的规模位居全国第一，整体力量强大，学术科研与教育教学的融合效果明显。2022年，经中国社会科学院评委会评审，我院教师8项成果获得“第十一届中国社会科学院优秀科研成果奖”。根据院科研局《关于首届（2022年）中国社会科学院优秀科研团队评选工作的通知》要求，“中国哲学学科团队”获评首届中国社会科学院优秀科研团队。赵汀阳研究员的著作《人工智能的神话与悲歌》被列为中国社会科学院创新工程2022年度重大科研成果予以发布。

现有在校生274人，其中本科生103人，硕士研究生81人，博士研究生90人。2022年，哲学院录取24名本科生，29名硕士研究生，26名博士研究生。2022届本科毕业生25人，就业率达76%，研究生毕业20人，其中硕士毕业生11人，博士毕业生9人。

哲学院积极组织、支持学生参加校内外各项科研项目，多项科研计划获得立项。2022年，本科生参加的第四届“人文之光”——社科学子课外学术支持计划暨“新苗计划”挑战杯培育专项，获得一等奖一项、二等奖一项与三等奖两项的好成绩；哲学院3名本科生参加美国国际大学生数学建模竞赛

（MCM）与交叉学科建模竞赛（ICM），并取得一等奖一人、二等奖两人的佳绩。研究生组织的研创计划——中国社会科学院大学研究生学术论坛“疫情下的科技哲学反思”、“研创计划”中国社会科学院大学研究生论坛“当代语境下的黑格尔与马克思哲学思想研讨会”成功举行。

【“第三届实践哲学论坛”暨实践哲学的中西汇通研讨会】 2022年8月13—14日，由中国社会科学院大学哲学院和天津社会科学院伦理学研究所暨《道德与文明》杂志社联合主办、《中国社会科学院大学学报》编辑部协办、中国社会科学院大学科研处支持的“第三届实践哲学论坛”暨实践哲学的中西汇通研讨会成功举办。来自全国有关高校和科研院所的40余名学者参加了本次论坛，近200名学者、学生旁听了论坛。论坛以线上形式在腾讯会议平台举行。本次论坛聚焦于“实践哲学的中西会通”，从实践哲学的范式转化和中西比较模式、具体实践问题的中西比较、中西比较学人典型、中西思想的相遇等方面展开了深入的研讨与交流。

【哲学院院长、哲学所党委书记王立胜教授讲授专题党课】 2022年7月26日，中国社会科学院大学哲学院院长、中国社会科学院哲学所党委书记王立胜研究员为哲学院全体师生和哲学所党员讲授题为“在新的认识高度上把握习近平新时代中国特色社会主义思想”的专题党课，哲学院执行院长周勤勤教授主持，哲学院和哲学所全体师生近400人共同聆听。书记王立胜深入浅出地阐述了习近平新时代中国特色社会主义思想对于指导党员开展工作的科学性、重要性和前瞻性，全体参会党员都深刻领会到了习近平新时代中国特色社会主义思想的内涵，让全体参会党员更深刻、更全面地认识了中国共产党的责任担当，进一步增强“四个意识”、坚定“四个自信”。

【赵汀阳教授作为教师代表在2022年毕业典礼上发言】 2022年6月28日，中国社会科学院大学特聘教授、哲学院博士生导师，中国社会科学院学部委员、哲学所研究员赵汀阳教授作为教师代表在2022年毕业典礼上发言。赵汀阳教授引用影视台词和金庸小说故事，将忧患意识、创造运用知识的方法等人生哲理娓娓道来，他说：“我有一个理论称作‘动词哲学’。简单地说，要拒绝名词的诱惑，不要试图去成为一个名词，而要去成为一个动词。存在就是去成为动词，因为，我做故我在，facio ergo sum。你们有的是时间，所以你们可以有许多动词。祝你们都能够成为前程远大的动词！”

【张志强讲授题为“中国化时代化马克思主义新境界”的专题讲座】 2022年12月16日，中国社会科学院哲学所所长、中国社会科学院大学哲学院副院长张志强研究员为哲学院全体师生党员讲授题为“中国化时代化马克思主义新境界”的专题讲座，哲学院执行院长周勤勤教授主持。

所长张志强围绕马克思主义中国化、时代化深入展开专题讲座。张志强所长表示马克思主义是在解决中国具体问题的过程中实现中国化、时代化的。结合作为实践中的创造，不仅要解决时代问题，而且要把对时代问题的认识放置到更深刻的历史基础之上，看到具体实践的观念、价值的基础，看到具体实际扎根于人民群众生产生活实践而日用不觉的特性，也就是看到具体实际背后的中华文明的基础。马克思主义与具体实际相结合，就必然要求与中华优秀传统文化相结合、与中华文明相结合，这是实践成功的前提，也是马克思主义实现中国化、时代化的必然途径。

【强化师资管理，提升教学能力】 根据哲学专业特点与教学工作要求，本专业创建了课程板块负责人制度，分设马克思主义哲学课程板块、中国哲学课程板块、外国哲学课程板块等，由哲学所和哲学院主要领导担任课程板块负责人。板块负责人统筹板块内课程建设，课程负责人选拔和梯队建设，高水平教材编写和教材、参考书的审定，组织开展各类教学活动的研究和改革。各门专业课设置课程负责人制度，由学科骨干教师担任课程负责人。课程负责人组建课程团队，具体组织实施课程建设和教改等活动。集中院所各研究室和学科方向精干力量，组建马克思主义哲学、中国哲学、外国哲学、科技哲学与逻辑学、伦理学与政治哲学、美学与文化哲学、宗教学等七个教研室，负责日常教学活动。

在本科教育教学工作中，哲学专业构建了“学院—课程板块—教研室—课程团队”的多层次、立体化教学管理体系。作为教育教学活动的有效补充，形成了“学院教师工作会议—学科片、教研室教学研讨会—教学督导机制—师生交流会”的促进机制。

【优化本科生、研究生培养方案，制定本科生、研究生课程教学大纲】 哲学院的教育教学着眼于培养出一流的人才，而能否制定一流的培养方案并将其落到实处，是能否培养出一流人才的关键。在培养方案的更新优化上，学院反复讨论，不断完善，在课程的设置上既借鉴了北京大学、中国人民大学、复旦大学、南京大学、中山大学等一流哲学院系的做法，又注意发挥自己的优势和特色，特别是现有学者的学术专长；既注意夯实学生的学科基础，又注意培养学生的前沿视野；既注重理论性和学术性，又注重实践性和实用性。

哲学院科学筹划，深入调研，参考国内外一流哲学专业培养方案，在2021版的本科生与研究生培养方案基础上，制定《哲学专业本科培养方案（2022版）》与《哲学院学术学位研究生培养方案（2022年）》。新的培养方案根据2021版方案的执行情况进一步优化课程结构，同时配合学校对本科生培养方案的整体改革，着眼于本硕博一体化的知识体系进行了更新。为规范课程建设，学院要求本科生课程与研究生课程制定教学大纲。现已完成本科生课程大纲60多份，研究生课程大纲40多份。

【段伟文教授入选教育部高校科技伦理教育专项工作专家委员会】 高校科技伦理教育专项工作专家委员会是为落实国家《关于加强科技伦理治理的意见》要求，进一步完善学校科技伦理治理体系、提升科技伦理治理能力而设立，旨在培养更多具有科技创新能力、具有科技伦理意识的时代新人。哲学院段伟文教授入选教育部高校科技伦理教育专项工作专家委员会委员。

经济学院

【概况】 中国社会科学院大学经济学院（School of Economics，UCASS）是大学最早建立并开始招生的学院之一。2020年9月，经济学院与中国社会科学院经济研究所融合。学院现有本科学士学位点1个，硕士学位点10个，博士学位点7个，博士后流动站1个，在读学生600余人。专业覆盖理论经济学、应用经济学两个一级学科。经济学本科专业为国家一流本科专业建设点。

2022年，经济学院录取39名本科生，39名硕士研究生，39名博士研究生。2022届本科毕业生

80人，就业率达91%；研究生毕业38人，就业率达87%。学院现有学生党员、预备党员187人，积极分子51人。2022年，学院线上学分项目推荐4人参与国际交流，3人获2022届优秀本科毕业生海外深造奖学金。

2022年，全国大学生数学建模大赛中，社科大3支代表队获得北京赛区一等奖，2支代表队获得北京赛区二等奖。2022年美国大学生数学建模竞赛中，社科大1支队伍获特等奖提名，1支队伍获得一等奖，3支队伍获二等奖；2022年全国数学竞赛中，经济学院学生获得全国一等奖2人，全国二等奖6人，全国三等奖7人；2022年全国大学生英语竞赛北京赛区中，经济学院学生获得一等奖1人，三等奖2人。2022年第十七届“挑战杯”全国大学生课外学术科技作品竞赛，我院1支参赛队伍获得特等奖，1支队伍获得二等奖。

2022年度，学院教师获评北京高等学校优秀教学管理人员1人；“北京市优质本科课程”1项；“北京优质本科教材课件”1项；“北京高校优质本科教案”2项；本年度学院教师共发表的科研成果包括35篇科研成果文章、4部科研专著，参编2部教材，累计116.5万字。35篇文章中，有5篇权威期刊，9篇核心期刊；2份要报被《中国社会科学院要报》刊发。共有8项校级项目获得立项，2项校级项目结项；1项教育部人文社会科学研究项目获得立项。2022年度经济学院举办系列学术讲座、沙龙共计8场；成功举办第五期“香樟青苗计划”；成功举办“第43期香樟经济学Seminar（北京）——中国式现代化与开放型经济体系”和“‘中国社会科学院大学习近平经济思想研究中心’成立暨学习贯彻党的二十大精神研讨会”两场重要会议。2022年度，学院启动了理论经济学一级学科下目录外自主设置中国特色社会主义政治经济学、数字经济二级学科申报和建设工作，以及数字经济硕士、应用统计硕士专业学位授权点申报和建设工作。2022年，学院制定了《中国社会科学院大学经济学院发展规划（2023—2027）》，从卓越教育、一流科研、科学管理三个方面制定规划路线，明确了学院的发展方向。2022年，学院打破以往传统宣传片的模式和风格，重新设计策划并拍摄完成2022年度学院招生宣传视频，在各个融媒体平台的浏览量暴增，也让新生对经济学院有了全新视角的认识，整体宣传效果良好。

【经济学院举办“中国社会科学院大学习近平经济思想研究中心”成立暨学习贯彻党的二十大精神研讨会】 2022年11月12日，“中国社会科学院大学习近平经济思想研究中心”成立暨学习贯彻党的二十大精神研讨会在北京以线上、线下相结合方式召开，中国社会科学院副院长、党组成员、学部委员，中国社会科学院大学党委书记高培勇教授，中国社会科学院国家高端智库首席专家、学部委员蔡昉教授，南京大学原党委书记洪银兴教授，南开大学政治经济学研究中心主任、中国社会科学院大学经济学院名誉院长逄锦聚教授，中国人民大学经济学院党委书记、院长刘守英教授，中国社会科学院大学党委常务副书记、校长张政文教授，中国社会科学院大学副校长、中国社会科学院大学应用经济

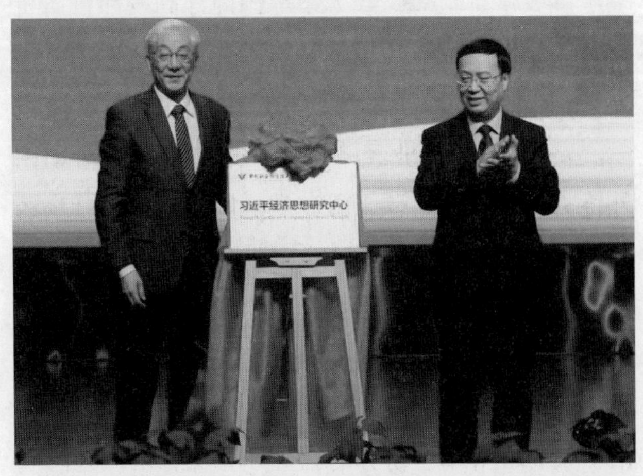

2022年11月12日，“中国社会科学院大学习近平经济思想研究中心”成立暨学习贯彻党的二十大精神研讨会在北京举行。中国社会科学院副院长、党组成员、学部委员，中国社会科学院大学党委书记高培勇（右）和中国社会科学院大学党委常务副书记、校长张政文（左）为“中国社会科学院大学习近平经济思想研究中心”揭牌

（经济学院供图）

学院执行院长高文书教授，中国社会科学院经济研究所所长、中国社会科学院大学经济学院院长黄群慧教授，中国社会科学院财经战略研究院院长、中国社会科学院大学商学院院长何德旭教授，中国社会科学院生态文明研究所党委书记、中国社会科学院大学应用经济学院院长杨开忠教授，中国社会科学院工业经济研究所所长史丹教授，中国社会科学院农村发展研究所所长魏后凯教授，中国社会科学院数量经济与技术经济研究所所长李雪松教授，中国社会科学院人口与劳动经济研究所所长张车伟教授，中国社会科学院金融研究所所长张晓晶教授，中国社会科学院生态文明研究所所长张永生教授出席了开幕式并做主旨演讲。会议宣布了关于成立中国社会科学院大学习近平经济思想研究中心的决定。中国社会科学院副院长、党组成员、学部委员，中国社会科学院大学党委书记高培勇和中国社会科学院大学党委常务副书记、校长张政文共同为“中国社会科学院大学习近平经济思想研究中心”揭牌。

【第五期香樟青苗计划闭幕式举行】“香樟经济学术圈”由中国社会科学院、北京大学、哈佛大学、多伦多大学、上海财经大学等国内外高校和科研机构青年学者组成。为了较早培养和挖掘学生的科研兴趣，“香樟经济学术圈”联合中国社会科学院大学经济学院、《产业经济评论》杂志社，针对国内外优秀的本科生、硕士研究生、博士研究生分享经济学研究的经验，实施“香樟青苗计划”。2022年7月31日，由中国社会科学院大学经济学院、香樟经济学术圈主办，中国社会科学院数量经济与技术经济研究所、《中国经济学》杂志社、《产业经济评论》杂志社等单位协办的第五期香樟青苗计划圆满落幕。“香樟青苗奖”评委会从268名入选者中遴选出13名学生获得“香樟青苗奖”。其中，本科生5名，硕士生4名，博士生4名。

【经济学院研究生团总支暨首届研究生会成立】 为了进一步落实科教融合战略，进一步加强经济学院团学组织建设，根据中国社会科学院大学团委、学院党总支的工作要求，2022年11月7日，经济学院成立研究生团总支及研究生会。研究生团总支和研究生会的成立对今后各项学生工作的开展有着深远的意义，有助于将学生工作推向一个新高度。通过这个平台，充分发挥联系青年学生的桥梁纽带作用，服务青年，把广大研究生凝聚到一起，使优秀研究生脱颖而出。

2022年7月31日，由中国社会科学院大学经济学院，香樟经济学术圈主办，中国社会科学院数量经济与技术经济研究所、《中国经济学》杂志社、《产业经济评论》杂志社等单位协办的第五期香樟青苗计划圆满落幕 （经济学院供图）

2022年11月7日，中国社会科学院大学经济学院召开研究生团总支暨首届研究生会成立大会。与会全体成员合影留念 （经济学院供图）

【经济学院开展“数字经才”特色人才培养项目】为培养适应“数字中国”发展战略需要，且具备数字经济发展背景下经济社会大数据统计分析和预测能力的数字经济专业综合性和应用型人才，经济学院依托“大数据经济预测与政策模拟”实验室研究专项，开展“数字经才”特色人才培养项目，并于2023年1月7日至20日启动第1期《规划文本数据库》数据采集训练营，最终共有来自全校10个学院的23名本硕博同学入选训练营。训练营期间组织《规划文本数据库》《搜索引擎的高级使用技巧》《Word办公软件的使用技巧》和《规划文本的采集整理与上报》四次讲座，采集了23725个“十四五”规划文件，涵盖全国31个省（自治区、直辖市）、329个地市、2592个区县。训练营旨在让学生了解，在进行现实经济研究中，建设“规划文本数据库”，可能会为今后经济研究探索出新领域，启发新观点，提供新证据，开拓新视角，也会大幅提升经济学家、研究人员、学生群体的研究便利性。

商学院

【概况】 中国社会科学院大学商学院（School of Business，UCASS）成立于2020年，是在中国社会科学院党组领导下，在中国社会科学院财经战略研究院、工业经济研究所、数量经济与技术经济研究所支持下，融合中国社会科学院大学财经系、工业经济系、数量经济与技术经济系的相关工商管理学科而创立。

学院拥有会计学、企业管理、技术经济及管理、旅游管理、人力资源管理等5个博士学位点、5个学术型硕士学位点和工商管理、会计2个专业硕士点，以及财务管理本科专业。目前在校学生502人，其中博士研究生80人、硕士研究生353人、本科生69人。学院现有专任教师200余人，其中学部委员1人、荣誉学部委员2人、全国政协委员2人、特聘教授4人、教授110余人，博士学位获得者占93%以上。学院在职教师中，有4人获国家文化名家暨“四个一批”人才称号，4人获国家级突出贡献奖，10人享受国务院政府特殊津贴。学院坚持科研与教学并重的原则，全年共发表学术论文27篇，新增7个科研项目立项。

学院积极组织师生认真学习贯彻党的二十大精神，开展“喜迎二十大”“学习党的二十大报告精神专题辅导会”等系列主题活动，努力提升学生基层党支部的思想政治素质和工作能力。学院坚持以学生为中心，依据学校的相关学科优化调整工作安排，学院及时调整和新设学生班级、安排班主任，做好学生管理和服务。结合学院实际，制定并实施《商学院本科生“全过程培养”的工作方案》《商学院本科生奖学金评定指导办法》。同时，学院开展了“怒马鲜衣·披荆斩棘”就业指导和就业信息系列推送等活动，做好就业指导工作。学院鼓励学生开展科研项目并参加各项学术竞赛，其中本科生参加第四届国家发展青年论坛，并在平行专题研讨会中汇报论文；专职教师指导本科生和研究生参加大学生创新创业训练项目5项，包括国家级1项、北京市2项和校级2项；MBA学生在“青创北京”2022年“挑战杯”首都大学生创业计划竞赛中获得银奖。

商学院坚持依法依规治院，注重建章立制，初步形成了适应于商学院特色的制度体系，制定并实施包括党团、教学、科研、学生管理等工作在内的20余项制度，并不断进行深化完善，为实施科教融合战略奠定坚实基础。

商学院重视人才培养工作，组织召开会计硕士（MPAcc）专业培养方案论证会，邀请全国会计专业学位研究生教育指导委员会知名专家为商学院会计硕士培养方案的设计建言献策。论证会后，学院结合各位专家的意见对培养方案进行详细的修改和调整，突出商学院的特色和风格，设计并开发一些具有前瞻性和引领性的课程，使方案更具有针对性和指导意义。

商学院MBA项目自成立以来不断整合中国社会科学院前沿的科研学术和优质校友资源，经过多年的积极探索和发展实践，逐渐呈现出品牌突出、多学科交叉、师资力量雄厚、高品质课程、实战性强的五大优势。2022年12月2日，商学院MBA参加由中央广播电视总台·央广网主办、中国MBA教育网承办的“管理就是生产力暨2022央广网MBA年度峰会”，商学院MBA项目凭借院校实力及品牌的社会影响力荣获“2022年度社会影响力MBA院校”奖项。

【“中国社会科学院大学习近平经济思想研究中心”成立大会分论坛“习近平经济思想与新时代中国式现代化”在线举办】 2022年11月12日，“中国社会科学院大学习近平经济思想研究中心”成立暨学习贯彻党的二十大精神研讨会举行。本次研讨会由中国社会科学院大学主办，中国社会科学院大学经济学院、商学院、应用经济学院承办。其中，商学院承办的分论坛“习近平经济思想与新时代中国式现代化”在线举办，论坛共邀请了7位专家学者与会交流，来自全国各高校和科研院所的100多位学者和本硕博学生在线参加了分论坛。

【《中国社会组织报告（2022）》发布会线上召开】 2022年11月12日，第三届国家治理现代化与社会组织发展高端论坛暨《中国社会组织报告（2022）》发布会在线上召开。本次高端论坛暨发布会由中国社会科学院大学、社会科学文献出版社共同主办，中国社会科学院大学商学院、中国社会科学院大学国家治理现代化与社会组织研究中心承办，北京市协作者社会工作发展中心、北京市社会组织发展服务中心协办，中国社会科学院大学科研处支持，中国电信星播客、NGO观察提供战略媒体支持。本次论坛以“中国特色社会组织高质量发展”为主题，在对2021年社会组织整体发展情况进行总体把握的基础上，围绕社会组织参与国家治理的理论和实践展开讨论，对未来社会组织的高质量发展进行展望，以期为提高社会治理的社会化水平、法治化水平、智能化水平和专业化水平提供参考和借鉴。

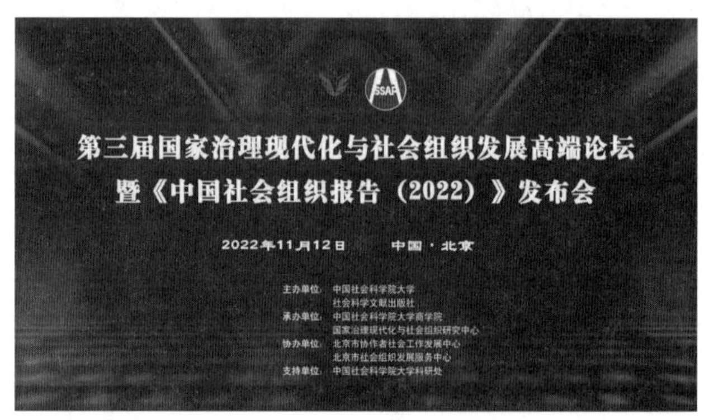

2022年11月12日，第三届国家治理现代化与社会组织发展高端论坛暨《中国社会组织报告（2022）》发布会在线上召开

（商学院供图）

应用经济学院

【概况】 中国社会科学院大学应用经济学院（School of Applied Economics, UCASS）在学科上源于1951年教育部、中国科学院、人事部联合成立的招收研究生委员会财经小组，积淀深厚。在中国社会科学院党组领导下，应用经济学院于2022年2月27日正式成立，是大学第一个“一对多”科教融合学院。学院首任院长为国际欧亚科学院院士、中国社会科学院生态文明研究所党委书记杨开忠教授。

2022年，学院设有工业经济系、农村发展系、财贸经济系、金融系、数量经济与技术经济系、人口与劳动经济系、生态文明研究系、城乡建设经济系、空间与国民经济学系、气候变化经济学系、金融经济学系、金融专业硕士教育中心、税务专业硕士教育中心和国家经济实验室，设有学位评定分委员会、学术委员会和教学指导委员会，拥有14个学术型硕士博士学位点和金融、税务2个专业硕士学位点以及应用经济学类本科专业。学院设有党政综合办公室、党务人事办公室、教学科研办公室、学生管理办公室。学院党委负责学院党的工作，设有党支部28个，其中教职工党支部1个，有党员15人；学生党支部27个，有党员334人。截至2022年底，学院有专任教师310余人，其中学部委员9人，荣誉学部委员5人，国际欧亚科学院院士2人，教授130余人，副教授100余人，学院有校外导师258人，校外实践导师78人。学院现有在校生912人，其中博士研究生317人，硕士研究生534人，本科生61人。全年开设课程167门次。

2022年，根据大学党委的要求和部署，学院顺利完成过渡期基础工作，同时完成组织建设、制度建设、师资队伍建设、教学建设、科研建设、疫情防控等重点工作。顺利完成所系划转、内部机构和党班团组织设置等工作。探索制度创新，制定了学院章程、学院学位评定分委会章程、学院学位授权点建设管理办法、学位授权点建设主责单位制度、研究生导师管理办法。优化师资队伍结构，引进北京市外国高层次人才资助计划专家1人，引进高水平专任教师2人。提高教学质量，修订本科生和研究生培养方案，完善课程体系，严格规范课程教学、课程考核与论文答辩，积极申报和创建一流学科。提高科研实力和影响力，鼓励优秀教师冲击重大科研项目，设立卓越讲堂、致用讲堂，邀请国内外知名专家举办高水平学术讲座25讲，成功举办中国人力资源服务业博士后学术交流会、劳动经济学会年会、中国城市经济学会年会等重大科研会议，创办学生刊物《问学》。

【应用经济学院成立暨经济学院商学院学科建设大会】 2022年2月27日，中国社会科学院大学应用经济学院成立暨经济学院商学院学科建设大会在中国社会科学院大学良乡校区召开。中国社会科学院副院长、党组成员，中国社会科学院大学党委书记高培勇为应用经济学院授旗并讲话。国务院发展研究中心党组书记马建堂，教育部党组成员、副部长孙尧出席并讲话。中国人民大学党委常委、副校长杜鹏，清华大学经济管理学院院长白重恩作为兄弟院校代表致辞祝贺。中国社会科学院大学应用经济学院院长杨开忠、经济学院院长黄群慧、商学院院长何德旭发言。中国社会科学院职能部门、相关研究所领导，大学校领导，各部门、院系负责人和相关学院师生代表以及兄弟院校代表共400余人参加了大会。大会由中国社会科学院大学党委副书记、副校长，研究生院院长王新清主持。

【副院长高培勇主持召开应用经济学院第一次学位评定分委员会】 2022年4月13日，应用经济学院第一次学位评定分委员会会议在生态文明研究所召开，中国社会科学院副院长、党组成员，中国社会科学院大学党委书记高培勇主持会议。中国社会科学院大学应用经济学院院长、中国社会科学院生态文明研究所党委书记杨开忠教授宣布应用经济学院学位评定分委员会委员名单。会议审议通过《中国社会科学院大学应用经济学院学位评定分委员会章程》《中国社会科学院大学应用经济学院博士、硕士学位授权点建设管理办法》，明确硕博学位授权点建设主责单位、协同单位名单以及专硕管理和依托学科。

【举办2022年中国人力资源服务业博士后学术交流会】 2022年12月31日，2022年中国人力资源服务业博士后学术交流会在线举办。本次学术交流会由全国博士后管理委员会办公室、中国博士后科学基金会、人力资源和社会保障部人力资源流动管理司、中国社会科学院博士后管委会共同主办，中国社会科学院大学承办。人社部专业技术人员管理司二级巡视员薛万里，人社部人力资源流动管理司副司长李祥伟，中国社会科学院人事教育局副局长李晓琳，中国社会科学院大学党委副书记、副校长，中国社会科学院研究生院院长王新清教授，中国社会科学院大学副校长高文书教授出席会议。交流会共设置了开幕式、主旨演讲、博士后论坛、闭幕式四个环节，400多人在线参会。与会专家学者以人力资源服务业为主题，围绕人力资源服务业高质量发展进行了多维度、多层面的研讨。

【举办第七届劳动经济学会年会（2022）】 2022年12月3日，第七届劳动经济学会年会（2022）暨“促进高质量充分就业推进共同富裕”研讨会通过线上方式召开。本次年会主题为“促进高质量充分就业推进共同富裕”，由劳动经济学会主办，中国社会科学院大学应用经济学院承办，中国社会科学院人口与劳动经济研究所、中国人民大学劳动人事学院、北京师范大学经济与工商管理学院协办，并得到《劳动经济研究》《中国人口科学》《教育经济评论》《中国劳动》等期刊以及中国社会科学院大学科研处大力支持。论坛设置主旨演讲、专题演讲及“劳动力市场”“人力资源与职业开发”两个平行论坛，近600名人员在线与会。开幕式由中国社会科学院大学副校长、中国社会科学院大学应用经济学院执行院长高文书教授主持，中国社会科学院大学党委常委、副校长张斌教授，中国社会科学院大学应用经济学院院长、中国社会科学院生态文明研究所党委书记杨开忠教授致辞。

【举办中国城市论坛（2022）】 2022年12月25日，以“‘双碳’目标下的城市绿色转型发展”为主题的中国城市论坛（2022）在线上成功举办。该论坛旨在深入探讨“双碳”目标下的城市绿色转型发展理论与实践，探索城市绿色转型的模式与路径，为推动建设人与自然和谐共生的现代化提供参考、贡献智慧。本次会议由中国城市经济学会、中国社会科学院大学、中国社会科学院生态文明研究智库主办，由中国社会科学院大学应用经济学院和中国社会科学院国家未来城市实验室承办，并得到中国社会科学院—中国气象局气候变化经济学模拟联合实验室、《中国社会科学》杂志社、《经济学动态》杂志社、《城市与环境研究》杂志社、《城市问题》杂志社以及 *Chinese Journal of Urban and Environmental Studies*（CJUES）等期刊以及中国社会科学院大学科研处的大力支持。论坛设置开幕式、主旨演讲及10个主题平行论坛，近400名人员在线参会。开幕式由中国社会科学院大学副校长、中国社会科学院大学应用经济学院执行院长高文书教授主持。中国社会科学院副院长、学部委员，中国社会科学院大学党委书记高培勇教授，中国城市经济学会会长、中国社会科学院学部委员潘家华教授分别致辞。

【举办《中国区域税收发展报告（2022）》发布暨推动区域税收高质量协调发展研讨会】 2022年11月16日，中国社会科学院大学应用经济学院、中国社会科学院大学应用经济学院税收政策与治理研究中心与社会科学文献出版社在线上共同发布《中国区域税收发展报告（2022）》，并同时举行推动区域税收高质量协调发展研讨会。出席会议的领导和嘉宾主要有中国社会科学院大学副校长高文书教授，社会科学文献出版社副总编辑、皮书研究院院长蔡继辉研究员，中国社会科学院大学科研处王炜处长，国家税务总局税收科学研究所学术委员会副主任、《税收蓝皮书》主编付广军研究员，中央财经大学财政税务学院博士生导师、《税收蓝皮书》副主编蔡昌教授，国家税务总局海盐县税务局党委委员、纪检组组长沈昫，国家税务总局湖北省襄阳市高新区税务局党委委员、国家税务总局税务干部学院兼职研究员李小波，广西财经学院广西（东盟）财经研究中心霍军研究员，国家税务总局杭州市临平区税务局第二税务所副所长沈月妹女士，中国税务学会理事、北京大数据协会财税大数据专业委员会焦瑞进常务副会长，暨南大学财税研究所所长、经济学院博士生导师、广东省税务学会副会长杨森平教授，国家税务总局税务干部学院原副院长、中国税务学会学术委员会研究部原召集人、中国税法研究会原副会长涂龙力教授，西南财经大学财税学院博士生导师、中国人民大学长江经济带研究院鄢杰研究员，兰州财经大学教务处副处长李永海副教授等业内专家。

【"喜庆二十大·奋进新征程"主题党建活动】 为了庆祝党的二十大胜利召开，促进全院本硕博班级深入学习党的二十大精神，推进各班级建设学习型组织，提升各党班团组织活力，将有理想、敢担当、能吃苦、肯奋斗的精神融入同学们日常学习、工作、生活中，应用经济学院以班级为单位在2022年10月底至11月开展了"喜庆二十大·奋进新征程"主题班级党建活动，学院各班级积极参与，开展了二十大报告集体学习、党史知识问答、红色背篓精神学习、红色教育基地实地研学等一系列主题活动。

【举办《问学》创刊发布会暨论文写作与审校经验交流会】 2023年1月13日，《问学》创刊发布会暨论文写作与审校经验交流会成功举办。本次会议由中国社会科学院大学应用经济学院主办，由《问学》编辑部承办。会议邀请多位知名专家学者与会发表致辞，并就期刊编校经验和精选文章进行指导与交流。会议由中国社会科学院大学应用经济学院党委书记、《问学》指导委员会主任张志国主持。中国社会科学院大学副校长、应用经济学院执行院长高文书；南京财经大学财税学院院长、《产业经济评论》副主编余泳泽；中国人民大学国家发展与战略研究院院长助理、《产业经济评论》副主编刘瑞明；北京大学国家发展研究院副教授，《经济学季刊》《产业经济评论》副主编黄炜，中国社会科学院人口与劳动经济研究所研究员吴要武，《数量经济技术经济研究》杂志社社长郑世林分别致辞。

法学院

【概况】2020年9月，根据中国社会科学院大学院系调整暨推进科教融合改革工作方案，中国社会科学院大学正式成立法学院（School of Law，UCASS）。学院主要依托中国社会科学院大学和中国社会科学院法学研究所、国际法研究所多方优势，通过科教融合新模式培养高端法学人才。首任院长由中国社会科学院学部委员、时任法学研究所所长陈甦教授担任。现任院长由中国社会科学院法学研究所所长莫纪宏教授担任。

学院现有本科专业学位点、法学一级学科硕士学位点、法律硕士专业学位点、法学一级学科博士学位点（系全国首批设立法学一级学科博士点六家单位之一）和博士后流动站（设立于中国社会科学院法学研究所），目前在校生1000余人，在站博士后研究人员28人。

学院现有教师和教学辅助人员180余人，其中专任教师162人，包含特聘教授7人、教授59人、副教授55人、讲师41人。在60余年的学科发展历程中，涌现出一批如张友渔、李光灿、王叔文、王家福、吴大英、李步云、吴建璠、谢怀栻、郑成思、王保树、梁慧星等学术名家。王家福、李步云、马骧聪、刘海年、张庆福5位被中国法学会授予“全国杰出资深法学家”荣誉称号。学院共有7人当选中国社会科学院学部委员、7人当选荣誉学部委员。其中，在职学部委员有李林、孙宪忠、陈甦，在法学学科领域具有突出重要影响。

学院教研人员入选国家重大人才工程或获得重要荣誉称号专家70余人次，包括改革开放四十年先锋人物1人，全国先进工作者1人；享受国务院政府特殊津贴专家40人，文化名家暨“四个一批”人才2人；获全国杰出青年法学家11人。学院教研人员现任国内外权威期刊主编、副主编的有9人。2016年以来，学院教研人员有45人次出任全国一级专业学会中的会长、副会长或秘书长。

学院科研成果丰硕：近5年在《中国社会科学》《法学研究》《中国法学》三大权威期刊中发文40余篇，在法学核心期刊（CLSCI）发文400余篇，出版专著208部，承担国家社科基金及省部级重大项目、重点项目和中国社会科学院重大项目50余项，获得国内外重要奖项50余项。法学学科在国内、国际共建合作培养、调研基地与平台100余个。

学院高度重视国际交流工作，院长莫纪宏担任国际宪法学协会名誉主席（终身），副院长柳华文担任联合国禁止酷刑委员会委员、亚洲国际法学会副会长，为扩大中国法学学科的国际影响、在国际学界为中国发声等方面，做出了重要贡献。今后，学院将继续坚持正确的政治方向和学术导向，强调法学理论与法治国情相结合，着力从“师承制”“国际化”和“本硕博一体化培养”等三方面发展，聚焦英才教育，培养拥护党的领导、具有家国情怀和国际视野、具备扎实法律理论功底和职业素养的复合型、创新型、国际型和引领型的高端法治人才。

【中国法学会宪法学研究会2022年年会召开】2022年11月26日至27日，中国法学会宪法学研究会2022年年会在社科大召开。本次年会主题为“八二宪法四十年：成就、经验与展望”，由中国法学会宪法学研究会主办，中国社会科学院大学法学院、盈科律师事务所承办，来自全国各高校、研究机构以及实务部门的宪法学研究者、工作者和青年学生近300人参会。会议期间，召开了宪法学研究会理事会会议和研究会党支部会议。

【国家重点研发计划项目“内外贯通的审判执行与诉讼服务协同支撑技术研究”顺利结项】 由中国社会科学院大学副校长林维教授主持的“内外贯通的审判执行与诉讼服务协同支撑技术研究”项目是中国社会科学院大学历史上获批的首个国家重点研发项目，标志着社科大科研项目申报的突破性成绩。

2022年11月26日至27日，中国法学会宪法学研究会2022年年会 （法学院供图）

中国社会科学院大学副校长林维教授（左一）主持的国家重点研发计划项目“内外贯通的审判执行与诉讼服务协同支撑技术研究”结项会议 （法学院供图）

【法学院学生参加第十九届 Willem C. Vis（East）Moot 国际商事仲裁模拟仲裁庭辩论赛和第二十九届 Willem C. Vis Moot 国际商事仲裁模拟仲裁庭辩论赛获佳绩】 2022年4月13日，法学院代表队2022年首次参加 Vis Moot，成功跻身该赛事全球64强，这是中国大陆赛队时隔6年重回64强的舞台。同时，社科大代表队还斩获了该赛事最佳申请人书状提名奖，取得了突破性成绩。社科大代表队因此成为2022年唯一一支同时在 Vis East 和 Vis Moot 两项赛事中均获得书状奖项的中国大陆赛队。

2022年4月13日，法学院学生参加第十九届 Willem C. Vis（East）Moot 国际商事仲裁模拟仲裁庭和第二十九届 Willem C. Vis Moot 国际商事仲裁模拟仲裁庭辩论赛 （法学院供图）

政府管理学院

【概况】 中国社会科学院大学政府管理学院（School of Government，UCASS）成立于2020年9月，由原公共政策与管理学院的 MPA 教育中心和政府政策与公共管理系的部分专业（政治学博士、行政管理硕士、社会保障硕士）、原管理学院、原政治学系合并而成。2022年10月，增设政府运行保障管理系、中共党史系。政府管理学院成立后由中国社会科学院政治学研究所所长、中国政治学会常务副会长张树华研究员兼任院长，执行院长为蔡礼强教授。办公地点位于中国社会科学院大学良乡校区和望京校区。

政府管理学院涵盖1个本科专业（政治学与行政学）、6个硕士专业（党内法规学、社会保障、行政管理、政治学理论、公共政策、中共党史）、1个专业硕士学位（公共管理硕士专业学位）、5个二级学科博士点（政治学理论、公共政策、公共行政、党内法规学、中共党史）。学院拥有5个非实体研究中心：党内法规研究中心、公共政策研究中心、领导力研究中心、社会组织与公共治理研究中心、退役军人思想政治和权益维护研究中心。学院下设6个行政管理部门：办公室（党办）、教学管理部、学科建设部、宣传与项目管理部（含校友办）、招生与就业部、学工办（团总支）。

学院党委有支部10个，其中教工支部1个，党员26人；学生支部9个，党员121人。截至2022年底，学院有专职教师21人，其中教授4人、副教授9人、讲师8人。岗位教师54人，特聘教授3人。在校生791人，其中本科生136人，硕士研究生590人（含MPA专硕519人），博士研究生65人。

学院教师团队中目前有享受国务院政府特殊津贴专家10余位，有5人获国家文化名家暨“四个一批”人才称号，7人获国家级“百千万”人才称号，1人为国家突出贡献专家，青年英才计划和新世纪优秀人才各1人次。学院承担国家级和省部级科研课题近200项，获得省部级以上科研奖励的80多项；近100项研究成果和重要政策建议被中央和国务院部委采纳，产生了良好的学术和社会影响。

学院本年度在原有基础上，与社科院社会发展战略研究院、当代中国研究所开展进一步科教融合合作，成立中共党史系（李正华担任系主任）和政府运行保障管理系（余少祥担任系主任），社会保障系在原有基础上的进一步融合（房连泉担任系主任）。融合之后，学院在学科发展、师资力量、学生规模等方面进一步壮大。

举办高端论坛或研讨会，扩大学院学术影响力。学院主办“第一届中国之治·基层治理创新论坛”“社会保障前沿学术研讨会”“北京党建引领接诉即办改革论坛平行论坛四——区域协同论坛”等多项学术交流活动，扩大了学院的学术影响力，促进了政治学与公共管理学的学术交流。

按照学校大力推进社会化高层次培训项目的部署和要求，本年度共完成多个培训项目，如中国侨联委员培训、社会组织项目管理人员培训及社会组织负责人培训。在此基础上，与中国侨联等单位建立长期举办培训项目的意向。

【第一届中国之治·基层治理创新论坛成功举办】 2022年6月18日，中国社会科学院大学举办了“第一届中国之治·基层治理创新论坛”在线会议。此次论坛由中国社会科学院大学主办，中国社会科学院大学政府管理学院承办，中国社会科学院大学科研处、中国社会科学院政治学所公共管理研究中心协办，旨在为全国基层治理领域的设计者、实践者、研究者提供一个相互研讨与交流的平台，通过交流总结各地基层治理经验，助力我国基层治理创新发展。来自清华大学、北京大学、中国人民大学、中央党校（国家行政学院）、北京师范大学、华东政法大学、哈尔滨工业大学（深圳）、中国人民公安大学等各地高校和科研机构学者以及来自陕西、上海、天津、北京等各地一线领导干部等受邀

2022年6月18日，中国社会科学院大学举办了“第一届中国之治·基层治理创新论坛”在线会议　（政府管理学院供图）

参会并发言，深度探讨我国基层治理发展，为推进基层治理创新积极建言，中国社会科学院大学校友、全国近百所高校及科研院所相关专业学生及研究人员、数十省市基层治理实务工作者和各界媒体聆听发言。

【“北京党建引领接诉即办改革论坛·区域协同平行论坛”成功举办】 2022年12月19日，由北京市政务服务局、中国社会科学院大学政府管理学院承办的“北京党建引领接诉即办改革论坛·区域协同平行论坛”于国家会议中心成功召开。本论坛得到了北京市发展改革委、北京市人力资源和社会保障局、北京市生态环境局、北京市交通委、北京市商务局、北京市文化和旅游局、北京市国资委等部门的支持。来自中国社会科学院大学、中央党校（国家行政学院）、北京大学、中山大学、西南交通大学等高校的理论专家进行了有关区域协同理论研究成果的分享，来自北京、上海、天津、河北、内蒙古、海南等地市民热线服务中心和其他部门的实践专家进行了实践经验的分享。理论专家和实践专家们齐聚一堂，深度探讨了我国区域协同治理的理论与实践，为推进区域协同治理创新建言献策。

2022年12月19日，由北京市政务服务局、中国社会科学院大学政府管理学院承办的“北京党建引领接诉即办改革论坛·区域协同平行论坛”于国家会议中心成功召开。中国社会科学院大学党委副书记、副校长、中国社会科学院研究生院院长、博士生导师王新清教授代表承办方进行了致辞 （政府管理学院供图）

中国社会科学院政治学研究所政治制度研究室主任、中国社会科学院大学政府管理学院韩旭副教授主持论坛开幕，并介绍了举办此次论坛的目的和意义。丰台区委常委、组织部部长田涛和中国社会科学院大学党委副书记、副校长、中国社会科学院研究生院院长、博士生导师王新清教授代表承办方进行了致辞。田涛在致辞中，介绍了丰台区接诉即办改革以来的主要成效，并指出下一步的发展方向，深化主动治理，未诉先办，推动区域协同发展更加深入。

马克思主义学院

【概况】 中国社会科学院大学马克思主义学院（School of Marxism，UCASS）直接承系1978年成立的中国社会科学院研究生院马列系和2014年成立的中国社会科学院马克思主义学院（马克思主义理论骨干人才计划）。2017年10月始，社科大马院整合设置为中国社科院大学体系内，专门从事马克思主义理论学科专业教学与科研的二级学院，承担全校本硕博思想政治理论课的教学工作，负责马克思主义理论硕博研究生及马克思主义理论、思想政治教育两个本科专业的教学科研、人才培养、招生就业、学生管理等工作任务。2020年9月，由中国社会科学院马克思主义研究院和大学马克思主义学院深度融合构建科教融合学院，由中国社会科学院马克思主义研究院党委书记、副院长辛向阳担

2022 年 9 月 15 日，马克思主义学院为新生开讲"思政第一课"，校党委副书记、校长张政文（下排正中）主讲（马克思主义学院供图）

任院长。

学院教学科研力量雄厚，人才培养层次高、起步早，高精尖的本硕博教育体系完整，在全国具有重要影响。整合了一支由特聘教授、岗位教师、专职教师和学业导师构成的"四位一体"的师资队伍。学院现有岗位教师 42 名；硕士生导师 50 名；博士生导师 30 名；马克思主义理论骨干人才计划特聘博士生导师 81 名。拥有国务院马克思主义理论学科评议组成员 1 名，中央"马工程"首席专家 7 人，"四个一批"等高层次人才 30 余人；拥有马克思主义基本原理、马克思主义中国化研究、国外马克思主义、中华人民共和国史 4 个国内优势学科，马克思主义发展史、国际共产主义运动、中共党史、世界社会主义研究、思想政治教育等 7 个重点学科，《马克思主义研究》为国内马克思主义理论学科领域的顶级学术刊物。依托学院建有教育部高校思想政治工作创新发展中心、北京市人文社科研究中心、21 世纪当代中国马克思主义高等研究院等。2022 年，学院共有在校生 629 人，其中本科生 159 人、硕博研究生 470 人。学生公开发表论文 190 余篇，参与各类科研课题百余项。

【全面贯彻落实党的二十大精神】 学院发挥马克思主义学院理论与学科的优势和责任担当，通过举办专家辅导报告、领导领学、组织学习交流会、召开研讨会、参与学术交流等方式，多维度提升学习效

2022 年 10 月 12 日，马克思主义学院党委组织师生党员集体学习习近平总书记重要讲话精神（马克思主义学院供图）

2022 年 11 月 2 日，马克思主义学院举办"深入学习贯彻党的二十大精神座谈会暨教职工党支部主题党日活动"（马克思主义学院供图）

2022 年 5 月 11 日，马克思主义学院举办学术名家大讲堂第三十八讲　　（马克思主义学院供图）

2022 年 6 月 2 日，马克思主义学院举办学术名家大讲堂第四十二讲　　（马克思主义学院供图）

果并加强宣传阐释力度。学院党政联席会专题学习 3 次，教工党支部专题研讨 2 次、学生党支部专题讨论 11 次，学院专职教师参与专题学术论坛 10 余次，举办“学习贯彻党的二十大精神”形势与政策报告会 5 场，马克思主义学术名家大讲堂 3 场，将贯彻落实党的二十大精神与办好马院结合起来，在科教融合、学科建设、人才培养、科学研究、平台建设、社会服务、学生工作等方面达成诸多共识并落实实打实的举措。

【聚焦主责主业办好思政课】 结合本硕博思政课的课程性质与教学目标，在原有教学内容基础上有机融入党的二十大精神；“学部委员 + 领导干部 + 学术名家”系列思政金课继续推进，《新时代“科教深度融合型”形势与政策课立体化建设模式创新与实践》获北京市教学成果奖一等奖，并被推荐参评国家级教学成果奖，获批北京市优质教材课件 1 项、优秀教案 1 项，面向全体本科生开设《习近平新时代中国特色社会主义思想概论》课程，向中宣部提交《中国社会科学院大学马克思主义学院建设报告》；参与落实推进学校党的二十大精神“三进”专题活动。

【切实提升马克思主义理论学科建设及人才培养质量】 贯彻落实大学深度科教融合学院建设精神。健全完善系统的科教融合机制、完善本硕博一体化设计、贯通性培养制度安排，硕博士生源进一步优化，人才培养质量进一步优化；顺利完成两个学期本硕博教学计划；扎实推进“马骨干”项目，优化调整导师队伍、整合培养方案；在全国首设具有完整硕博学位授予权的“中国学”二级学科，录取“中国学”研究方向硕士研究生 2 人、博士研究生 1 人；完成大学优势学科和社科院登峰战略申报，马克思主义理论专业入选北京市一流本科专业。

【扎实推进学科科研及重大平台建设】 贯彻落实大

2022年12月7日，马克思主义学院举办第三届全国马克思主义理论研究生21人论坛 （马克思主义学院供图）

学科研大会精神，制定学院实施方案。获批国社科思政课专项1项，北京市社科基金1项，入选中国科协学风涵养工作室1项。北京人文中心年度立项重点课题5项、一般课题5项；教育部高校思想政治工作创新发展中心完成思政司交办的多项研究任务，积极申报北京高校哲学社会科学创新中心，成功举办“北京人文论坛”，举办15期马克思主义学术名家大讲堂，学部委员形势与政策报告会7场。扎实推进科研育人，举办第二届全国马克思主义本硕博论坛、第三届全国研究生21人论坛和首届中国社会科学院大学博士生论坛。

【着眼党建引领提升管理工作实效】 本年度共发展学生党员15名，6名预备党员转正；共组织学生党日活动6次、团日活动5次、学生活动18次；成立马克思主义学院分团委，设立本科生、研究生

2022年5月3日，马克思主义学院党委举办疫情防控“大思政”课 （马克思主义学院供图）

2022年7月29日，马克思主义学院召开第一次学生代表大会 （马克思主义学院供图）

团总支；召开第一次学生代表大会；2022年，学院本科毕业生就业率为91.5%，硕士毕业生就业率100%，博士就业率98.2%；宣传工作取得新进展，本年度官微共发布推送文章205篇，涉及学术科研、党团活动、文体活动、迎新、招生等各个方面；统筹推进疫情防控和建设发展工作，意识形态安全、师生身心健康、学院稳步发展。

【举办“北京人文论坛”】 2022年12月24日，中国社会科学院大学主办，北京人文社会科学研究中心——21世纪马克思主义研究中心和中国社会科学院大学科研处、马克思主义学院联合承办的马克思主义中国化时代化与中国式现代化北京人文论坛在京举行，论坛以“马克思主义中国化时代化与中国式现代化”为主题，与会专家就马克思主义中国化时代化的世界观方法论、思想与利益关系，中国式现代化的理论特质、理论创新、主要特点、活水源头、科学内涵、历史逻辑、根本经验，基层社会治理现代化、全媒体时代群众路线等问题展开研讨。

全国政协常委、全国政协民族和宗教委员会主任、中国社会科学院原院长王伟光，中共中央党史研究室原副主任李忠杰教授，国家行政学院原副院长周文彰教授，清华大学文科资深教授吴潜涛，中国人民大学原党委书记靳诺教授，以及来自高等院校、党校（行政学院）、科研院所和党政部门研究

2022 年 6 月 28 日，马克思主义学院举行 2022 年毕业典礼（马克思主义学院供图）

机构等马克思主义理论领域著名学者、业界专家和一线实践代表 30 余人参加论坛。

北京人文社会科学研究中心是北京市教委在北京高校统筹布局的高端创新平台。通过中心建设旨在鼓励和引导北京高校以立德树人为根本，融通校内外优质资源，推进知识创新、理论创新、方法创新，解读中国实践，构建中国理论，提炼标识性概念，推动

2022 年 12 月 24 日，马克思主义学院组织举办“北京人文论坛”（马克思主义学院供图）

学术理论中国化，打造在国内外具有重要影响力的学术高地、创新人才培养培育高地和服务创新高地，为构建中国特色哲学社会科学提供学理支撑，为服务北京“四个中心”功能建设和国家经济社会发展提供智力支持和人才保障。2021 年第一批立项建设了 3 个，分别是中国社会科学院大学 21 世纪马克思主义研究中心、清华大学人工智能治理研究中心、首都师范大学中外文明传承与交流研究中心。

国际政治经济学院

【概况】 中国社会科学院大学国际政治经济学院（School of International Politics and Economics, UCASS）是在中国社会科学院党组领导下，深度融合了国际研究学部 8 个研究系所的相关学科，于 2022 年 6 月 15 日创设。学院拥有世界经济、国际关系、国际政治 3 个博士学位点，3 个学术型硕士学位点，以及国际事务与国际关系本科专业（现为北京市一流本科专业建设点）。学院现有学生共 403 人，其中博士研究生 227 人，硕士研究生 119 人，本科生 51 人，外国留学生及港澳台学生共 6 人。现任院长为中国社会科学院学部委员、世界经济与政治研究所所长张宇燕研究员。

学院现有专任教师 209 人，其中学部委员 3 人，教授 134 人，副教授 68 人，讲师 4 人。教师队伍中，享受国务院政府特殊津贴专家 31 人；国务院学科评议组成员 1 人；国家哲学社会科学基金评议组成员 2 人；全国宣传文化系统“四个一批”人才 8 人；国家“百千万”人才工程国家级人选 5 人；国家哲学社会科学领军人才 7 人；全国新闻出版行业领军人才 1 人；中宣部首批宣传思想文化青年英才（理论界）荣誉称号 1 人；担任国内外权威期刊主编、副主编的 8 人。

学院2022年主要重点工作包括：以国际政治经济学院命名重组为契机，深化“科教融合”战略，加强学院教学管理与学科建设，完善学院管理规章制度；推动“四位一体”教师发表高质量科研成果，积极申报国家级重大科研项目与科研奖项；制定本专业毕业论文工作大纲、完善推免等相关管理规定与制度；调整完善本专业2022级本科生培养方案；制定本专业学生科研实践学分认定方案；组织举办国际学部委员系列高端讲堂，扩大学院在学界的知名度与影响力；推进人才队伍建设，设立长期性人才引进机制；建设学院形象标识与网络宣传阵地，扩大学院社会知名度与影响力。

【主办“国际规范研究：理论与实证”学术研讨会】 2022年12月30日，由中国社会科学院大学国际政治经济学院与中国社会科学院世界经济与政治研究所全球治理研究室共同主办的“国际规范研究：理论与实证”学术研讨会以线上形式举行。来自中国社会科学院、中国人民大学、复旦大学、北京语言大学的多位专家学者出席研讨会，就会议主题展开精彩报告与热烈讨论。

【组织举办国际学部委员系列高端讲堂】 2022年9月15日，国际政治经济学院举办“国际研究学部委员高端讲堂”讲座活动，邀请中国社会科学院学部委员、山东大学讲席教授、国际问题研究院院长张蕴岭教授担任首讲嘉宾。张蕴岭教授通过线上直播方式，面向全校师生作题为“世界变局与中国”的讲座。讲座在笃学讲堂设置线下会场，并由国际政治经济学院院长、中国社会科学院学部委员、社科院世界经济与政治研究所所长张宇燕教授主持。

【组织举办国际政治经济学院“国际经贸与区域组织”系列讲座】 2022年11月20日，国际政治经济学院举办“国际经贸与区域组织”系列讲座活动，邀请复旦大学国际关系与公共事务学院副教授赵剑治博士，通过线上方式，面向学院广大师生进行题为“百年未有之大变局下的全球发展与多边开发银行”的学术讲座。讲座由国际政治经济学院副院长熊爱宗主持，国际政治经济学院教授、世界经济与政治研究所研究员宋锦，国际政治经济学院讲师齐尚才参与评议。

【举办2022级新生见面会】 2022年9月15日，国际政治经济学院通过线上线下相结合的方式，在笃学讲堂举行新生见面会。学院院长张宇燕、执行院长粟瑞雪、党总支书记张晓东等领导出席见面会。活动由学院执行院长粟瑞雪教授主持。见面活动中，张宇燕院长围绕学院历史与现状、发展规划，结合学科发展、科研育才等话题与新生进行交流。

【以学院命名重组为契机，深化“科教融合”战略，加强学院管理与学科建设】 2022年6月15日，原国际关系学院正式命名重组为国际政治经济学院，学院班子迅速投入学院建设工作，积极谋划学院未来发展。2022年，学院已组建学院院务委员会、学位评定分委员会、学术委员会与教学指导委员会等4个委员会，并经院务委员会会议审议通过了《中国社会科学院大学国际政治经济学院院务委员会章程》与《中国社会科学院国际政治经济学院学术评定分委员会章程》。此外，学院还制定了《国际政治经济学院学术讲座实施办法》《国际政治经济学院推免生综合测评实施细则》《国际政治经济学院本科生转专业管理考核办法》《国际政治经济学院班主任管理暂行规定》《国际政治经济学院本科生学业导师制实施办法》等多项制度规定，确保学院人才培养与学科建设等工作有序开展。

【制定本科毕业论文工作大纲、完善推免等相关管理规定与制度】 根据学校关于2019级本科应届毕业生论文工作部署，学院研究制定本科毕业生毕业论文工作大纲，明确了毕业论文工作时间进度、师生责任、写作规范、评价规范等重要事项。同时，推荐学院有关论文指导教师进入校级本科生毕业论文质量抽检专家库。

2022年，学院首次推荐2019级本科生免试攻读硕士研究生。学院推免工作小组本着“公正、公开、透明”的原则，根据学校政策，结合学院学生实际情况，详细商议制定了2022年推免工作办法，进一步完善了学院推免评分细则，并在评分工作开始前向2019级本科生进行充分动员与政策解释。推免工作开展顺利，最终推荐出5名2019级本科生免试攻读硕士研究生。

【调整完善2022级本科生、研究生培养方案】 根据学校关于提升整体教学规范性的要求，并不断推进新学院教学改革工作，学院于5—8月调整2022级本科生培养方案，对专业课程开课时间作了进一步优化调整。同时，根据新学院“一院八系”的基本教学架构，协调各学院各研究生系对各自研究生培养方案进行微调，并统一整合新学院研究生培养方案。

【对标国内一流高校国际关系专业办学经验，与各高校开展“结对子”工作】 2022年，学院院长张宇燕及党政班子成员与中国人民大学国际关系学院院长杨光斌教授进行座谈，围绕一流学院办学经验等进行深入交流，具体就学生培养、教学评估等主题认真听取了杨光斌教授的介绍。研讨内容包括通识型人才培养模式建设、专业型英语教学模式、交叉学科实验班建设、学年论文制度建设、学生国情调研基地建设、继续教育培训项目建设、本科教学管理制度建设等。

【推动“四位一体”教师发表高质量科研成果，积极申报国家级重大科研项目与科研奖项】 学院积极推进“四位一体”教师科研工作，2022年共申报“阐释二十大精神”国家社会科学基金重大项目2项，申报教育部优秀科研成果奖10项。学院“四位一体”教师2022年共出版编著1部，发表译文1篇，发表论文15篇，其中权威期刊4篇，核心期刊9篇。

【本科生学术科研活动全面展开】 2022年度“新苗计划”，本专业共立项4项本科生学术研究课题，1项学术团体。2022年年底，所有本科生科研项目顺利通过结项答辩；学院学术刊物《社科政经》创刊号正式出版，共刊登学院本科生、研究生优秀学术论文11篇；学院本科生蔡思怡、胡晴、张誉璇3人组成的团队（The INFs）在环境与可持续发展大会（ISCES）2022年全球学生环境挑战大赛比赛中荣获气候变化组三等奖；2020级本科生隋浩在2022年美国国际大学生数学建模竞赛（MCM）与交叉学科建模竞赛（ICM）中荣获一等奖。

【建成完善的教学保障体系】 学院高度重视教学质量提升工作，已形成在学期过程中随时收集学生对于教学情况反馈的常态化机制，及时发现问题，及时与授课教师沟通，及时整改问题。针对意见较为集中的问题，学院及时召开学生座谈会，沟通情况，答疑解惑，做到不积累问题、不拖延解决问题。结合本专业师资队伍构成特点，并按照学校本科教学督查小组近几个学期对于本专业课堂教学及试卷工作提出的有关意见，积极制定了一系列改进措施，进一步加强对于课堂教学规范性、考试试卷设计、答案撰写、评分规范、试卷分析撰写规范方面的监督检查，做到严格要求。

社会与民族学院

【概况】 2022年6月15日，中国社会科学院大学六大学院进行了命名重组，标志着科教融合体制机制改革迈入了新阶段。重组的中国社会科学院大学社会与民族学院（School of Sociology and Ethnology，UCASS），是在中国社会科学院社会学研究所、社会发展战略研究院、民族学与人类学研究所、民族文学研究所的支持下，融合中国社会科学院大学原社会学院及原社会发展系、民族学系、少数民族文学系社会学、人类学相关学科创立。学院重新命名组建后，专职教师、特聘教授、岗位教师和研究生导师，按照“教师随学科走”的原则融合到新组建的学院；研究生、本科生按照“学生随专业走”的原则进入新组建的学院。学院的党政机构、学术组织等在原有基础上按照有关规定进行相应调整。

学院设有社会学系、社会工作与社会政策系、社会发展系、民族学与人类学系四个教学系。设有院务委员会、学位评定委员会、学术委员会、教学指导委员会四个委员会。设有行政办公室、教学与科研办公室、对外交流与合作办公室、学生管理办公室、实习实践办公室五个办公室。党委设有支部12个，其中教工支部1个，有党员14人；学生支部11个，有党员193人。

学院设有社会学、人类学、民俗学、社会政策、社会治理、民族学、马克思主义民族理论与政策、中国少数民族史8个博士学位点，9个学术型硕士学位点（8个博士学位点专业及中国少数民族经济），社会工作硕士专业学位点，以及社会学本科专业（现为国家级一流本科专业建设点），设有社会学、民族学博士后流动站。截至2022年底，学院在校学生414人，包括本科生113人，硕士生200人，博士生101人。研究生导师124人，其中硕士生导师81人，博士生导师43人。

学院充分调动教师创新积极性，推进各类教学及科研建设，屡获佳绩。本年度开设本科生课程43门，研究生课程32门，组织28场高端学术讲座。依托基层教学组织，加强课程体系建设，重点培育《当代中国社会分层与流动》《社会学概论》精品课程。本年度赵一红教授在中国社工教育协会年会获得优秀论文二等奖；杨蓉蓉副教授在全国高校混合式教学设计创新大赛上获“设计之星”奖；周少贤副教授获校级“青年教学名师”称号。岗位教师吴乔、陈涛获学校首届“我爱我师”评选“我最喜爱的老师”称号。本年度学院专职教师获1项国家社科基金项目立项，2项校级科研项目立项，1项北京市本科教改创新项目立项，4项校级教改课程及项目立项。特聘和岗位教师作为主持人申请获校级人文社科类重大项目培育专项2项立项。专职教师共计发表26篇论文，其中顶级期刊1篇，权威期刊1篇，获新华文摘转载1篇，核心期刊6篇，发表专著2部。学院特聘教授、岗位教师发表顶级期刊论文3篇，权威期刊论文15篇。

学院以学术训练为抓手，提升学生科研能力。本年度，两支社工硕士团队在全国MSW研究生案例大赛中入围三十六强并荣获全国三等奖；社工硕士参加第十三届中国社会工作大学生论坛暨第六届研究生论坛，1人获二等奖，3人获三等奖；第十七届“挑战杯”全国大学生课外学术科技作品竞赛中，学院本科生团队代表学校参赛获三等奖；第四届校“人文之光”暨“新苗计划”挑战杯培育专项赛事中，学院参赛项目获1项一等奖，3项二等奖，4项三等奖；2022年度校本科“新苗计划”，学院1项获优秀课题研究项目一等奖，研究生研创计划 2 项获优秀科学研究项目三等奖。同时，学院 2022 届毕业生刘艺撰写的博士论文获北京市优秀博士学位论文提名。学院刊物《社研社语》第二期编辑刊印，并获校“新苗计划”学术团体立项支持。

【成立中国古典社会学（群学）研究中心并召开预备会议】 为进一步深入开展中国古典社会学（群学）研究，加快构建中国特色社会学学科体系、学术体系、话语体系，中国社会科学院大学社会与民族学院专门成立中国古典社会学（群学）研究中心，学院执行院长赵一红任中心主任，并于 12 月 3 日在线上召开成立预备会，来自多所科研院所、高校和出版机构等 34 位学者参加了此次会议。会议介绍了中国古典社会学（群学）研究中心的组织架构、人员分工、研究主题、工作任务等，对中心建设发展提出了明确要求。与会学者各抒己见，发表了自己的认识与看法。通过群学研究，从本土文化出发挖掘社会学根源，是构建中国特色社会学学科体系、话语体系的基础性工作，也符合全面推进中华民族伟大复兴，适应中国特色社会学历史使命的战略和要求。

【组织暑期专业实践暨“田野课堂”调研活动】 在融合院所及领导、老师的大力支持下，学院践行知行合一、理论联系实际的“田野课堂”理念，精心组织，采用“分散实习 + 分组指导”的方式开展暑期专业实践实地田野调研。先期举办两期共四场田野工作坊，之后 24 位 2020 级本科生同学分成 13 组，分赴全国多地，在指导老师的带领下顺利完成各项调研和实践任务，形成 20 万字的《社会学专业本科生暑期专业实践调研报告汇编（2022 年）》，取得了预期效果。在学院公众号推送“田野笔记”5 篇，受到广泛赞誉及好评。

【开展社会与民族学院院徽设计征选并最终确定院徽】 为了更好地宣传社会与民族学院，学院决定向校内外征集社会与民族学院标志（LOGO）设计方案。经过一个月征集，共有在校同学、校友及社会人士 30 人投稿，收到作品和效果图 70 余幅。最后确定采纳 2018 级社会学专业本科生张亮同学的设计。院徽设计以“群学”的篆体作为主干，反映了社会学、民族学研究的共同之处。群字上部的“尹”形似书本，下方则是“田野”，意为“读书明理，从实求知”。群字整体呈方形，外围为圆形，外圆内方。内为篆书，外围英文，寓意中西合璧，既能兼收并蓄，又能文化自觉。

【完善和加强基层党组织建设，发挥党组织对群团的领导作用，促进群团建设】 社会与民族学院党委努力实现学生党建工作有规划、有部署、有检查、有落实，在原来的基础上调整学生党支部设置，完善学生党员信息台账，进一步规范党员发展程序，组织各党支部落实“三会一课”制度，切实发挥党支部主体作用，形成学生党建工作常态化、长效化机制。加强辅导员队伍和学生干部队伍建设、关心学生成长。形成了以辅导员为核心，学生干部队伍为辅的班级管理团队。坚持党建带团建的工作思路，支持群团组织有效开展工作。为更好地助力新学院的发展、满足不同学生群体的需求、加快本硕博学生间的融合交流，对学院团委以及其他学生组织进行重组和调整。利用我院社会工作的专业优势，进一步加强团建活动，增强凝聚力以及对新学院归属感，不断提升学院的内部活力。

【学院科教融合科研团队获校级人文社科类重大项目培育专项立项】 为培育和促进人文社会科学特色与优势学科研究，支持新兴交叉学科研究，以高层次和高水平科研项目带动科研团队建设、学科建设和课程建设，学院全力整合相关学术人才和资源，组成学术团队，以特聘教授和岗位教师带队作为主持人，申请校级人文社科类重大项目培育专项。其中，李春玲主持的《共同富裕和青年共享发展的多元化路径研究》，王晓毅主持的《全面实施乡村振兴战略背景下的驻村帮扶与乡村治理》获得批准立项。学院专职教师李原、杨蓉蓉、赵亮员、刘月成为科研项目的中坚力量。

文学院

【概况】 2017 年 5 月，教育部批准成立中国社会科学院大学，同年成立中国社会科学院大学人文学院（含哲学、文学、历史三个专业）。2020 年 8 月，社科大启动以“大学与中国社科院发展融为一体”的科教融合改革。同年 10 月，以社科院文学所为主要依托的文学院宣告成立，开始探索“一院对一所”的融合模式。2021 年底，学校开始探索以学科为主线、“一院多所”的融合方式。2022 年 6 月 14 日，文学院迎来再次整合。按照学科归属原则，将属于中国语言文学一级学科的文学所、语言所全部研究生教学系，以及少数民族文学所、语用所、民族学与人类学所中的相关研究生教学系融入新的文学院中。

发展至今，中国社会科学院大学文学院（School of Chinese Language and Literature，UCASS）成为由中国社会科学院文学研究所牵头，语言研究所、民族学与人类学研究所、外国文学研究所、民族文学研究所等相关学科协作，整合资源，共同建设的本硕博一体化教学单位。

学院学科体系完备，资源雄厚，涵盖了中国语言文学学科目录下全部二级学科，拥有中国文学、语言与应用语言学、中国少数民族语言文学三大学科方阵以及数量众多的重点学科、优势学科和特殊学科，涵盖了国家通用语、汉语方言、中国少数民族语言的众多学科方向，不少学科在全国范围内具有唯一性。学院拥有全国最早的中国语言文学一级学科博士点，拥有全部 8 个二级学科博士点。

学院现有“四位一体”的师资力量 190 余人，其中专职教师 25 人，岗位教师 99 人，特聘教授 14 人，博士研究生导师 50 余人，硕士研究生导师 70 多人。学部委员 6 人，荣誉学部委员 5 人，文化名家暨“四个一批”人才 3 人，数十人享受国务院政府特殊津贴，30 余位教师担任国务院学科评议组成员、国家一级学会会长、副会长。学院教学师资力量涵盖中国语言文学学科的二、三级以上的所有学科。

【学术创作与科研育人】 学院基于已经形成的教学团队，着力打造“教学—研究”团队，加强文学院专任教师与研究所相关学科的联系，并创造条件让相同研究方向的专职教师加入研究所的科研项目中，以研究所丰厚的科研资源把双方力量凝聚起来。

精心设计并打造学院科研平台，促进高质量研究成果的出现。在院所的帮助下或以共建的形式，积极策划、组织召开学术会议或承办重要学会的年度会议，不断提高学院在学界的影响力。同时，注重提高科研成果质量，与学校科研职能部门积极沟通配合，促进重要学术专著的出版，推出学术精品，日积月累形成自己的学术品牌。

努力强化服务意识，做好科研服务工作。努力推进青年教师脱颖而出，走好学术生涯开端处的关键几步；深入挖掘中年教师科研潜力，帮助他们提高项目申报中标率。同时，加大对专任教师科研项

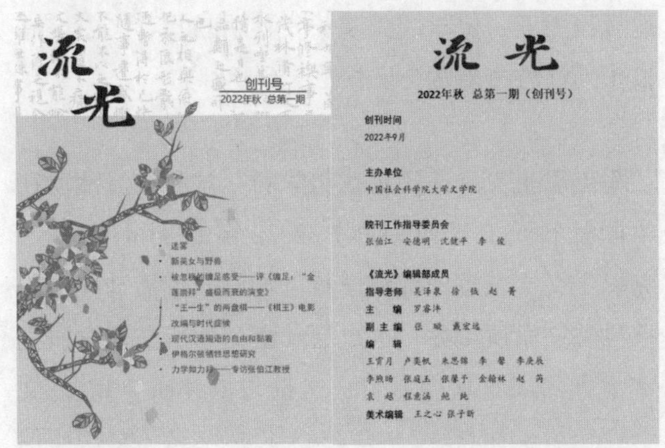

2022年9月，文学院院刊《流光》第一期封面（文学院供图）

目申请、论文发表、科研奖项申请及财务政策相关的业务培训和政策指导。在学院层面加强和学校职能部门以及相关院所的沟通，及时提供各类科研项目申报信息、相关会议信息和评奖信息，定期举办学院科研经验交流会、科研成果汇报会。

积极组织教师申报教育部长江学者以及教育部教学成果奖，对科研成果突出的教师逐一沟通引导“四位一体”教师积极申报，并做好相关材料准备的工作。成功推荐文学所研究员刘方喜和研究员刘艳申报长江学者项目，推荐张伯江研究员申报教育部教学成果奖。

高度重视中国社会科学院大学一流学科遴选学科数据报告的填报工作，并开始有意识地收集、整理、整合科研领域的材料，为下一轮双一流评选做充足的准备。

创办院刊《流光》，并召开首期线上发布会。在办刊过程中，始终坚持以本硕博学生为主，教师指导为辅的原则，坚持“以文会友、以友辅仁、商量旧学、探讨新知”办刊宗旨，坚持创作与学术并重。在2022级新生师生见面会上，向全部新生和参会教师免费发放《流光》，获得好评和较大影响力，为我院师生搭建了文学创作园地和交流平台。

【学院文化和思政建设】 以关键环节为抓手，精准施策，回应学生关切，引导学生成长。通过“院长第一课”“开学典礼”和新生见面会、“新生访所”等固定活动，坚定本科新生的理想信念，激励其专业热情；通过访谈学术前辈，探寻“先生的故事”，树立正确的、持久的专业理想和学术目标。在大一新生入学季做好适应教育，在大二迷茫期做好帮扶教育，在大三分化期做好引导教育，在大四升学和就业期则一对一跟进，既遵守大学生成长和人才培养的规律，又推进学术型高端人才培养阶段前移。

【全面深化科教融合战略】 组建更加健全的科教融合学院，落实学院在中国语言文学一级学科建设方面的主体责任，推进各学科力量协调发展。

课程建设：文学院在2021级本科生培养方案修订版的基础上，进一步完善了2022级本科生培养方案，培养方案在全面育人、全过程育人中的指导作用更加凸显；进一步落实好了研究生的培养方案；完成课程五项的收集和整理工作；加强了课程团队的建设和协作育人工作；加强对实践教学的整体规划，发挥导师作用和责任意识，稳步提升毕业论文水平。

举办高层次系列学术讲座，包括“回归经典的意义”（文学所特聘教授刘跃进），“关于《文选》研究的几个问题”（刘跃进），“三曹与建安风骨”（刘跃进），“诠释学循环：历史解释与当代争论”（北京外国语大学中文学院院长李建盛），“难以定义的文学与文学的意义之锚”（北京大学教授金永兵），“从修辞到语法”（语言所特聘教授方梅），“浮世绘与周氏兄弟”（文学所特聘教授董炳月），“音乐与中国早期诗歌形式之关系”（首都师范大学燕京人文讲席教授赵敏俐），上海交通大学人文学院院长王宁教授系列讲座“世界文学研究的中国视角”“医学人文：沟通科学与人文的桥梁”“元宇宙时代的科学与文学：对时代之问的回答”，“重读恩格斯卡尔·马克思《政治经济学批判》（1859）”（中国人民大学杰出学者特聘教授张永清）等。

文学院积极开拓资源，邀请社科院的学术名家、社科大特聘教授和境内外高校的专家学者，为同学们举办高层次、系列性的学术讲座，活跃了校园学术文化氛围，开阔了学生的视野，取得了很好的反响。

【集中学习《中共中央关于党的百年奋斗重大成就和历史经验的决议》】 为了深入学习领会党的十九届六中全会精神，文学院教职工党支部于2022年4月1日组织党员教师集中学习了《中共中央关于党的百年奋斗重大成就和历史经验的决议》，并结合个人自评、党员互评开展了批评和自我批评。党员们在批评和自我批评过程中，联系具体人具体事，不搞一团和气，不讲空话套话。对查摆出来的问题和党员群众的意见建议，认真抓好落实整改。

【文学院召开2022年师生见面会】 文学院2022年师生见面会于11月4日在研究生教学楼122教室召开。博导代表、硕导代表和专职教师代表发表了讲话。执行院长李俊教授宣布了文学院新增博导、硕导名单，院长张伯江教授为新增博导、硕导颁发了聘书。民族所副所长王锋教授、语用所所长刘朋建教授发言，文学院副院长安德明教授、文学院院长张伯江教授出席会议并做了重要讲话。

2022年11月4日，文学院召开本硕博新生见面会，院长张伯江（上）、副院长安德明（下）讲话（文学院供图）

【“马克思主义文艺理论优势学科”学科交流活动在中国社科院文学所举办】 2022年11月4日，“马克思主义文艺理论优势学科”学科交流活动在中国社科院文学所举办。本次活动由文学所文艺学研究室主办，来自马克思主义文论与批评研究室、《文学评论》编辑部、《文学遗产》编辑部、文学所信息中心、社科大文学院的20多位研究人员和教师共同参加讨论，这是在深入推进科教融合的过程中以研究室和学科建设为基础开展的一次学术讨论和教学研讨，对文学院的教育教学工作和科教融合都将产生积极意义。文学所党委书记刘玉宏和文学院副院长、文学所副所长安德明出席活动，并就文艺学学科建设发表意见。与会人员结合学习党的二十大精神，对新时代文艺学研究的新问题、新话题进行了梳理，围绕科教融合问题，分析了文艺学学科的基本任务、工作定位和发展目标，认为未来文艺学发展的趋向是多元并存、学科融通，文艺学研究者应加强各方面的修养，开拓视野，守正创新，才能更好地应对时代提出的新挑战。每位发言人不仅分享了本人近期的研究工作，而且明确表示，今后在马克思主义文论、中国古代文论、中国现当代文论与文化现象等几个重点方向上集中力量、加强合作，推出精品成果。

2022年11月4日，“马克思主义文艺理论优势学科”学科交流活动在社科院文学所举行（文学院供图）

【文学院召开2023届本科毕业论文工作会暨本科生毕业论文指导经验交流会】 2022年11月19日上午，文学院召开2023届本科毕业论文工作会暨本科生毕业论文指导经验交流会。文学院院长张伯江教授参加了会议交流并讲话，参与此项工作的岗位教师、特聘教授及专职教师近40人参加了会议。会议由文学院执行院长李俊教授主持。毕业论文是大学四年教学计划的重要组成部分，其目的是培养学生综合运用所学基础理论、基础知识和基本技能，分析和解决社会实践中实际问题的能力，也是培养学生科研能力、创新能力的重要措施。中国社会科学院大学和文学院高度重视本科生的毕业论文安排和指导工作，出台了一系列具体的工作规程和具体要求。在本次会议上，冯丽娟老师详细介绍了学校有关管理规定，引导指导教师学习了《本科毕业论文（设计）工作管理办法》《本科毕业论文模板、写作规范、评分标准》等文件，并对2023届本科生毕业论文工作进行了安排，列出了时间表，明确了各阶段的具体任务和注意事项。在主持会议过程中，李俊老师特别强调了本科毕业论文工作的必要性和重要性，请各位指导教师在指导学生的论文写作过程中，着重培养学生的规范意识、文献意识、问题意识和创新意识，站在学生的角度，帮助学生提炼想法、明确说法、确立做法、落实写法，严格按照各个时间节点推进指导工作，完成好各阶段的具体研究和写作任务，确保高水平完成毕业论文。陈龙、井玉贵、张重岗、谢留文、储泽祥、邱雅芬、陈定家等指导教师代表作了交流发言，对如何做好本科生毕业论文工作，落实好指导责任提出了意见和建议。

外国语学院

【概况】 中国社会科学院大学外国语学院（School of Foreign Languages，UCASS）成立于2020年9月，是社科院研究所与社科大“科教融合”的十三个学院中新成立的一员。学院秉承创办“研究型大学”的宗旨，以建设一流的外国语言文学学科为目标，培养外国文学研究领域未来的领军人才和其他涉外领域的优秀人才。

外国语学院着力推进本硕博一体化的培养方式，并致力于学生德、智、体、美全面发展，为学生将来在学术研究领域或其他涉外领域的发展奠定厚实的知识基础。外国文学学科已从以前的单一语种的语言文学拓展为外国语言学与应用语言学、外国文学、翻译学、比较文学与跨文化研究、国别与区域研究五大方向，是一个自身就具有跨文化和跨学科特征的学科。

外国语学院目前本科设有英语语言文学系和法语语言文学系，中长期计划还将开设德语语言文学系、西班牙语语言文学系、俄语语言文学系和日语语言文学系。目前外国语学院外国语言文学一级学科之下设有英语语言文学、俄语语言文学、法语语言文学、比较文学与世界文学、德语语言文学、日语语言文学、欧洲语言文学、国别与区域研究8个硕士点和8个博士点，以及翻译专业硕士点。2022年，学院有毕业生22人，招生30人，在校生135人。

外国语学院有学部委员2人，享受国务院政府特殊津贴4人，文化名家暨“四个一批”人才2人，担任国内权威期刊主编、副主编的6人，担任全国一级专业学会会长、副会长、常务理事5人。

本学院有一支长期从事本科生教育和研究生指导的强大教师队伍，部分成员有国外留学或访学经历，多为国内外国语言文学研究领域的骨干力量。

【全面推进《习近平谈治国理政》多语种版本“三进”工作】 学院积极组建教师课程思政团队，积极申报外语课程思政建设示范课，稳步推进外语思政课程建设。实施《习近平谈治国理政》英语、法语、日语版本进教案、进课堂，全面推进外语类课程思政建设。率先在大学英语、本科英语专业和法语专业精读、翻译、报刊选读等课程使用《习近平谈治国理政》素材，引导学生在中西文化对比、中外观点碰撞中深刻思考与理解社会主义核心价值观的深刻内涵。

学院充分论证了2022级新生培养方案修订版，加入“理解当代中国读写”“理解当代中国演讲”“理解当代中国翻译”等课程。通过完善教学设计，将《理解当代中国》系列教材融入外语教学各个环节。

【认真完成本科课程大纲制定工作】 为落实立德树人根本任务，深化教育教学改革，全面提高学校本科人才培养质量，根据教育部本科教学工作合格评估指标要求，学院开展本科课程大纲制定工作，并完成英语专业、法语专业、公共外语共158门课程大纲的制定工作。

【获批“国别与区域研究”硕士点和博士点，创建翻译硕士专业学位硕士点】 学院利用现有的专任教师，融合外文所以及国际片研究所国别与区域研究领域和翻译领域的专家作为师资力量，申报并获批国别与区域研究硕士点和博士点以及翻译硕士专业学位硕士点，推进科教融合，进一步推进本硕博一体化培养。

【加强学院发展规划和学科建设工作】 学院落实党的十九届五中全会精神和社科大“关于开展中国社会科学院大学‘十四五’规划编制工作的通知”，全面研究了“十四五”时期学院发展的一系列问题，结合学科发展需要、社会需求和学校实际，明确自身定位、目标、使命和任务，编制形成外国语学院“十四五”发展规划。学院积极参与中国社会科学院大学一流学科遴选，完成《外国语言文学学科数据报告》和《外国语言文学一级学科建设发展综述》。

【英语、法语专业学生在外语语言等级考试中通过率再创新高】 高校外语专业教学测试是评估各高校外语专业本科教学质量的一项重要手段。2018级法语专业学生法语专业八级考试优秀率均为100%。2020级法语专业学生法语专业四级考试优良率100%。2018级英语专业学生英语专业八级考试优良率为100%。2020级英语专业学生英语专业四级考试优良率为83%（部分同学延期考试）。本次成绩的取得与学院对教学的高度重视及全体专业教师的精心教学密不可分，也是同学们勤勉学习的回报和证明。外国语学院外语专业建设将始终坚持“厚基础、强技能”的基本原则，着力提升学生的综合素质和专业能力。

【学院教学团队取得佳绩】 学院英语系三位教师荣获2022年在外研社“教学之星”大赛北京赛区三等奖。这既是对学院一线教师辛勤付出的认可，也极大地激励和鼓舞了全院教师。学院将以此为契机，持续加强课程建设和教学队伍建设力度，不断提高学院哲学社会科学最高层级研究型人才的培养水平。

【开展国际视野拓展讲座活动】 学院积极推进教育国际化水平，积极开展与国外高校合作交流，努力为师生创造良好的国际交流与合作环境。为拓宽学生的国际视野，把握学术前沿，学院于2022年5月13日举办《西方与中国美学和思想中的和谐理念》主题讲座，邀请法国波尔多蒙田大学法国文学教授EEIC BENOIT参加“国际化发展交流月”系列活动。

【规范本科生实践教学活动和毕业论文工作】 本年度，学院制定了《外语类本科生毕业论文写作规范》《本科毕业实习大纲》《科研实践学分认定办法》等一系列文件，规范毕业论文和实践教学活动。

新闻传播学院

【概况】 中国社会科学院大学新闻传播学院（School of Journalism and Communication，UCASS）是由中国社会科学院新闻与传播研究所牵头，以中国社会科学院研究生院新闻学与传播学系为基础，整合中国社会科学院大学媒体学院的教学资源，于2020年9月成立的本硕博一体化科教融合学院。前身可追溯至1978年成立的中国社会科学院研究生院新闻学与传播学系。办公地点位于良乡校区北综合楼5层。

学院本科设有新闻学、广播电视学两个专业，均为国家级一流本科专业建设点。硕士设有新闻学、传播学两个专业。博士设有新闻学、传播学、广播电视与数字传播、广告学与传媒经济学四个学科方向。另设有博士后流动站，以及与相关媒体单位联合设立的多个博士后工作站。学院主办有国内新闻传播学领域顶级期刊《新闻与传播研究》，建有融媒体实验室等五个实验室、新媒体研究中心（省部级）以及八个所级或校级研究中心、两个国情调研基地和一个智库。新闻传播学院党总支负责学院党的工作。学院党总支有支部5个，其中教工支部1个，有党员22人；学生支部4个，有党员55人。截至2022年底，学院有教师68人，其中教授22人、副教授30人，博导14人、硕导50人。曾担任和现有国务院学位委员会新闻传播学科评议组召集人2人，马克思主义理论研究和建设工程重点教材首席专家1人，享受国务院政府特殊津贴专家3人，教育部长江学者奖励计划青年学者1人。在校学生221人，本科生109人，硕士生82人，博士生30人。全年开设课程121门次。在研项目34项，其中国家级项目15项，省部级项目16项；在国内外顶级和权威期刊发表论文13篇，出版专著12部；学院研究团队编撰的《中国新媒体发展报告（2021）》获中国社科院优秀科研成果奖皮书类一等奖。出版1本教改专著，2本教材（修订版），学生获得20余项国家大创、数据大赛、人文之光等项目立项或奖励。

【规划学院和学科发展方向】 明确了学院“一流学院建设一流学科培养一流人才”的总体目标，“培养最高层级的新闻传播领域的研究型人才”的培养目标，“社科特色，世界一流”的新闻传播学科目标。

2022年，胡正荣院长带领学院领导班子通过调研中国人民大学、美国西北大学等国内外知名新闻传播院系学科建设情况，赴《中国青年报》《中国日报》等媒体单位实地调研业界实践和人才需求，依托科教融合，整合师资力量，着眼学科专业的内涵式发展，根据国家重大战略、学科重要前沿和重大实践问题“三大指标”，凝练形成了四个学科专业突破方向，即“中国特色新闻学”“舆论、媒体融合与国家治理”“数字媒体与智能传播”“数字文化与创意传播”四大学科方向。

【完善学院治理结构，推进科教深度融合发展】 完善制定了学院“三重一大”制度、党总支会议制度、院长办公会议制度，健全了党政联席会审议决定、专业委员会分工负责的学院发展和学科发展的机制；打通院所资源，根据四个学科专业突破方向组建了由学科带头人、学科骨干、青年教师组成的四大学科建设团队和10个创新研究团队，以课题研究、报告出版等多种形式推动岗位教师和专业教师融合协作。

【推进教学改革，创新人才培养模式】 注重全过程思政育人，与中青网合作建设性新闻工作坊，组织“卓越新闻传播人才见习营房山行”活动；优化教学体系，建设个性化人才培养模式和本硕博一体化贯通式培养模式，举办了卓越新闻传播人才培养高峰论坛和国际传播人才培养高峰论坛等教改会议，策划组织了传媒讲堂等10余场系列讲座；重视产学协同育人，学院获批5项教育部产学协同育人项目，与四川绵阳安州融媒体中心共建产学研协同创新基地，与《中国日报》《中国青年报》共建订单式国际传播人才培养模式等。

【党的二十大精神教育学习活动】 学习贯彻落实党的二十大精神，加强学生的思想引领，邀请青年党史专家为学生党员进行专题辅导，举办学习党的二十大精神系列学术活动，博士生和硕士生党支部开展深入学习交流活动。2022年11月19日，新闻传播学院党总支邀请党史研究学者、团中央党的二十大精神宣讲团骨干成员蒋国栋老师为学院师生带来了主题为“高举旗帜跟党走，青春绽放新征程”的线上专题辅导会。10月26日，学院邀请中国社会科学院新闻与传播研究所副研究员叶俊讲授“中国式现代化与中国新闻事业的发展”。11月9日，新闻传播学院博士生党支部召开党的二十大精神学习会，专题学习党的二十大精神，深入学习讨论习近平总书记代表第十九届中央委员会向大会作的报告。11月7日，新闻传播学院2022级硕士生党支部举行了党的二十大精神学习交流会。

【卓越新闻传播人才培养见习营】 2022年10月，学院主办了九场“卓越新闻传播人才培养见习营——高质量发展北京调研房山行”培训，来自新华社、《科技日报》《中国青年报》《新京报》、快手科技、重庆日报客户端、山东省网络社会组织联合会以及数可视创始人黄志敏等九位业界专家，为师生们带来了洞察业界运营实践、提高新闻传播技能的思考与经验分享。11月，组织“卓越新闻传播人才——北京高质量发展房山行调研采访团”活动，4名教师和媒体记者带领10多名学生走进房山区大型工矿企业、文化单位开展系列调研和报道。

【助力学生学业成长系列学工活动】 2022年秋季学期，学院组织了新生入学教育系列讲座，推出了七场不同面向的学术讲座（包含研究方法、学术研究基础、新媒体研究、影像传播等不同主题）；两场校友沙龙（分别为学术和新闻业务主题）、两场学业辅导活动（本科生培养方案解读和研究生培养方案解读）和一场朋辈辅导（高年级本科生对大一新生的辅导），帮助本硕博新生打好学业底色，顺利适应和迈进新阶段的学习生活。围绕学生学业成长目标，策划推出了新闻传播学院成长助力系列分享会，针对毕业年级推出选调生报考经验分享、京考经验分享会、保研经验分享、考博经验分享会等。

【“新时期国际传播人才培养创新论坛”】 2022年11月7日，由中国社会科学院大学新闻传播学院主办的“新时期国际传播人才培养创新论坛”在线上召开。来自主办方与北京大学、清华大学、中国人民大学、华中科技大学、中央民族大学以及《中国青年报》《中国日报》等学界和业界知名专家出席会议并作主旨演讲。国际环境复杂多变，党的二十大开启了新时代新征程，在这一背景下，与会专家紧扣新时代新要求，围绕国际传播人才培养的学科建设、师资建设、课程建设、质量体系建设、实践能力培养等议题展开深入的探讨，并对未来国际传播学科建设与创新人才培养模式提出了可行的方案。

【第二届实践教学与卓越人才培养创新高峰论坛】 2022年10月28日，中国社会科学院大学举办了第二届实践教学与卓越人才培养创新高峰论坛，多年关注学院卓越新闻传播人才培养见习营的校内外专家学者，共40余人线上线下同步参加，围绕全媒体时代卓越新闻传播人才培养、产学研一体化培养、新时代实践教学创新改革等议题展开交流。

【第九届"政治传播与社会发展"论坛暨第六届"政治与传播"研究生论坛】 2022年10月29日，第九届"政治传播与社会发展"论坛暨第六届"政治与传播"研究生论坛在京线上召开。本届论坛由中国社会科学院大学主办，主题为"数字中国建设与政治传播研究"。论坛会聚相关领域的专家学者，以期为加速推进数字中国建设、构建网络空间人类命运共同体，确定关键研究问题，提供基础研究进路。来自国内外知名高校、国家市场监管总局网络交易监管司、中国信息通信研究院互联网法律研究中心、天津社会科学院舆情研究所等30余家学界和业界相关单位的50余位学者、专家及博硕士研究生在本次论坛上汇报成果、交流思想。

【《智能媒体发展报告2021—2022》发布暨智能传播与国家治理高峰论坛】 2022年11月26日，《智能媒体发展报告2021—2022》发布暨智能传播与国家治理高峰论坛成功举办。本届论坛由中国社会科学院大学—浙江传媒学院长三角智能传播研究院、浙江传播与文化产业研究中心、中国社会科学院大学创意传播研究中心、国家社科基金重大项目"融媒体环境下互联网平台型企业现代治理模式研究"课题组、国家社科基金重大项目"'双循环'新格局下中国数字版权贸易国际竞争力研究"课题组共同主办。中国社会科学院大学副校长张树辉、中国社会科学院大学新闻传播学院院长胡正荣等发表致辞，与会嘉宾围绕智能媒体发展与治理相关议题展开交流。

【"传媒讲堂"系列学术活动】 2022年，学院策划组织了"传媒讲堂"（第一季"媒介的想象力"、第二季"传播方法论"）、研究方法训练营、全球视野·名师大讲堂（新传篇）等系列讲座，全年活动数量超20次，以问题和需求为导向，邀请了国内外知名学者、业界专家、青年学者围绕学术前沿、理论探索、研究方法、业界实践等相关议题为学生带来专题式辅导和教学，对既有的课程教学体系形成了有力补充。

历史学院

【概况】 中国社会科学院大学历史学院（School of History，UCASS）主要依托中国历史研究院设置，于2020年9月29日正式成立，由考古系、古代史系、近代史系、世界历史系、中国边疆历史系、历史理论系、中华人民共和国国史系7个系和历史学本科、文物与博物馆硕士2个专业组成，现任院长为李国强教授。历史学科是社科大最早形成的学科之一，早在1978年中国社会科学院研究生院成立时，考古系、古代史系、近代史系、世界历史系便开始招生。在40余年的历史发展中，一批享誉海内外的学者如顾颉刚、侯外庐、杨向奎、夏鼐、尹达等先生先后在此植桂培兰，奠定了社科大历史学科的坚实基础。

历史学院学科专业齐全，师资力量雄厚，共拥有3个一级学科（考古学、中国史、世界史）博士点，截至2022年末，学院共有105名博士生导师，191名硕士生导师，300余名任课教师。学院现有在校本科生150人，学术学位硕士研究生176人，文博专业学位硕士研究生166人，博士学位研究生205人，学生共计695人。学院党委有支部19个，其中教工支部1个，有党员11人；学生支部18个，有党员200人。

历史学院学科建设能力和科研实力在全国处于重要位置。共拥有考古学及博物馆学、史学理论及史学史、历史文献学、专门史、中国古代史、中国近现代史、中国边疆史地、史学理论及史学史、世界史、故宫学专项共10个二级学科博士授权点，中国新石器时代考古、夏商周考古、文物与博物馆、历史地理学、方志学等14个二级学科硕士授权点，在新石器考古、夏商周考古、汉唐考古、先秦史、秦汉史、中国近代外交史、中国边疆史等专业领域有着独特优势。

在本科教学方面，历史学院充分发挥中国历史研究院学术资源优势，以培养服务于国家和社会发展的学术型人才为核心导向，以学术研究促进教学和人才培养的高质量，推出了教学科研一体化、本硕博教育一体化、订单式人才、深度国际化等培养模式，充分发挥“新苗计划”等学术训练和培养机制在学生自主学术研究能力培养中的引导作用，注重国内外学术前沿知识在学生专业视野培养中的积极作用，积极引进国内外优秀专家智力资源，取得了明显效果。

2022年，历史学院进一步推进科教融合工作，完成文化遗产学二级学科博士点论证；社科大—故宫专项计划第一批3名博士生入学；方志学二级学科博士点和社科大“考古专项计划”从2023年开始招生，已完成前期材料的申报和审核；启动文物保护和科技考古实验室建设并完成一期设备采购；社科大和考古所入选考古学国家急需高层次人才培养专项联合培养单位，已通过教育部审核；学院完成3个一级学科（考古学、世界史、中国史）和文博专硕的学科评估等工作。

【中国社会科学院大学与中国地方志指导小组办公室签署战略合作框架协议】 2022年3月17日，中国社会科学院大学、中国地方志指导小组办公室在国家方志馆签署战略合作框架协议。中国社会科学院大学党委常务副书记、校长张政文，中国地方志指导小组办公室党组书记高京斋分别致辞并代表双方签署协议。中国社会科学院大学校领导张波、张斌，中国地方志指导小组办公室领导曹宏举、邱新立出席签约仪式。社科大历史学院负责人闫雷、袁宝龙，中国地方志指导小组办公室、国家方志馆、方志出版社相关负责人参加签约活动。此

2022年3月7日，中国社会科学院大学校长张政文（前右）与中国地方志指导小组办公室党组书记高京斋（前左）完成签署战略合作框架协议　（历史学院供图）

次战略合作协议签约是中国社会科学院大学全面贯彻党的教育方针、进一步深化科教融合体制机制的战略部署，是双方共同推动地方志人才队伍建设的重要举措。

【交流数据库建设经验，共同推动史学数字化进程】2022年4月7日，由中国历史研究院主办、社科大数字史学研究中心与南京大学数字史学中心协办的“《新编〈中国通史〉项目》数据库调研暨数据库建设圆桌经验会”在历史研究院举办。来自全国哲学社会科学办公室、历史研究院、北京大学、中国社会科学院大学、中国人民大学、南京大学、武汉大学等多家单位的专家与学者共20余人参加线上线下的座谈，共同商讨中国史学数字化发展的现状、特点与前景，交流史学数据库建设的相关经验。中国历史研究院副院长、中国社会科学院大学历史学院院长李国强致辞。下午举办的“数据库建设圆桌经验会”由社科大数字史学研究中心主任向静副教授主持，与会专家围绕主要论题展开了热烈的讨论交流。

2022年4月7日，中国历史研究院副院长、中国社会科学院大学历史学院院长李国强（中）在“《新编〈中国通史〉项目》数据库调研暨数据库建设圆桌经验会”致辞　（历史学院供图）

【《社科大史学》创刊号发布】为贯彻落实立德树人根本任务，真正把“科教融合”办学特色转化为人才培养的办学优势，充分发挥学术训练在学生能力培养中的引导作用，鼓励学生参与学术研究，历史学院于2022年初启动《社科大史学》期刊筹备工作。11月18日，召开创刊号发布会。《社科大史学》是由中国社会科学院大学历史学院主管、主办的一份面向青年学人的刊物，始终秉承“融汇旧学，交流新知，立足青年，兼容并蓄”的初心，始终坚持实事求是、百家争鸣、包容各方的学术态度，面向广大研究学者，瞄准学术前沿，恪守学术规范，以丰厚的学术积淀、锐意的创新精神，开辟一个培养新人、服务史学、繁荣学术的新园地，建设一个有思想、有朝气、有情怀的新阵地。

《社科大史学》期刊2022年第一辑封面

（历史学院供图）

【“中国社会科学院大学首届文化遗产研究青年学者论坛”成功举办】中国社会科学院研究生院于2010年在全国首批获得文物与博物馆专业学位硕士研究生培养资格，2012年开始首次招生，目前已培养400多名研究生。2022年为文博专硕办学十周年，由中国历史研究院、故宫博物院、中国国家博物馆学术支持，中国社会科学院大学主办，中国社会科学院大学历史学院、中国社会科学院大学故宫学研究中心承办的“中国社会科学院大学首届文化遗产研究青年学者论坛”于2022年11月19日在线上举行，中国社会科学院大学副校长高文书、中国历史研究院考古研究所副所长兼中国社会科学院大学历史学院副院长施劲松、故宫博物院副院长赵国英出席会议并在开幕式上致辞。本次论坛邀请了来自故宫博物院、国家博物馆、中国人民革命军事博物馆、清华大学、浙江大学、杜伦大学等17个单位的25名青年学者在会上宣读论文，来自中国历史研究院、中国社会科学院大学、故宫博物院、中国国家博物馆、北京大学、首都博物馆等多位著名专家学者进行论文点评。这是国内少见的由一流科研机构及高校、一流博物馆合作举办的文化遗产研究领域青年学者论坛，更是中国社会科学院大学首次举办相关学科领域青年学者论坛，对于落实习近平总书记关于文化遗产研究、保护、利用，以及助力青年人才成长的一系列重要指示精神有着积极意义。

【2022年故宫学学术研讨会在京举行】 2022年6月18—19日，由故宫博物院主办、中国社会科学院大学故宫学研究中心协办的2022年故宫学学术研讨会以线上线下结合方式在故宫博物院召开。文化和旅游部党组成员、故宫博物院院长王旭东，社科大校长张政文、故宫博物院原院长郑欣淼、故宫出版社社长章宏伟等在开幕式上先后致辞。在此次年会上，各位学者运用新材料、新方法，提出了很多故宫学研究的新观点，主要集中在以下几个方面：一是对故宫学内涵的研究进行了深入探索；二是将宫廷史研究延伸到政治史、文化史、军事史、外交史等领域；三是以紫禁城建筑为核心，拓展到各个历史时期的古建筑；四是将历史研究观照现实，与当前的国家政策相结合，会议取得圆满成功。

国际教育学院

【概况】 中国社会科学院大学国际教育学院（School of Global Education & Development, UCASS）于2017年大学组建时，由中国社科院研究生院国际文化教育中心改建而成。学院下设国际学位教育、援外教育与发展和汉语国际教育等三个教学中心，拥有两个中外合作办学硕士学位点、一个中外合作办学博士学位点和一个专业硕士学位点，积极开展与国外知名大学的合作，服务于社科大人才培养的国际化战略。

截至2022年9月，注册在读学生348人，其中汉语国际教育专业硕士研究生92人，国际合作办学项目学位教育256人。

国际教育学院在学校党委领导下，全面贯彻党和国家教育方针，坚持正确的办学方向，以培养“高素质、高质量、国际化、复合型的高级专业人才”为使命，努力建设成为具有国际视野、学科特色鲜明、教学质量过硬、管理服务高效的学院。

【汉语国际教育】 2022级汉语国际教育硕士招生30人，其中推免生2人。首批汉硕学生35人顺利毕业，就业率达91.43%。遴选、新聘实践导师3名。为波兰格但斯克大学孔子学院选拔14名学生承担为期8个月的远程授课任务，为该孔院选拔中方院长1名，向该孔院等海外任教机构派出教师2名及志愿者6名，拟制《中国社会科学院大学孔子学院工作管理办法（试行）》等重要文件4份。

【积极推进援外培训项目】 与中国非洲研究院合作举办线上研修班5期，培养非洲国家官员学者289人。承办商务部援外培训项目17期（其中2期为部级研修班），培养部级及以下官员、学者 373 人。研修期间积极宣介《习近平谈治国理政》，努力讲好更好统筹疫情防控和经济社会发展，推进国家治理体系和治理能力现代化的故事。

【努力推动中外合作办学高质量发展】 学院目前开设三个中外合作办学项目。创新与领导力博士项目 2020—2022 级的三个年级在读学生共计完成 10 个必修课程模块的教学。金融管理硕士项目共完成 6 门美方专业必修课、6 门中方专业必修课及 1 门选修课的教学。能源管理硕士项目共完成 6 门美方专业必修课、6 门中方专业必修课的教学。两个硕士项目均完成《新时代中国特色社会主义理论与实践》和《中共党史》两门思政课程的教学。2022 级创新与领导力博士项目录取 35 人，金融管理硕士项目录满 60 人，能源管理硕士项目录满 30 人。金融管理硕士项目 39 人及能源管理硕士项目 30 人毕业并已获外方学位。为 2022 级创新与领导力博士项目、2022 级金融管理硕士项目和 2022 级能源管理硕士项目学生举行开学典礼。

体育教研部

【概况】 中国社会科学院大学体育教研部（Department of Physical Education and Research，UCASS）于 2017 年 5 月正式成立。体育教研部承担全校公共体育教学研究和学生群体活动任务，现有专职教师 9 人，副教授 4 人，讲师 5 人。现有学历情况是，博士研究生 1 名，硕士研究生 3 名，本科生 5 名。均具有中级以上专业技术职务。现有国家级裁判 5 人。

体育教研部始终坚持“健康第一”的体育教育理念，遵循学生身心发展规律，不断推进体育教学改革，以适应社会发展对培养高素质人才的需要。现有田径、排球、羽毛球等普通学生高水平运动队。

体育教研部根据实际情况在良乡校区为 2021 级和 2022 级本科生开设体育必修课 64 个班、选修课 14 个班和 8 个保健体育班。并有针对性地组织相应教师进行科研项目的申报，提高教师的科研积极性。2022 年，社科大教师发表科研论文总计 2 篇。

2022 年，疫情防控期间，原定的本科生体育课程教学计划采取“线上 + 线下”的方式进行。体育课作为中国社会科学院大学本科学生的实践指导类课程，线上教学难度大，问题多。体育教研部各位老师努力克服客观条件的限制，通过微信、腾讯会议等软件向学生传授体育活动的理论要点，并通过视频方式进行指导和纠正，顺利开展了包括羽毛球、网球、乒乓球、普拉提、艺术体操等项目在内的各项体育课程的教育教学工作，维持了良好的教学秩序。

体育教研部课程在 2022 年本科教学评估中体育类课程评估成绩总体良好，得到广大学生的认可。

【举办中国社会科学院大学第五届田径运动会】 在体育教研部的组织下，2022 年 11 月举办中国社会科学院大学第五届春季运动会。此次运动会在学校领导的高度重视和全校各部门的大力支持下取得了圆满成功，同时也取得了同学和老师的一致好评。

2022 年 11 月 10 日，中国社会科学院大学第五届田径运动会开幕式旱地龙舟活动现场（体育教研部供图）

2022 年 11 月 10 日，中国社会科学院大学第五届田径运动会开幕式（体育教研部供图）

2022 年 11 月 10 日，中国社会科学院大学第五届田径运动会参赛选手赛场精彩瞬间（体育教研部供图）

【中国社会科学院大学春季长走活动】 2022 年 4 月 15 日，为迎接中国社会科学院大学组建五周年，迎接中国共青团建团 100 周年，迎接党的二十大胜利召开，社科大体育教研部和团委共同组织了春季长走活动。

中国社会科学院大学党委常委、副校长，校体委主任张树辉为活动揭幕。在全体参与活动的老师和同学的大力支持与配合下，活动取得了圆满成功。

2022 年 4 月 15 日，学生长走出发场景（体育教研部供图）

2022 年 4 月 15 日，中国社会科学院大学春季长走活动开幕式（体育教研部供图）

【中国社会科学院大学新生长走活动】 2022 年 9 月 22 日，为鼓励同学加强锻炼、强健体魄，感受校园周边最美的秋光，体育教研部策划组织 300 余名新生进行长走活动。通过长走拉练，同学们更加熟悉了校园和周边环境，也拉近了彼此之间的距离。

【大学生体质测试工作】 根据《国家学生体质健康标准》的要求，体育教研部于 2022 年 3 月 26 日对良乡校区全体本科生进行了体质测试，在体育教研部老师与志愿者同学的大力支持与配合下，活动取得了圆满成功。

2022 年 3 月 26 日，中国社会科学院大学体质测试现场

（体育教研部供图）

2022 年 3 月 26 日，中国社会科学院大学体质测试现场

（体育教研部供图）

2022 年 9 月 22 日，中国社会科学院大学新生长走活动现场　（体育教研部供图）

校体育代表队在 2022 年田径比赛中取得优异成绩

表 6

队伍名称	比赛名称	所获成绩
田径队	首都高等学校第 60 届田径运动会	乙组女子七项全能银牌
	首都高等学校第 60 届田径运动会	乙组男子 400 米栏第六名
	首都高等学校第 60 届田径运动会	乙组男子 400 米栏第八名
	首都高等学校第 60 届田径运动会	乙组男子 110 米栏第六名
	首都高等学校第 60 届田径运动会	乙组女子 400 米栏第七名

计算机教研部

【概况】 中国社会科学院大学计算机教研部（Department of Computer Teaching and Research, UCASS）成立于2017年，主要承担本科生和研究生计算机学科相关课程教学工作，探索学科交叉融合，培养学生创新实践能力。多年来，计算机教研部不断寻求创新，在文科学校学生信息素养培养和提高创新能力方面的工作卓有成效，已经形成了梯队完整、刻苦钻研、不断进取的精干团队。截至2022年底，计算机教研部共有专任教师7人，其中副教授4人，讲师4人。办公地点位于良乡校区。

教研部积极鼓励教师加强学习，提升自身教学水平和科研能力。本年度开设公共基础课1门，公共选修课15门次，教学班共33个，教学评估成绩平均为优秀；在教学内容、教学方法、手段等方面，重构大学计算机课程内容，完善课程考核指标体系，加强课程质量监控、丰富课程评价形式，实行分层、分类教学。2022年度获评北京优质本科课程1门、北京高等学校优秀专业课（公共课）主讲教师1人，《大学计算机》教材立项并启动编写工作、面向本科生新开4门公共选修课，完善计算机通识课程体系。2022年度发表期刊论文4篇，其中权威论文1篇、核心论文1篇；教师主持北京市教育科学规划项目1项，参与其他省部级项目1项，承担横向课题1项，申请校级科研项目10项，其中校级重大项目5项。

【融合创新实验平台建设，提升科研能力】 整合现有的实验室资源，进行集中、统一管理，同时根据研究需要，增加高性能数据处理、计算服务器，建成面向多学科、专业的融合创新实验平台。学科交叉融合有利于学校进行资源整合，促进多学科协同发展，并且能够构建不同学科之间学术沟通与思想碰撞的环境，促进学科建设观念转变，有利于新兴学科、新兴研究方向的培育，提升学生的科研能力、创新扩展能力，有助于培养复合型人才。

9月20日，北京市教育委员会相继下发《关于公布2022年优质本科课程和优质本科教材课件遴选结果的通知》（京教函〔2022〕394号）、《关于公布2022年北京高等教育本科教学改革创新项目的通知》（京教函〔2022〕395号）、《关于公布2022年北京高校优秀本科育人团队和北京高校优秀教学管理人员评选结果的通知》（京教函〔2022〕398号），经学校教学指导委员会遴选推荐，北京市教委评选，社科大翟剑锋副教授主讲的《大学计算机》课程获评北京高校"优质本科课程"，同时，主讲教师被认定为"北京高等学校优秀专业课（公共课）主讲教师"。

【"面向哲学社会科学的计算机课程体系"建设】 根据学校现有学科结构和建设资源，尝试并探索学科交叉融合，形成新的学科增长点，既可以充分利用现有的学科资源，形成学科扩张有迹可循的增长路径，并利用学科融合的集聚优势较快形成新的学科优势。围绕某个特定学术领域、研究方向或核心素养，提炼开设一组核心课程，使学生通过灵活、系统的培养，能够在特定领域、具备一定的学术专业素养和行业从业能力。

多学科交叉融合，突出课程体系的综合性。在设计和建设数据分析课程体系过程中，主要目的在于面向高校文科学生推广数据分析基础知识，传递大数据分析与构建理念，填补高校文科生数据知识教育领域的空白，培养学生的数据意识，因此课程体系与面向理工科学生的大数据类型的课程的构建方式是有区别的：重在培养文科学生的数据思维方式，通过案例驱动，强化学生进行感性认识，在案例中融入基础知识的学习，使其提升至理性认识。

设置实践教学活动，提升课程体系教学的实践性。探索和交互是大数据分析的基本特征，同时考虑到高校文科学生的知识背景和思维方式，在教学过程中主要是从应用角度出发讲解数据处理与分析的过程，重点介绍数据处理与分析在各阶段的作用、效果以及经典且简单的技术，简略提及该阶段目前使用的技术以及前沿研究。可以使学生的关注点放在数据的价值及作用上，普及了数据分析的基础知识，避免使文科学生陷入很困难的单点技术的学习中，可以更好地培养他们的数据意识。

课程共建、开设相关主题系列工作坊。基于以往的教学经验，教研部与其他相关学院可直接开设公共选修课或专业选修课，聚焦其教学、科研中需进行数据处理、统计分析以及机器学习的实际应用来进行教学。专业课老师讲解科研课题的相关专业知识和目标，教研部负责计算机技术处理数据和实际实践。

根据科研、教学需要，可在特定时间与其他院系合作共同开设某主题系列工作坊。先立足一到两个学院进行工作坊构建，开展系列主题讲座、实践项目等，促进学科交叉型人才从思维意识到成果产出整个过程的能力提升。

继续教育学院

【概况】 中国社会科学院大学继续教育学院（School of Continuing Education, UCASS）是中国社会科学院大学开展综合性、跨学科继续教育项目的专业机构，是建设“中国特色社会主义一流文科大学”的重要组成部分，是大学服务社会的重要渠道，是构建终身教育体系和建设学习型社会的重要平台。继续教育与本科生教育、研究生教育一道，共同构成了中国社会科学院大学人才培养体系。

1988 年，中国社会科学院研究生院成立培训处。2001 年，组建成立中国社会科学院研究生院继续教育学院。2017 年随着中国社会科学院大学成立，更名为中国社会科学院大学继续教育学院。学院始终站在建设学习型社会的战略高度，积极倡导全民终身学习理念，以突出社科特色、强化培训质量、提升服务水平为目标，紧密围绕国家战略，充分依托中国社会科学院雄厚的科研和学术资源，持续发挥独具特色的科教融合优势，大力开展高水平、高质量、有特色的继续教育培训项目，推动社科大继续教育内涵式发展。

2022 年，学院非学历教育课程班结业 3105 人，短期研修班结业 89 人。截至 2022 年底，非学历教育课程班和高级课程班在读学员 5634 人，培训班培训学员（包括在培和已培）168 人。

【积极稳妥处理继续教育改革过渡期培训项目】 继续教育改革过渡期的在办课程班和高级课程班仍有 20 余个，涉及学员 2000 余人。学院一直以来高度重视过渡期项目，精心部署，持续与各办学单位协调、沟通，强化监督管理，充分考虑社会学员实际需求，切实保障学员权益，力保平稳有序过渡。

【完成学院内部机构设置和职责调整，持续建立健全工作体制机制】 为积极应对教育部关于“自招自办自管”的要求，学院完成了内部机构设置和职责调整，组建完成自主招生工作团队，专职负责大学社招类非学历继续教育培训项目的招生工作。同时，完成了专家指导委员会工作办法、项目专家组管理办法等制度文件的起草，不断建立健全学院工作体制机制。

【稳步推进非学历继续教育自主招生工作】 学院于2022年8月份启动了非学历继续教育自主招生工作，经过持续的自主招生工作实践、探索，积累了经验，锻炼了队伍，制定了招生工作流程。在总结自主招生工作经验的基础上，聚焦单个培训项目，强化矩阵式宣传推广，于年底启动2023年在职高级课程培训班的招生广告推广和转化工作。

【开展多层次培训项目，推动继续教育改革转型】 学院围绕党政机关、企事业单位等对人才培养的需求，积极与相关的党政机关、职能部门、企事业单位等开展洽谈，策划面向党政机关干部、企事业单位中高级管理人员的精品培训项目，组织承办了人力资源和社会保障部专业技术人才知识更新工程——《数字赋能与智慧养老高质量发展》高级研修班；开展了中海油服战略储备人才第十期研修班培训工作。

管理支撑与服务

财务管理

【概况】 中国社会科学院大学的财务管理工作由财务处牵头负责。中国社会科学院大学财务处原为中国社会科学院研究生院计划财务处，2017 年大学成立后，更名为中国社会科学院大学财务处。财务处是学校财务管理的职能部门，全面负责学校财经管理和会计核算工作。其主要职责包括：贯彻执行党和国家的财经方针、政策和法规；制定适合学校发展需要的各项财务管理规章制度、实施细则，规范校内经济秩序；编制学校年度预算和各项收支计划，并对预算执行过程进行控制和监督；负责学校资产管理相应的财务职责；负责开展事业经费核算；负责制定收入和分配政策，管理学校各种收费事项；做好基本建设资金的预算、控制和监督工作；对学校二级财会机构的业务工作实施领导、检查和监督等。同时，学校预算管理委员会办公室、治理乱收费领导小组办公室设在财务处，由财务处负责相关工作的组织与实施。截至 2022 年底，财务处共有 17 名工作人员。

大学成立以来，财务处紧紧围绕建设一流高校这条主线，努力加强财务制度、财务信息化、财务队伍三项工程建设，突出预算管理、收支规范、核算效率、内控完善、绩效管理五个方面的重点工作，为教育教学事业的快速发展提供了有力支撑。2018—2021 年，完成了大学组建中的财务工作、财政经费拨款渠道调整、政府会计制度改革、财务信息化建设等重点工作。先后出台《社科大国内差旅费管理实施细则》《社科大预算管理办法》《社科大课程班经费管理办法》等系列规章制度，财务治理体系不断完善。率先在社科院内实现财务信息化“四个第一”：第一家通过线上“预算管理系统”申报和分解校内预算；第一家实施网上报销；第一家上线“收费管理系统”，为学生提供 6 种交费形式和自助查询功能，收费管理效率大幅提高；第一家上线运行银校互联系统。通过财务信息化建设，财务管理效率、财务服务能力不断提高，基本实现一般财务业务“跑一趟”目标。

2022 年，财务处学习贯彻党的二十大精神，落实社科院、社科大各项工作部署，继续着眼服务一流高校建设这条主线，持续推动预算管理创新，积极筹措资金保障发展，部署并运行预算一体化系统，多措并举努力提高财务服务效率，努力在一流大学建设发展过程中贡献财务力量。

2022 年，学校固定资产值 90379.92 万元，教育经费投入 56720.91 万元。其中，财政拨款 28410.34 万元，自筹经费 28310.57 万元。本年度收入合计 62256.35 万元。其中，财政补助 42206.30 万元，事业收入 17103.07 万元，上级补助 334.55 万元，其他收入 2612.42 万元。

【预算管理水平不断提升】 为提高预算安排的科学

性、合理性和精准性，推动成立了学校预算评审中心，年内组织预算评审委员会会议4次，加强了预算拨付评审，经费的资源分配更加合理规范。大力加强财政项目储备库建设，做实做细项目库，组织完成119个子项目编制、审核和入库工作，入库项目总额40067.12万元（不含基建项目）。完成了财政专项经费的绩效自评、绩效评审工作和财政专项经费绩效中期监控工作。开展单位实施全面绩效管理课题研究，启动学校整体预算绩效目标申报，为实施全面绩效管理打好基础。组织完成大学2022年预算公开。

【积极筹措资金保障发展】 2022年，学校预算收入总额为64067.14万元，支出总额为72041.63万元。紧紧围绕大学建设发展规划，努力克服政策调整等因素影响，多措并举筹措资金，保障发展需要。一是积极申请财政经费支持，与2021年（不含基本建设）相比，学校项目预算收入增加了6877.80万元，有力保障了大学建设发展的需要。二是采取召开专题会议、定期通报、实施鼓励政策等多种措施，努力提升教育事业各项收入。三是深入开展银校合作，实现银行存款利率上调，银行支持学校信息化建设。同时，学校加强对各项经费的统筹使用，坚持过紧日子，合理调度和分配资源，最大限度保障经费支出合理。

【会计核算工作科学高效】 2022年，学校财务通过规范业务流程、优化信息化手段，会计核算效率进一步提升。完成了预算一体化系统本地部署，完成了操作用户信息采集、电子钥匙领取发放、预算一体化预算编制、预算执行等模块运行工作。在此基础上，克服财务信息化手段变化、支付手段调整、业务量巨大等因素影响，圆满完成全年会计核算任务。全年完成网上报销单据审核记账14000余张、银行汇款业务24000余笔、各类收费业务13000笔、个税申报26800人次、工资薪金发放9773人次等。同时，完成培训中心、工会等独立核算单位的日常财务核算工作，组织完成了几十份报表编制工作，完成2021年财务决算公开工作。

2022年疫情防控期间，学校财务采取网上审核、财务人员长期驻校、设立临时办公点等多种手段，保障学校各项经费支出及时不间断。

【不断提升财务治理能力】 2022年，编制各类财务状况分析报告10余份，查找问题，分析形势，提出建议措施，为学校重大经济行为提供决策支撑。落实中央全面绩效管理要求，坚持将绩效作为预算安排的重要因素，2022年基本经费全部项目化安排，申报2023年基本经费支出，试行编制绩效目标。继续推动财务“放管服”，坚持经费归口管理，坚持各项经费向科教融合学院倾斜。制定出台《中国社会科学院大学项目预算评审管理办法（试行）》《中国社会科学院大学学费收退费管理办法（试行）》，配合完成研究生教育培养、科研、继续教育管理等，出台一系列规章制度。

【完成其他重点工作任务】 年内完成了北京市2021年教育统计、2022年教育收费自查自纠、教育部研究生教育情况统计、2021年一流学科及中央高校专项资金数据等财务数据填报、高等教育质量检测数据填报、2021年社科大内部控制建设报告编报、平抑资金使用管理情况自查报告、科研课题项目清理、审计整改等工作。同时，组织完成了3个非全日制硕士学费、3个全日制硕士学费备案工作。

后勤保障

【概况】 中国社会科学院大学的后勤保障工作由后勤处承担。中国社会科学院大学后勤处前身为中国社会科学院研究生院总务处，于研究生院建院时成立。后勤处现设综合办公室、运行保障中心、房屋与修缮管理中心和资产管理中心。主要职责是物业管理服务，办公用品保障，餐饮、车辆、通信及医疗卫生服务，水、电、气、暖的使用和管理，房屋建筑、基础设施的修缮维护，设备设施的检测、维修、维护与保养，资产管理，医疗保障和爱国卫生活动。2011 年迁址良乡高教园区后，校园日常运行以委托社会化服务方式进行，通过中央国家机关政府采购中心公开招标确定物业服务公司，后勤处负责指导物业管理团队，以教育教学为根基，为师生员工提供服务和保障。

2017 年大学成立后，根据编制调整，更名为中国社会科学院大学后勤处，职责功能未改变。2019 年 5 月，原研苑物业公司注销，其食堂管理、公寓管理、体育馆管理及超市、理发店、复印店管理职能归入后勤处。2021 年，经学校研究决定，体育馆管理划转到体育教研部。2022 年，经学校研究决定，望京校区管委会办公室并入后勤处。后勤处现有在编人员 5 人，其中医务室 2 人。

中国社会科学院大学（研究生院）产权校舍建筑面积 430843.14 平方米。固定资产值 101665.59 万元，教学、科研仪器设备资产值 11618 万元，拥有多媒体教室 94 间，实验室 6 间。

2022 年，后勤处根据校党委的部署，在分管校领导带领下，以疫情防控为重点，以服务教学、服务科研、服务师生为宗旨，以提升基础设施建设水平为目标，着眼全局，扎实工作，较好地完成了年度保障任务。

【服务保障工作稳步开展】 饮食服务方面，立足于保基本、出特色原则，针对学生不同需求，扎实开展餐饮保障工作。学生食堂加开供餐窗口，减少学生排队时间；增加小份菜窗口，照顾学生需求；增加了小炒档口，满足学生们的个性化需要；同时提高清真餐厅供餐标准和质量。风味餐厅通过招标，新的经营单位对环境进行了全新改造，并联合学生会权益部门对档口经营品种和价格随时进行动态调整改进，以提高餐品质量。每逢节假日或其他重要时期，两校区学生食堂、风味餐厅、教工餐厅都会面向学生推出赠送菜品、甜品等活动，得到了大家的一致好评。加强良乡校区超市、复印店、理发店的管理监督，调研周边高校经营用房管理费收取标准，签订新的合作协议，三家协议的管理费平均收取标准较原补充协议增长了 3.6 倍。与中国人文科学发展公司签订战略合作框架协议，继望京校区超市营业后，良乡校区安信捷校园超市于 9 月 13 日开始营业。根据社科大与社科院服务中心的战略合作协议，望京物业和食堂交由社科院服务中心保障，运行顺畅，师生总体比较满意。

【学生公寓管理正规有序】 今年学生宿舍调整时间紧、任务重，公寓办早着手、早准备，在充分调查论证、细致掌握数据的基础上，研究制定了《社科大良乡校区学生公寓调整方案》，为学校后期搬迁工作提供了有力的数据支撑。协助学工部门完成了 3 次宿舍调整搬迁，先后采购发放纸箱等搬迁物资 20000 余件，组织搬家人员近 900 人次，确保了宿舍调整工作顺利进行。修订完善了《中国社会科学院大学公寓管理办法》，将提交学校审议。配合相关部门发放防疫物资近 9000 人次，完成送水、送餐和送快递等保障工作，做好公寓防疫、灭蟑、卫生等工作，会同或协助学工部和保卫处做好各项安全检查。

【采购及资产管理工作规范展开】 学校的物资采购严格按照国采中心和社科院的要求进行，2022年共采购办公家具、设施设备近350台，复印纸700箱，耗材800余支，全部做到了采购迅速、确保质量、及时发放、账物一致。在招标采购方面，刚性落实国采中心、社科院和大学政府采购相关政策法规，坚决按照程序组织实施采购工作。先后委托国采中心8次、委托招标代理公司56次，组织了23次校内比选评审，组织3次政府采购小组会，共完成了扩宿项目家具、空调、体育场、智慧校园安防平台建设、模拟法庭等103个大小项目的招标采购工作，保证了新学期按时开学和其他各项工作按时推进。资产清查工作已经完成，报废资产的处置工作已经进入报废资产拍卖手续阶段，待完成第三方资产鉴定后将由资产处置公司处置，将按程序进行账目的相关处理。

【医疗卫生工作保障有力】 疫情防控以来，医务室坚决落实各级的防护要求，配合学校应急防控演练、实际应急处置。全体工作人员全年无休，24小时值守，落实好各项防疫工作。12月，随着防控政策的调整，医务室启用发热门诊，分流诊疗抗原阳性及发热人员。在北京市药品短缺的情况下，通过前期储备及积极调配，保障了校内相关人员的用药需求。积极协调医保中心，保障离退休老干部的就医需求。共完成门诊15000人次，公费医疗门诊报销约4000人次，先后组织职工体检700人次、两校区学生体检6次，审核各类体检报告3900份，发放防疫物资近万份，给老干部配发日常用药近500人次。另外，还完成了整理归档计生档案、举办各种宣教讲座等活动，为全校师生提供医疗卫生服务。

【认真开展党的二十大学习教育专题活动】 严格落实规定学习教育动作，严密组织动员部署、党员自学、集中辅导，抓实规定书目自学研读，坚持班子领学、书记带学、实践促学、讲评督学，组织全体党员参加学校组织的党的二十大专题教育集体学习培训等活动，至少每两周组织一次党员集体学习，确保党的创新理论精神和党员先进性意识能够入脑入心。

【扩宿项目配套建设完成及时】 2022年8月13日起，扩建研究生宿舍项目逐步交付使用，后勤处提前筹划新建宿舍所需的空调、家具、窗帘、热水器等各种配套设施设备的设计、预算等工作，克服假期中人员少、任务重、时间紧等诸多困难，合理调整人员和力量，主动协调建设部门，加班加点，夜以继日，及时推进采购、安装等各项工作，并完成了环境及空气质量检测等相关工作。经过一个假期的拼搏奋战，于9月13日开学前配套建设全部到位，确保了新宿舍能够按期投入使用。

【体育场改造工程高标准完成】 体育场改造工程经国采中心招标采购确定建设单位后，后勤处及时对接，迅速展开改造施工。并安排监理单位入驻，同时派得力人员长期值守，随时把握工程质量和进度。分管校领导高度重视，不定期到现场巡视，督促工程进展，检查材料和施工质量，提出标准和要求，极大地促进了改造工程的推进。在各级的共同努力下，改造工程于10月底完工，经过了质量检测和环保验收，现已投入使用，并顺利承办了校运动会等大项活动。

安全保卫

【概况】 中国社会科学院大学的安全保卫工作由保卫处担任。保卫处是承担学校安全管理、负责学校的政治稳定、社会治安综合治理的职能部门。2022年，保卫处共12名工作人员，内设消防治安办公室、户籍办公室，主要围绕消防、治安、交通、户籍、宣传5项职能展开工作。

保卫处以“服务师生需求、建设平安校园”为工作目标，坚持“以人为本、预防为主、规范管理、提高效能”的基本原则，认真做好校园安全管理和政治稳定相关工作中的监督、检查、指导、服务职能。2022年，保卫处组织反恐防暴训练67次；开展各类检查84次；接受监控调阅申请196次，查实率为90%；在良乡校区共粘贴房间疏散图790张，公共区域疏散图124张，防火门标识牌124张，新增消防标示标牌1358块，更换老旧标牌152处；组织消防微站人员的紧急拉动演练40次；聘请消防维保对中控值机人员的培训22次；组织“一警六员”考核，全年220人次师生员工参加；组织“11·9”消防趣味体验活动，共300人参与；开展了校园交通秩序整治行动，共整治70余次机动车乱停乱放、30余次超速行驶现象，对校区内各学院、各部门共95辆机动车（望京校区）、176辆电动车进行摸底工作并登记造册，增设校园道路交通标志牌17块、提示语19张，翻新增画人行横道线4处549米和消防车通道线1221米，全年办理150人次车辆进入社科院的申请；户籍办全年共线上审批户籍卡借阅申请645人次，审批毕业生户口迁出申请471人次，开具无犯罪记录证明66人次，电话沟通办理户籍业务1683人次，办理常住人口登记卡信息变更开具介绍信19人次；为原西三环校区往届毕业生户籍迁出85人次，借用户籍首页和本人页68人次，教职工个人及家属借用户籍首页和本人页5人次；共办理新生户籍报到注册手续2171人，收到并审核新生户口迁入材料513份；“平安社科大”公众号总用户数量为2691人，共发表推送23篇，阅读总数为3787次。

为提升学校安全教育管理能力、有针对性地加强2022级新生的安全意识，保卫处引进由北京麦课教育研发的“互联网+大学安全教育”服务，包含安全微课及移动学习平台两大模块，采用移动终端学习，提升了新生学习的参与性和积极性；并通过移动学习跟踪服务和专业安全数据分析协助学校进行安全管理信息化建设。创新的安全教育模式将线上手机端网络移动学习与线下课堂教学、安全讲座、安全宣传、应急演习等各种学习途径相结合，使大学生安全教育更具有高效性（新生全员覆盖）、全面性（线上线下相结合）和时效性（快速更新快速完成）。2022年度共1635名新生在线参与学习。

此外，为吸引学生主动参与安全教育活动，提高公众号用户黏度，保卫处做好学校微信公众平台之间的互动，加强与校官微、学工、学院等公众平台的联动，扩大自身平台的影响力。

【组织校地协同消防演练】 2022年2月8日，社科大与大学城消防救援站校地协同消防演练在良乡校区举行。演练主要内容包括：应急指挥中心接报火警、消防救援站现场灭火支援、校园消防通道通行情况检验等。通过此次演练，进一步检验了校地协同的预案合理性、环节协调性和展开及时性，确保校地消防协同工作能够有效落地，充分发挥社科大与大学城消防救援站一路之隔“分钟级”响应的优势。

【给新生上好安全教育第一课】 2022年9月8日，保卫处邀请拱辰派出所路鹏和大学城消防站指导员曹岩磊分别为社科大2022级新生以反电信诈骗和普及消防法规等内容为核心，开展入学安全教育。

2022年2月8日，学校消防通道通行检验 （保卫处供图）

2022年9月8日，路鹏与新生谈电信网络诈骗（保卫处供图）

2022年9月8日，曹岩磊与新生交流消防法规（保卫处供图）

此次校地协同上好安全教育第一课，帮助学生系好了校园生活安全的第一粒扣子，强化了学生安全意识，提升了学生安全防范水平，还可以有效压降校园电信诈骗的发案率和火灾事故发生率，进一步筑牢了平安校园建设的思想基础。

【组织学生公寓消防疏散演练】 2022年9月18日，学校在良乡校区组织7号、8号学生公寓消防疏散演练。此次演练重点演训了4个内容：消防中控室发现报警并确认火情，工作人员组织学生有序疏散，校地协同灭火救援及消防装备展示，消防通道通行能力及消防设施运行情况检验。学校保卫处、后勤处、学生工作部、各学院以及大学城消防救援站等相关人员参加演练。此次疏散演练检验了消防通道通行能力、部门间协调配合能力、新宿舍楼消防系统运行能力，同时也强化了同学们消防安全意识，提升了师生应急疏散逃生能力。

2022年9月18日，学生在疏散演练中有序疏散 （保卫处供图）

【组织第三批消防安全重点单位（部位）灭火和应急疏散沙盘推演】 为提高工作人员扑救初起火灾和组织应急疏散逃生能力，10月13日，良乡校区在学校沙盘推演室组织灭火和应急疏散桌面推演。学校后勤处、保卫处相关工作人员，物业公司公寓管理骨干和消防微站全体队员，大学城消防救援站领导共计16人参加了推演。本次推演针对学生公寓消防应急响应设置想定，重点围绕校地协同灭火

2022 年 10 月 13 日，组织第三批消防安全重点单位（部位）灭火和应急疏散沙盘推演　（保卫处供图）

2022 年 11 月 9 日，学生体验消防逃生帐篷　（保卫处供图）

救援、消防微站“1 分钟、3 分钟”响应机制以及工作人员组织同学疏散等内容展开。此次沙盘推演，使公寓管理工作人员熟悉了应急处置和疏散逃生的组织程序和方法，明确了校地、部门间协同动作、注意事项等，达到了演练预期效果。

2022 年 11 月 9 日，学生寻找消防安全隐患　（保卫处供图）

【组织“11 · 9”消防趣味体验活动】 2022 年 11 月 9 日，保卫处在两校区组织了“擦亮慧眼找隐患，同心协力促安全”活动、体验消防逃生帐篷活动和消防器材活动，共约 300 人参与，同时牵头组织了学生公寓应急疏散及消防演习活动。本次消防疏散演习和趣味体验活动让师生们了解了规范灭火和应急疏散组织流程，体验了消防联动、应急疏散、应急广播等环节，使广大师生员工在寓教于乐中提高了应急处置和自救逃生能力，强化了消防安全意识，加深了对消防知识的理解，夯实了创建平安校园的群众基础。

基本建设

【概况】 中国社会科学院大学基建处作为大学的基建职能部门，受社科院财务基建管理局业务指导，负责大学校园规划、建设项目立项、投资测算、申办用地手续、委托编制可研报告、组织设计、监理、施工招标评审、办理开工手续、进行施工组织管理、竣工验收备案、工程结算、工程移交及维保验收等多项工作，承担大学校舍的建设任务，履行大学基建职能部门的职责。

基建处一直聚焦“入主流、入体系，一体化、一盘棋”全面融入国民教育体系，更好融入中国社科院体系。落实“以人为本”教育理念。聚焦社科大“十四五”期间建设规划以及建设一流大学、一流学科的目标，结合社科大科教融合发展战略，认真履职，成功实现扩建研究生宿舍项目提前竣工，并如期投入使用，同时扎实推进教学综合楼项目如期开工建设。

中国社会科学院大学占地面积40.84万平方米，建筑面积166507.37平方米，其中27036平方米在建。

2022年9月18日，中国社会科学院秘书长、党组成员赵奇（右三）在校领导的陪同下检查工程建设情况

（基建处供图）

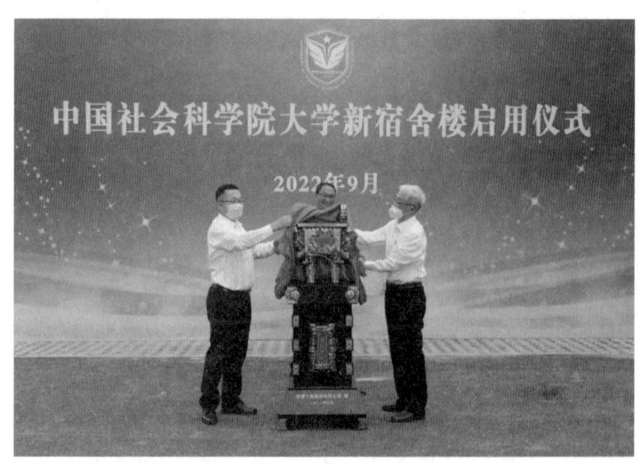

2022年9月18日，中国社会科学院大学党委常务副书记、校长张政文（右一）与中建三局北方分局副局长胡大伟（左一）一同为“鼎”盛千秋揭幕（基建处供图）

【扩建研究生宿舍项目提前完工】 扩建研究生宿舍项目，建设面积36695平方米，完成投资约2.1亿元，合同工期549天，实际建设工期440天，总计提前109天完工，解决了社科大秋季开学新生宿舍紧缺的困难。

在项目建设期间，协调总包单位，增加施工人员，采取保暖措施，大干85天，2022年1月（春节前）提前实现两栋宿舍楼结构封顶；组织配合总包单位完成了边坡支护及地基处理、消防、弱电、门窗、电梯、人防、太阳能热水板等暂估项工程及设备招标采购，提前完成施工、安装；组织完成外电源工程施工方案申报、设计及施工单位招标工作，采取一切措施加快施工进度，最短时间完成设备安装调试，经过多方努力顺利通过供电部门验收，保证了按时供电；完成校园1号路和供水、污水管线施工单位政采招标，按时完成施工建设；协调配合总包单位完成室内装修和室外市政管线（蓄水池、化粪池）、消防道路、人行步道、照明、绿化等配套工程建设；按时完成并顺利通过竣工、规划、消防验收，竣工资料移交城市建设档案馆；监督指导总包单位做好全过程施工安全和防疫工作，工程建设安全无事故，未发生疫情。完成向市建委竣工备案，2022年9月13日交付使用。

2022年4月29日下午，副校长张树辉（左四）慰问五一劳动节期间坚守在一线的施工人员（基建处供图）

完成新建两栋宿舍楼向校相关管理部门移交工

2022年9月18日，各位领导和在场师生合影留念

（基建处供图）

2022年9月18日，中国社会科学院副院长、党组成员，校党委书记高培勇宣布新宿舍楼正式启用　（基建处供图）

作；组织总包单位做好移交后使用问题的处理和维保工作。

【教学综合楼项目开工建设】 教学综合楼项目，建设面积27036平方米，计划投资约2亿元，合同工期501天，按校2022年第五次党委常委会要求，于2024年秋季开学前交付使用。

在前期审批阶段，办理完成项目绿化审批和规划许可证、施工许可证；完成施工图强审、人防施工图设计审核；组织完成总承包单位资格预审和招标工作，签订总承包施工合同；完成监理单位招标工作，签订监理合同；完成水土保持、结构检测、地基检验试验等招标，大部分项目审减投资约30%；指导监督总承包单位进行地基处理及边坡支护施工招标，审减投资25%，约300万元。

2022年11月8日，指导配合总包单位举办开工仪式，院领导、校领导参加，教学综合楼项目正式开工建设。

在施工阶段，组织协调完成施工围挡、临水临电、前期土方开挖、施工道路等施工改造和树木移栽、监控设备拆移等场地清理工作。

2022年1月10日，社科大召集教学综合楼项目设计、造价、招标代理单位开会　（基建处供图）

2022年11月8日上午，中国社会科学院大学教学综合楼项目举行奠基动工仪式　（基建处供图）

2022年11月8日上午，中国社会科学院副院长、党组成员，校党委书记高培勇（左一）宣布教学综合楼项目奠基开工

（基建处供图）

图书资料

【概况】 1978年8月，中国社科院研究生院图书馆伴随着中国社会科学院研究生院的建立而诞生。2011年，研究生院整体从望京搬迁至良乡新校园，研究生院图书馆也迎来了一个新的发展阶段。2017年5月，中国社会科学院大学正式成立，中国社会科学院研究生院图书馆更名为中国社会科学院大学图书馆。2019年10月，中国社会科学院大学（望京校区）图书馆在旧址改造后重新开馆。良乡校区图书馆建筑面积为10700平方米，望京校区图书馆建筑面积为2000平方米。截至2022年底，全馆文献资源总量为60万册，其中中文图书48万册，外文图书5.4万册，中外文过刊6.6万册。

按照《普通高等学校图书馆规程》要求，中国社会科学院大学图书馆的定位是为人才培养和科学研究服务的学术性机构，是社科大的文献与数据资源中心、科研支持中心、一流人才培养支撑中心、文化交流中心。图书馆的主要职能是资源保障、信息服务和教育，因此不仅要加强学术资源的收藏与整理，还要充分利用信息技术的优势，提供更为便捷、高效的信息服务平台。同时积极开展信息素养教育，在推动优秀文化传承与创新中发挥积极作用。图书馆现有工作人员25人，根据职能划分，内设综合管理办公室、网络系统部、资源建设部、信息服务部、新媒体与数字资源部、学习支持部、学科服务部七个部门。

2022年，全年中外文入藏总量为27668册，其中新购中文图书24739册，外文图书1136册，接收中外文赠书1696册；全年订购中文期刊1072种，中文报纸97种，外文期刊76种；新增社科大（社科院研究生院）博硕士学位论文1445篇。此外，可供使用的数据库有209个。

2022年全年共接待读者533735人次，日均进馆量为1822人次。信息检索中心共接待读者10423人次，研讨室预约使用8364次。接待借还书为49072人次，借还书总量为147559册次。自助打复印服务使用人数为13764人次，总量为93627页，自助寄存柜使用次数为56236次；图书馆网站访问次数202302次。

2022年笃学讲堂全年举办的讲座、活动以及图书馆培训22场次，其中图书馆信息素养培训和电子资源讲座11场次，大量讲座、培训都在线上举办。

【丰富馆藏资源，构建科学系统的文献资源保障体系】 贯彻落实学校科研工作会议精神，根据学校教学、科研需求，坚持纸质图书资源与数字资源建设并重的原则，以学校重点学科专业建设需求为导向，不断完善文献资源采购机制，形成科学系统的本硕博多层次、学科全覆盖的文献资源保障体系。

为提升文献资源建设质量，图书馆成立“文献资源建设专业委员会”。文献资源建设专业委员会由图书馆主管校领导、图书馆馆长、各学院1～2名专业教师组成，围绕学科建设的目标和任务，审议文献资源建设任务，对大型文献资源和电子资源采购进行评估，从而促进13个科教融合学院专家学者参与到图书馆文献资源建设中来，提升学校文献资源建设质量。6月20日，召开“图书馆文献资源建设专业委员会”第一次会议；不断完善文献资源建设机制，成立“读者委员会”。图书馆读者委员会是由图书馆领导，学生参与的独立开展工作的读者组织。主要任务是加强文献资源建设，协助打造图书馆系列品牌活动，建立图书馆与读者之间的

2022年10月11日，闵家胤（左三）校友在社科大笃学讲堂向图书馆赠书 （图书馆供图）

2022年4月22日，中国社会科学院大学副校长张斌参加主文献阅读平台试运行发布会 （图书馆供图）

沟通桥梁，构建读者信息反馈渠道，不断提升图书馆工作效率与服务质量；不断加强赠书征集，加大宣传力度，越来越多知名学者与机构将图书赠予图书馆，本年度接收了来自中国社会科学院科研局、中国社会科学院人口与劳动经济研究所、房山区史志办公室等单位，以及蔡美彪、闵家胤等多位知名学者赠书。这些藏书不仅丰富了馆藏，也很好地展示了学者们的治学精神和严谨学风，成为图书馆的特色文献。建立多种荐购渠道，开展实体书展与线上书展、目录订购与现场采购相结合的采购方式，激发师生的荐书参与度，拓展优化资源方式。本年度共举办了2期线上图书采购会，每周汇总读者荐购图书，提升了采购质量。

【完善主文献数字化及阅读平台功能，建设“主文献文库”】 主文献制度是学校加强研究生培养质量的一项重要举措。4月21日，图书馆负责开发的主文献阅读平台正式上线试运行。本年度，图书馆继续完善主文献阅读平台二期建设项目及主文献数字化加工项目，完成了平台资源管理、统计分析等功能的二次开发，以及主文献图书数字化加工1750本。目前，主文献阅读平台涵盖了社科大113个二级学科，主文献图书和论文共计15000余种，实现了学校博士研究生通过线上方式（移动端+PC端）对本学科主文献的浏览和阅读，导师、院系借助平台查看学生阅读及使用情况。同时，继续加强主文献资源的采购，打造学校特色馆藏资料室“主文献文库”，实现线上线下主文献资源的有机结合。

【挖掘服务潜力，创新知识服务】 改善信息基础设施，提升服务质量。为解决图书馆现有虚拟化平台服务器CPU使用率过高，资源分配不足的问题，本年度完成现有服务器虚拟化扩容建设，保障了图书馆作为学校知识中心、资源中心的资源存储空间，提升了各项服务运行的稳定性，极大改善了图书馆信息基础设施。及时了解读者使用需求，在望京校区图书馆新增3组智能寄存柜满足读者储物需求。为保障师生的生命财产安全，本年度对图书馆消防安全通道进行了门禁改造，确保紧急情况的人员疏散工作。进一步优化电子资源访问路径，完成部分电子资源基于CARSI系统的校外访问，为师生提供更为方便、快捷的资源访问渠道。

加强智慧化技术应用，提升知识增值服务。利用大数据技术挖掘图书馆海量数据资源，提供知识增值服务，为学校科研、教学以及管理者提供数据支撑服务。本年度为学院推出24份《中国社会科学院大学图书馆学院学期分析报告》，12份《学院学期分析报告（专业硕士版）》，以及《中国社会科学院大学图书馆年度分析报告》，以上数据报告通过对图书馆各应用系统和读者行为进行大数据分

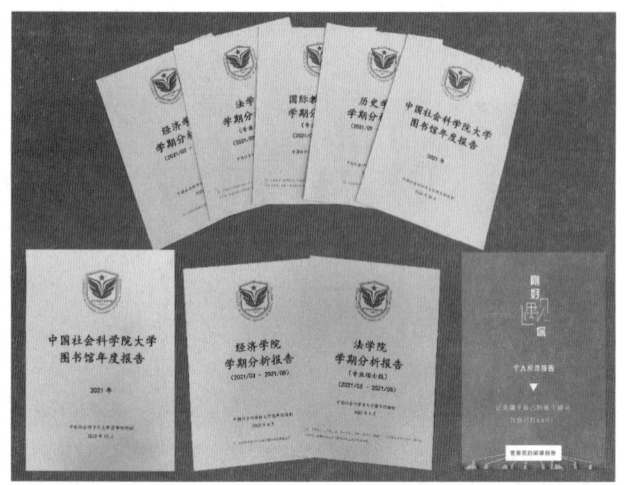

2022 年 4 月 19 日，图书馆发布的社科大学院学期阅读报告与年度大数据报告 （图书馆供图）

析，全面反映了图书馆馆藏资源情况、服务情况、各院系师生利用图书馆资源与服务情况，以及各类排行榜。5 月 30 日，图书馆为每位读者精心制作的《个人阅读报告》，报告详细记录了每位读者专属的阅读轨迹，跟随一条条数据，重温那些难忘的阅读时光。

利用新媒体，加强资源和服务的宣传与推广，图书馆微信公众号本年度净增 2035 人，目前用户数量已达 10991 人。本年度公众号共推送资源与服务资讯 217 篇，总阅读次数 74222 次，总分享次数 2941 次，单篇阅读量最高的推文达到 1274 次；积极开展阅读推广活动，推出 38 期阅读推广活动；图书馆组织 50 名师生参与了由国家图书馆举办为期半年的“和全国政协委员一起读书”大型阅读推广活动；开展资源与服务专题讲座，本年度举办各类线下线上电子资源讲座 39 场，帮助读者掌握利用数字化学习手段，提升信息素养能力，激发读者利用图书馆资源的热情。

【举办“社科院大学第五届读书节”】 4 月 22 日，图书馆举办了“社科大第五届读书节”，精彩纷呈的读者活动，得到了全校师生的积极响应和踊跃参与。“读来读往，阅世悦己”21 天阅读打卡，吸引社科大众多师生参与，共有 423 位读者加入打卡

2022 年 7 月至 12 月，图书馆组织师生参与国家图书馆关于“和全国政协委员一起读书”活动的证书 （图书馆供图）

2022 年 4 月 22 日，图书馆举办第五届社科大读书节学问人生讲座 （图书馆供图）

圈，154 位读者坚持完成 21 天打卡，打卡总次数达到 4563 次，分享笔记 4630 篇，更有 30 多名同学提交了阅读心得。“谁不说咱家乡美”摄影比赛共征集到 169 位同学的 290 幅作品，无论从参与人数还是作品数量都创历史新高。通过大众投票及专家评审，评选出优秀作品 45 幅，充分展示了社科大学子的才情才艺。成功举办“珠峰大赛”“万方数据高校知识答题竞赛”“我见证中国力量”“玩转法律检索”等线上电子资源联展活动。“学问人生讲座”邀请了中国社会科学院经济研究所原副所长、博士生导师王振中教授为社科大师生带来题为“浅谈学识、见识与胆识”的讲座。

读书节活动在校园内掀起一股读书热潮，营造了浓厚的校园书香氛围，丰富了校园文化生活，为促进校园文化建设和学风建设起到了积极的作用。

【线上、线下助教研】 图书馆创新型服务模式，线上、线下相结合，确保开馆服务不打烊，尽全力为全校师生的教学科研提供文献保障和信息服务。确保电子资源保访问，多措并举提供服务。图书馆积极联络各数据库服务商，解决读者资源访问、获取方面的问题，及时向读者推送，保障师生在远程方式下对各类电子资源 24 小时使用的畅通，保障读者学习不停顿、研究不中断，为其自主学习提供资源支持。拓展沟通渠道，团队服务线上咨询确保质量。进一步加强参考咨询工作力度，实现咨询工作全覆盖，加强与读者互动，提升读者服务体验，帮助读者方便快捷解决咨询问题。重点拓展微信平台咨询服务，每天维护 2 个微信咨询群，分别负责借还书、论文提交、毕业生离校手续、电子资源、馆内服务等多个领域咨询答疑工作，实时解决各类咨询工作，提升了读者答疑效率。延长图书借阅期限，豁免逾期费用。为使读者安心学习、参与科研活动，图书馆将图书借阅期限自动延长。同时对外借图书所有逾期使用费进行了豁免。及时调整人员，确保开馆服务。在校内馆员不足情况下，积极调动在校馆员及外包服务人员，最大限度保障读者借还书及开馆服务，确保读者有序进馆，保障图书馆各项基本服务运行安全平稳。

网络与信息化

【概况】 网络中心于 2011 年初正式成立，负责社科院研究生院校园网、软件和校园一卡通建设。2017 年中国社会科学院大学成立，学校重新定位部门的工作职责，即在学校网络安全与信息化领导小组的指导下，负责社科大信息化建设和网络安全的教学辅助部门。2022 年，网络中心共有工作人员 14 名，根据职能划分，内设综合管理办公室、网络运行部、软件系统部、网络安全部、校园卡管理部、用户服务部 6 个部门。

网络中心以服务教学、科研、管理工作为宗旨，本着“统筹规划、坚持标准、重视应用、适度超前、分步实施、安全稳步”的原则，以大学发展建设为契机，积极推进网络基础设施及校园信息化建设工作。目前，社科大校园网分别通过教育网、联通、电信接入互联网，出口总带宽 5GB，并已开通 IPv6。望京校区与良乡校区通过联通和电信各 1GB 链路实现互通互联，统一管理，社科大实现有线与无线网络全覆盖。良乡校区各类网络设备增至

166台，有线网络节点达6300个，无线AP节点达3490个。望京校区各类网络设备增至116台，有线网络节点达2400个，无线AP节点达712个。

2022年，学校信息化经费投入1400万元，新增信息化设备资产489万元。2022年全年，网络中心负责协调运维系统53个、网站站点68个、电子邮件系统用户21138个，管理信息系统数据总量70.5TB；学校网站及业务系统在用的一级域名5个，二级域名235个；两校区机房共新增安全设备11台，配置并生效安全策略325条；通过堡垒机运维资产264个，运维人员90余人，日均运维20余次；完成二级系统备案11个，完成系统等保测评9个；开通校园一卡通新卡9450张，补卡1126张；一站式服务平台上线运行流程80个，完成线上服务671300次；签署信息化项目和运维合同41份。

【做好校园网基础设施建设与保障】 2022年11月1日校园网登录用户数达全年峰值，共5344个账户登录校园网。为支持校内师生线上学习办公，6月至12月，校园网计费策略调整为限期免费，其间，出口带宽峰值达到5.25G，为线上教学的顺利开展提供有力保障。

网络中心在做好校园有线网络、无线网络日常运维、管理等网络保障工作的同时，进一步对社科大良乡中心机房、第二机房及望京机房进行了机房环境与设备巡检；完成了新建宿舍楼的网络建设工作，包括规划、实施、测试、交付管理；启动了室外无线AP补点覆盖项目，进一步完善校园无线信号覆盖率；为学校、业务部门和最终用户提供技术支持和保障，如校内网络直播、户外大屏、卫星电视系统、IPTV平台、标准化考点电子巡考系统等平台的运维。

【全面提升信息化软实力】 2022年，网络中心主导、配合与支持各部门完成31个信息化项目的建设工作，包括全新融合校园门户完成建设并上线；DMZ区虚拟化项目完成建设，新增15个节点，增加150T超融合资源，120T备份资源，可满足未来三年社科大各信息系统和平台建设的资源需求；启动全量数据中心建设，已完成系统部署和数据调研，为下一步工作开展做好准备；建立师生健康台账；智慧安防平台完成前期建设，为校园宿舍管理、安全事件预警提供保障；深挖一站式服务平台的功能，本年度完成20余个线上流程搭建；配合科教融合学院调整，研究生一体化系统完成数据优化匹配；配合各部门建设网站9个。

在软件系统方面，由网络中心负责直接运维或协调运维的系统达53个，其中代表性的包括：

校园门户：融合、集成业务系统20个、微应用24个，累计发布通知公告9569条，部门服务366条，移动端累计访问568618人次，PC端访问706288人次。本年度新增微应用5个，新增发布通知公告804条（1031433次阅读），新增发布部门服务13个（3390次下载）。

主数据管理平台：对接业务系统共计31个，接口数量204个。全年人工运维接口次数720余次，日吞吐量5738900条。

移动校园：现有用户8570个，通过移动校园全年开展活动及投票1439个、提供预约服务2011次，充值服务58727次，扫码记录66万次，推送消息超76万条。

一站式服务大厅：累计搭建办事流程80项，发布场地预约6个，累计服务人数11834人，访问量超94.81万次，办理完成事项67.13万次，办结率99.36%。本年度新增流程20个，场地预约1个，更新流程事项版本84次，提供事项办理服务31万次，预约服务超1万次。

网站群系统：共建有站点68个，本年度新增站点9个，累计发文量8009篇。新增站点包括行政管理部门与学院网站8个、本科新生迎新专题网站1个，以及网站定制开发系统2个。

社科大远程登录（VPN）系统：更新、维护各类数据库、软件系统、运维资源共 182 个。

正版软件服务平台：2022 年正版软件服务平台共激活 Windows 系统 1705 次、Office 办公软件共激活 2845 次。

校园卡系统：2022 年全年前台开户 9450 条，换卡 1126 张，其中前台换卡 684 张，自助机换卡 442 张，销户 57 条，自助机现金存款 3041 条，银行卡转校园卡 21682 条，移动端充值 107431 条，挂失 1183 条，其中自助机挂失 720 条，前台挂失 463 条，解挂 191 条。

【搭建网络安全多维防护】 在网络安全运维方面，本年度着重提升学校网络主动安全防御能力。防火墙系统与态势感知平台稳定运转，安全监测与安全运营一刻不停，外网防火墙系统日均拦截攻击 500 余条；内网态势感知平台每日分析日志上亿条，日均处理威胁预警 15 条。

在网络安全建设方面，2022 年已完成网络出口改造二期工程（安全能力升级），进一步提升校园网主动防御能力；正式成立中国社会科学院大学网络安全和信息化领导小组，为学校信息化建设顶层设计和重大决策提供机制保障；完成 16 个系统的网络安全等级保护定级与 9 个二级系统的等保测评工作。

【正式启用一卡通校园虚拟卡】 2022 年 7 月，网络中心正式启动校园卡系统升级工作，利用暑假期间完成了一卡通系统软件与硬件的升级替换工作，并于 9 月开学后实现校园一卡通系统的升级改造工作。本次校园卡系统升级改造完成后，社科大师生不仅可以使用校园卡实体卡，同时也可以使用校园“虚拟卡”进行消费、身份识别等操作。与此同时，本次一卡通系统升级还对一卡通实体卡介质进行了升级，从 M1 卡升级为 CPU 卡，在安全性与稳定性上都有了极大的提升。为保证开学后校园卡用户的正常使用，网络中心在暑假期间对社科大全体校园卡用户进行了信息采集工作，并于开学前完成单批次 8680 张新校园卡的制作与发放工作。为充分发挥校园卡虚拟卡的作用，网络中心除移动校园端、企业微信端等校园卡虚拟卡使用途径外，新增了微信小程序端的使用途径，从多种使用途径出发，不仅满足了全校师生员工的使用，也满足了不持有实体卡的校园卡用户的使用需求，操作简便性得到了大幅的提升。

【着力信息化知识普及与宣传】 2022 年，网络中心通过不同方式响应用户需求，全年共接听咨询电话 2700 次，回复咨询邮件 1141 封，通过一站式服务大厅工单回复和处理意见反馈 79 次，重置统一身份认证密码 695 次、重置社科大邮箱密码 273 次、新建部门邮箱 39 个。通过线上与线下结合的办公方式，为师生提供了安全、便捷、有效的办事流程，也为师生节省了时间。

在信息化知识普及方面，网络中心微信公众号 2022 年全年共发送推送 30 次，包含文章 42 篇，内容涵盖用户指南、办公通知、软件推广、讲座活动等多个方面，为师生提供了一个获取信息化知识的平台。与此同时，网络中心于 9 月 6—11 日组织并开展“网络安全宣传周网络安全知识竞赛”活动，通过在网站推出网络安全知识学习专区，进行户外展板宣传，举办网络安全知识竞赛等方式宣传网络安全知识，提高师生网络安全意识。

【校级数据治理及全量数据中心建设工作动员会召开】 2022 年 11 月 3 日，中国社会科学院大学校级数据治理及全量数据中心建设工作动员会于良乡校区召开。校党委常务副书记、校长张政文出席会议并讲话。会议由网络中心和规划与评估处联合召开，网络中心、中央民族大学和成都康赛信息技术有限公司的技术专家分别作主题发言。各学院、部门主要负责人和数据专员参会。会议由党委常委、副校长张树辉主持。

2022年11月3日，中国社会科学院大学校级数据治理及全量数据中心建设工作动员会议现场　（网络中心供图）

会上，张政文就社科大数据治理及全量数据中心建设工作提出总体要求。

张树辉对学校数据治理工作及全量数据中心的建设背景与前期筹备工作进行了简要介绍，并指出，建立校级数据统一标准和规范，建设全量数据中心平台，是社科大“十四五”教育信息化发展规划的重点工作，是消除学校信息化发展过程中的“数据孤岛”，统筹、整合学校各类数据资源，建立科学的校级数据治理与数据应用良性循环体系，满足数据共享开放需求，挖掘数据资产价值的首要途径。数据治理工作内容烦琐复杂，技术要求高，涉及部门广，这就要求社科大各部门与学院要充分投入此项工作中，做到有序开展、有力推动。开展的要点首先是获取完整、准确、及时的全域数据，其次是要做好数据与具体应用的适配。按照学校党委要求，经过前期充分酝酿筹备，学校于11月启动校级数据治理及全量数据中心平台建设工作，平台预计2023年4月建设完成。

网络中心主任宿培成从建设背景、建设目标、建设内容、建设成果、保障体系与工作计划六个方面，对数据治理工作及全量数据中心建设项目进行了全面介绍。数据治理及全量数据中心项目依据教育部2021年发布的《关于加强新时代教育管理信息化工作的通知》，旨在解决社科大多年信息化建设工作中沉淀的冗杂数据、“数据孤岛”等大量历史遗留问题。项目建成后，将对学校的数据资产和服务应用进行整合，自下而上建设科学的数据治理与应用循环体系，健全完善业务系统数据、构建数据中心库、进行数据资产价值挖掘等。通过数据治理与数据应用平台建设，为学校师生提供各类数据运维、治理和数据挖掘等可视化应用，以数据为依托进行综合管理、人才培养和科学研究。

中央民族大学信息化建设管理处主任马传连在随后的经验分享中以整体规划、资源整合、系统共用、数据共享、可控可管5个项目建设原则为出发点展开，结合中央民族大学智慧校园建设的方案和成果，深入浅出地讲解了智慧校园建设的重要性与紧迫性。全量数据中心项目承建方、成都康赛信息技术有限公司副总裁胡茂秋对项目实施的整体方案进行了详细的陈述。

学报刊物

【概况】《中国社会科学院大学学报》前身为1981年1月正式创刊的《中国社会科学院研究生院学报》。2021年12月24日，国家新闻出版署批复《中国社会科学院研究生院学报》更名为《中国社会科学院大学学报》；同时，由双月刊改为月刊。《中国社会科学院大学学报》为中国社会科学院主管、中国社会科学院大学主办的哲学社会科学综合性学术期刊。

创刊42年来，共出版258期，发表了4000多篇具有较高水平的学术文章，其中不乏胡绳、冯友兰、贺麟、钱锺书、顾颉刚、罗尔纲、董辅礽等大师之作，产生了广泛而深远的学术和社会影响。在海内外学术界的大力支持和扶持下，本刊已经成长为我国哲学社会科学领域中的一个重要的综合性学术期刊，系全国中文核心期刊、全国高校三十佳社科期刊、中国人文社会科学核心期刊、中国人文社科学报核心期刊、中文社会科学引文索引（CSSCI）扩展版来源期刊、全国高校精品社科期刊、RCCSE中国核心学术期刊。

2022年3月2日，由学报承办的“《中国社会科学院大学学报》新刊发布会暨哲学社会科学创新与学术期刊繁荣发展研讨会”在中国社会科学院院部成功举行（学报编辑部供图）

【学报影响力大为提升】 学报开设了“专论：学术与思想”重点专栏，旨在搭建高端学术平台，推介名家精品力作，探讨重要学术话题，传播原创学术思想，致力“三大体系”建设，2022年该专栏共刊发文章18篇。2022年学报转载的质量和数量大为提升，共被转载和摘编26篇，具体为《新华文摘》2篇，《中国社会科学文摘》4篇，《高等学校文科学术文摘》2篇，人大复印报刊资料7篇，《社会科学文摘》4篇，《中国社会科学院要报》7篇。在南京大学中国人文社会科学综合评价研究院发布的“2022年CSSCI源刊公众号阅读榜”中，学报微信公众号位居“综合性社会科学 & 高校学报”第13，在高校学报中仅次于《清华大学学报》（哲学社会科学版）、《北京大学学报》（哲学社会科学版），位居第3。

【承办“《中国社会科学院大学学报》新刊发布会暨哲学社会科学创新与学术期刊繁荣发展研讨会”】 2022年3月2日，由学报承办的“《中国社会科学院大学学报》新刊发布会暨哲学社会科学创新与学术期刊繁荣发展研讨会”在中国社会科学院院部成功举行。中国社会科学院副院长、党组成员，中国社会科学院大学党委书记高培勇，全国哲学社会科学工作办公室主任姜培茂，中国社会科学院副秘书长、《中国社会科学》杂志社总编辑、党委书记方军，中国社会科学院科研局局长崔建民，中国社会科学出版社党委书记、社长赵剑英，社会科学文献出版社社长王利民，中国社会科学院信息情报院院长张冠梓，中国社会科学院中国社会科学评价研究院党委书记、院长荆林波，中宣部出版局期刊处处长、二级巡视员倪轶，北京市新闻出版局二级巡视员丁梅，中国社会科学院学部委员陈甦、王震中，中国社会科学院经济研究所所长、中国社会科学院大学经济学院院长黄群慧，中国社会科学院财经战略研究院院长、中国社会科学院大学商学院院长何德旭，中国社会科学院政治学研究所所长、中国社会科学院大学政府管理学院院长张树华，中国社会科学院大学党委常务副书记、校长张政文，中国社会科学院大学党委副书记、副校长、中国社会科学院研究生院院长王新清，中国社会科学院大学党委常委、副校长、学报主编林维等参加会议。此次会议由中国社会科学院大学、社会科学文献出版社共同主办。除上述嘉宾外，学报第一届编委以及院内外、校内外期刊主编等参加会议，并围绕“哲学社会科学创新与学术期刊繁荣发展”进行了深入交流。

【专栏专题建设】 2022年，学报继续实行期刊“五统一”（统一管理、统一经费、统一印制、统一发行、统一入库）和双向匿名审稿制度，整合资源、提高质量、降低成本、改进服务、提高效益。每月25日出版，共出版12期，发表96篇文章，有26篇被《新华文摘》等转载和摘编。重点打造文学、史学、哲学、经济学、法学、政治学六大版块，开设了“习近平新时代中国特色社会主义思想研究”“学习阐释党的二十大精神”“马克思主义与当代实践”“中国特色哲学社会科学‘三大体系’研究”“专论：学术与思想”“青年：探索与争鸣”“计算社会科学与现代治理”和“数字化时代与人文社会科学创新”等专栏。刊发的代表性文章有：高培勇：《办学定位、办学特色和办学方略的探索与抉择——关于“如何办好中国社会科学院大学”问题的系统思考》；孙向晨：《路德结构与现代世界的兴与衰》；周光权：《论中国刑法学派形成的基本前提》；王震中：《论二里头乃夏朝后期王都及“夏”与“中国”》；王伟光：《坚持理论创新，坚定不移地运用和发展21世纪当代中国马克思主义》；张政文、王维国：《新时代高校德智体美劳五育融合的哲学智慧》；劳凯声：《中小学校学生伤害事故救济机制的完善》；王国刚、罗煜：《论国内大循环中的实体经济横向金融系统》；［英］约瑟夫·拉兹：《论排他性理由》；王子今：《“亡秦”“逃秦”“避秦”“遁秦”：秦代人口流失现象》；李存山：《金岳霖先生论“中国哲学”》；晋文：《汉民族的形成及其民族意识》；王晓晔：《中国数字经济领域反垄断监管的理论与实践》；李猛：《分裂之家的友谊：柏拉图〈法律篇〉中的共同体》；景天魁：《中国古典社会学的近代命运》；杨泽波：《“性即理”之“理”是形上实体吗？——关于朱子天理概念的新思考》；胡新生：《周初大分封与宗周礼制的传播》；李培林：《面对未来：我国城镇化的特征、挑战和趋势》；顾海良：《对熊彼特关于经济学与经济社会学关系理解的检视》；颜晓峰：《人类文明新形态视域下人的全面发展》；张树华、吴波：《新时代中国政治学的展开：理论方向与主要议题》；项久雨、王志伟：《以守正创新的精神文明回答人类文明新形态的时代之问》；韩星：《黄帝、中道与何以中国》。

【业务培训】 为进一步提升学报编校质量，学报编辑部采取了一系列措施。学习了党的相关文件精神以强化意识形态站位，学习了党的二十大报告并进行了学习体会分享。举办了“编辑业务培训”系列讲座，共邀请4名专家进行授课：中国社会科学院科研局期刊与年鉴管理处处长刘普的讲座主题为“中国社会科学院学术期刊管理及有关问题讨论”，中宣部出版局期刊处处长、二级巡视员倪轶的讲座主题为“学术期刊相关管理政策解读”，中国社会科学杂志社副总编辑、中国社会科学院大学博士生导师李红岩教授的讲座主题为“新时代学术期刊的选题策划”，中国社会科学院出版编辑系列正高级职称评审委员会委员、《中国新闻年鉴》主编钱莲生编审的讲座主题为“编校中的语言文字差错例析”。坚持会稿会制度和合校会制度，发挥集体智慧，保证稿件质量。编辑部成员积极参加中国期刊学会主办的“期刊编校质量规范与管理培训班”，完成了规定的培训学时。

【加大网络宣传】 进一步加大了学报微信公众号的推送力度，并加强了对学报官网的运维。除了推送每期刊发的所有文章外，还围绕时事热点重发旧文、转发他刊文章等，并在相关节日、纪念日策划专门活动。还推出了“作者说”短视频栏目，每一期选择一两名作者录制介绍其发表文章的短视频，获得了良好的阅读量。目前，学报微信公众号在大学学报类公众号中排名第3。在2022年刊出的文章中1篇文章获得超6000次的阅读量，2篇文章获得超3000次的阅读量，7篇文章获得超2000次的阅读量。

【服务大学发展】 学报在过去的一年里，通过主办学术期刊方面的研讨会、协办相关专业领域的学术会议、向名家大家约稿、约请专家设计专题、选派编辑参与各种学术活动，向社会各界和社科院各研究所传达了中国社会科学院大学学术传统深厚、积极锐意进取的良好形象。学报也为科教融合学院的学术发展作出了自己的贡献，先后与法学院合办“算法推荐与著作权侵权平台责任研讨会”“《反电信网络诈骗法（草案二次审议稿）》立法建议研讨会”“短视频版权刑事责任前沿问题学术研讨会”，与商学院合办“第二届新时代人力资源管理创新与发展高端学术论坛”，与哲学院合办“第三届实践哲学论坛”。

校友工作

【概况】 中国社会科学院大学校友工作办公室自2021年秋季学期开始恢复运行以来，至今已工作了一学年。在过去的一年中，校友办克服了种种困难，逐步搭建起了基本组织架构，实现了从无到有的发展。在校友办全体师生的共同努力下，过去一年校友办推进了一系列基础性校友工作，组织开展了各类校友活动，取得了较好的校园与社会反响。以下就校友办一年来的各项工作情况进行总结。

【秘书处基本情况】 校友办秘书处是由社科大热心于校友事业的在校生组成的学生组织，致力于协助学校老师开展一系列校友活动。秘书处分设在社科大良乡、望京两校区，下设综合部、策划部、宣传部和联络部4个职能部门以及一个志愿队。经过前期的招募面试以及后期的推荐介绍，秘书处于2021年11月顺利搭建起上述各职能部门。截至2022年12月，校友办秘书处共有190名成员。其中，良乡校区135人，望京校区55人，是一支规模较大的工作团队。

【公众号基本情况】 “中国社会科学院大学校友办公室”微信公众号创立于2021年5月25日，是校友办对外交流的亮丽名片与信息发布的重要平台，至今已运营一年有余。公众号旨在“服务学校校友，播报母校新闻，追忆人文校史，传播社科文化”，截至2022年12月20日15：00，“中国社会科学院大学校友办公室”微信公众号共有关注用户（“粉丝”）4464人，共发布199条推送。

校友办公众号的推送内容丰富多样，质量上乘，根据不同的来稿内容可分为校友论坛、校友动态、校友专栏、校友筹款、节气海报等板块。

作为校友办主打的品牌系列活动，“校友论坛”自举办第一期以来便受到了校内外各界人士的关注。每期校友论坛活动开始前以及结束后，公众号都会进行相应的宣传造势以及活动总结，向读者传递每一场精彩讲座的实况信息。截至目前，校友办公众号共推送四期校友论坛相关推送，阅读量一直处于公众号推文的前列。

为传递社科大校友最新动态、展现社科大校友社会影响力、提高校友群体的荣誉感，2022年7月9日，校友办公众号推出新栏目“校友动态”，目前已发布推送数十篇。校友动态栏目分享了社科大各界校友的最新任免动态、参与活动情况、发表学术成果、获得荣誉奖项等各类信息，极大提升了社科大校友在社会以及同辈间的知名度，同时也增强了在校学生对于学校品牌的认可与支持。此外，本栏目还兼有发布讣告的任务。

为展示社科大校友的学术成果，传递校友的思想智慧，分享校友的真知灼见，校友办与社科大校友中活跃在不同行业领域的自媒体学人建立起联系，通过开通“白名单”授权转载的方式及时将学者个人创办的公众号内容搬运至校友办公众号，并给予宣传推广。公众号于2022年8月3日起，陆续推出张明、徐奇渊、施展、何帆等知名校友的个人专栏，持续跟踪上述学者的个人成果，并不断扩大潜在联络对象。这一栏目不仅让广大校友获取到专业、一手的业内知识，也为校友们提供了业内交流的平台。目前已累计转发推文44篇。

校友办成立之初便肩负着“服务学校校友”的机构使命，协助有困难的校友及其直系亲属进行募集筹款也是我们义不容辞的责任。2021年12月，国关学院2019级英语专业的舒娅同学通过线上平台发布了筹款募捐申请。校友办了解相关情况后，第一时间号召在校学子、毕业校友与社会各界人士，共同支持这个家庭渡过难关。本公众号在2021年12月16日发布的推送《校友筹款｜自私地想要挽留一颗天上的星星》阅读量在12个小时内突破7000人次，最终筹款金额接近30万元。此后“校友筹款”成为校友办公众号的一个固定栏目，并陆续为新传学院、历史学院、哲学院以及商学院的本科生和研究生家庭送去了帮助，携手各方校友力量，汇聚爱心，帮助校友渡过难关。

为表达母校对校友们的关心与祝福，校友办公众号每逢重要节日与节气都会制作相应的祝福海报。自2022年11月7日起，节气海报修改内容主体为“今日学部委员”，以海报的方式向校友逐个介绍中国社会科学院学部委员，倡导了解大师、欣赏大师，以学部委员们为榜样，在人文社科领域继续深耕。

【小程序基本情况】“社科大校友”微信小程序是校友办搜寻校友、联络校友、凝聚校友的重要平台，是校友办开展日常工作的基础和抓手。通过这款小程序，校友办可以将各院系、各地域、各行业乃至各兴趣爱好领域中的校友信息整合搜集起来，并通过秘书处联络部搭建起的各院系校友群，以及社科大现有的各地方校友会进行转发、扩散，以此更新陈旧的校友信息库。校友可以在小程序中进行注册，通过人脸识别以及后台数据库的学籍信息验证之后便可成为小程序的用户。同时，已注册的校友还可以通过小程序申领“校友卡”，享受作为社科学子的种种优惠待遇。截至2023年3月，“社科大校友”微信小程序共有注册校友4630人，其中“校友卡”已申领2792张。

小程序功能繁多，按照栏目划分可分为校友组织、校友风采、新闻中心、相册照片、校友企业等板块。“校友组织”板块是配合各院系、各地域、各行业等领域的校友分会入驻小程序、吸收新成员的工具，是小程序的主要功能之一。虽然各校友分会尚未将小程序中的校友组织板块利用起来，但在秘书处联络部的努力下，我们先行搭建起了各分会在小程序中的组织架构，方便日后各分会负责人直接入驻。截至2023年3月，小程序已注册校友会组织共107个。其中，共有浙江校友会、湖南校友会、安徽校友会等已建成的地域校友会31个。青海校友会、北京校友会等正在筹建中的地域校友会7个；以社科院研究生院时期各系为代表的校友会组织，以及社科大成立以来建立的学院校友会67个；以金融校友会为代表的行业校友会组织1个；以晨光薪火校友分会为代表的兴趣爱好校友会1个。

“校友风采”模块是用于展示社科大优秀校友履历、传递校友调动履新情况等内容的栏目，其位置位于小程序主页，用户一点开小程序便可看见上述信息，对于增强校友的归属感，以及传播优秀校友事迹有着良好的作用，是校友办小程序的门户。其内容多摘自政府公报、各政府单位、学校、公司网站，以及部分校友的来稿。截至2023年3月，“校友风采”板块已累计发布47篇校友报道。

“新闻中心”用于展示近期发生的与社科大建

设紧密相关，或与校友事业发展相关的大事记，一般作为主要的宣传横幅在小程序主页中显示，也是小程序的门户之一。其内容多来自社科大官方公众号，或各学院公众号，以及各地方校友会的日常活动记录来稿。这对宣扬社科大发展进程，弘扬地方校友文化具有重大意义，助力地方校友会的活动形成一定的社会传播效应。截至年末，"新闻中心"板块已累计发布45篇文章。

"拾忆"是小程序中的相册板块，旨在供校友们上传求学时拍摄的各类具有纪念意义与回忆性质的珍贵影像。用户可以将自己精心筛选过的，在社科大留下的生活记忆上传至此，以飨更多校友，共同品鉴那些激情燃烧的岁月。本模块现有相册3个，上传照片共计77张。

"校友企业"是小程序中用于入驻校友企业的板块。在这里，有意在母校定向招聘优秀英才，或是有心为母校就业工作贡献力量的企业家校友都可以申请将自己的企业入驻至小程序，并发布相关招聘信息。毕业生校友经过注册后可直接在小程序中搜寻自己心仪的工作岗位，并与校友企业直接联系。

【开展校友募捐活动】 2021年12月，校友办成功联系上国关学院2019级英语专业本科生舒娅，通过公众号平台转发了她家人的筹款信息，最终顺利募集到近30万元善款后，校友办又陆续帮助了新闻传播学院2020级广电专业本科生林洋、历史学院2020级硕士生房路平、哲学院2021级硕士生余金璠以及商学院2019级税务硕士程福的家庭。其中，商学院税务硕士程福的后续最令人欣慰。经与商学院确认，该同学已成功匹配上了骨髓，正准备进行最后的移植手术。校友筹款活动获得了社会各界校友的关注与赞赏，并赢得了校友们的一致认可与好评。有校友在听闻我们的工作后专程寄来了节日慰问品，以表达对于善举的支持。

【与晨光薪火文脉传承计划展开合作】 晨光薪火文脉传承计划诞生于2021年7月，原是社科大本科生的大学生创新创业项目，但在项目负责人卢欣一同学的规划和带领下，该项目组决定将自身机制化、组织化。2022年8月，校友办与晨光薪火文脉传承计划达成长期合作共识，正式在校友办的组织框架中设立"晨光薪火校友分会"，以访谈中国社会科学院年长专家学者为主的活动，促进青年学子与老一辈学者的互动交流，实现"致敬社科功勋，培育社科新人"价值目标。截至年末，晨光薪火校友分会共在公众号中推送相关推文12篇，分别是对樊平、罗红光和闵家胤老师的采访，以及程麻、徐恒醇、陈力丹、孙浩良、杨武能和李松晨老师的回忆录。

表彰与奖励

2022 年度中国社会科学院大学优秀博士学位论文获奖名单

表 7

时间	学生姓名	博士论文题目	院系名称	导师姓名
2022 年春季	吕晓凤	大数据时代工人阶级的变化及运动研究——以发达资本主义国家为例	马克思主义学院	程恩富
	童卫丰	中国共产党延安时期青年理想信念教育研究	马克思主义学院（马骨干）	田克勤 杨建义
	王　雪	韦勒克文学作品存在论研究	马克思主义学院（马骨干）	张政文
	季海龙	内地高校藏族学生语言社会化研究	语言文字应用系	郭龙生
	娄益华	帝俄边疆治理视阈下的北高加索东正教研究	历史学院（世界史系）	王晓菊
	张景航	王芃生与国际问题研究所（1936—1946）	历史学院（近代史系）	葛夫平
	孔　明	近代日本儒学团体对华活动研究（1918—1945）——以斯文会为中心	历史学院（近代史系）	崔志海
	汪　盈	中国古代建筑遗迹的考古学研究——以汉唐时期都城城门遗址为中心	历史学院（考古系）	朱岩石
	邓　新	中国与塔吉克斯坦关系研究（1992—2021）	历史学院（边疆史系）	邢广程
	邸　莹	习惯在中国近代民法体系中的变迁研究（1907—1949）	法学院	张　生
	鲁　文	资本返乡与公共性生产——一个浙南农村现代化的过程研究	社会学院	王春光
	沈雪晨	《1873 年出使叶尔羌报告》研究	民族学系	刘正寅
	冯冬发	内生权重空间随机前沿模型的估计与应用	数技经系	张　涛
	樊沛然	数字货币框架下的货币与信贷	数技经系	樊明太
2022 年秋季	齐　鑫	中国青年丁克家庭的生活实践研究	社会与民族学院	吴小英
	吴　宇	西夏文《性海圆明镜知足》整理与研究	文学院	孙伯君

2022 年国家奖学金、国家励志奖学金获奖名单

2021—2022 学年本科生国家奖学金获奖名单

表 8

院系名称	姓名
商学院	从正龙
法学院	王一婷
社会与民族学院	杨绪炜
历史学院	郭天悦
文学院	章荣荣
经济学院	杨其诺
新闻传播学院	朱　婧
马克思主义学院	刘姝好
政府管理学院	刘宇翔
应用经济学院	靳佳琪
哲学院	王雨露
国际政治经济学院	叶清漪
外国语学院	郭璋睿
经济学院	王思琪

2021—2022 学年硕士研究生国家奖学金获奖名单

表 9

院系名称	姓名
法学院	陈　默　高昱滋　吕　前　吴　彬　童译瑶　昝晨东　韩晓丽　李　晗　王　赍　许　奎　王继煜　黄亚洲
国际教育学院	刘晨露
国际政治经济学院	戴　扬　林凯文
经济学院	倪晨旭　张志达
历史学院	时　雨　柴冰洁　胡恬恬　陈　岩　张　翠
马克思主义学院	王艺玮　佟印正
商学院	姚宇彤　刘宗豪
社会与民族学院	张钰婕　邓八千
文学院	陈慧敏
新闻传播学院	陈智睿
应用经济学院	徐浩然　万　兆　张卓然　宋星仪　许婷婷　王明哲　张朝辉
哲学院	罗新茂　潘俊秀

续表 9

院系名称	姓名
政府管理学院	陈若凡　胡雨薇

2021—2022 学年博士研究生国家奖学金获奖名单

表 10

院系名称	姓名
法学院	周一博　山茂峰
国际政治经济学院	席寒婷　张博彦　李　浠　孔大鹏
经济学院	崔琳昊　宋永华　杨祥雪
经济学院（政府政策系）	王　蓉
历史学院	葛利花　项　琦　岳天懿　杨林旭　刘永瑞
马克思主义学院	张　雪　魏依庆　马新宁　苏　鹏　徐婷婷　刘爱彤　刘浩然
商学院	赵　丽　徐紫嫣
社会与民族学院	钟媛婷　顾旭光　王　卡
文学院	孙金琛　黎顺苗　王　丹　张耘鸣
新闻传播学院	李瑛琦
应用经济学院	黄徐亮　林　珊　薛　飞　刘基伟　康文梅
哲学院	黄家诚　曾　嵘
政府管理学院	石春林

2021—2022 学年本科生国家励志奖学金获奖名单

表 11

学院名称	姓名
政府管理学院	陈　宽
法学院	丁梦雨　林汝培　欧阳刘恬　邓雅兰　刘　瑾
文学院	王亚君
外国语学院	席婷婷　唐嘉慧
马克思主义学院	倪师洋　李崇华　龚升鹏　高念念　崔婵媛
文学院	简晓涵　付艳云　张秀梅　陈怡嘉
历史学院	李晓煦　蒋宇晨
商学院	熊昊洋　沈涵月
国际政治经济学院	刘美琪
社会与民族学院	张雪雅　刘心怡　郑雅贤
经济学院	付亚鹏　聂玉凤
新闻传播学院	贺子玉　雷紫晶
哲学院	钱雪菊

2022 年北京市优秀毕业生名单

2022 届北京市本科生优秀毕业生名单

表 12

学院名称	姓名
法学院	聂羽欣　刘恒源
经济学院	康　迎　祝思民　周仲夫　古沛灵
历史学院	师子涵　上官婧琦
马克思主义学院	王静怡　王龙韵
商学院	李艺华　唐联洲
社会学院	刘晓瑞　秦美平
外国语学院	杨　易
文学院	邓晨菲　张冰然
新闻传播学院	颜钰杰
应用经济学院	魏垚央
哲学院	王　晴
政府管理学院	李镕成

2022 届北京市研究生优秀毕业生名单

表 13

院系名称	姓名
俄罗斯东欧中亚研究系	杨　然
法学院	杨博涵　齐　仪　张若楠　刘雨萌　王雅凤　丁文婕　吴松波　王奕心　姜居正　闫　元 钱　蕙　赵嘉颖　牟一涵
国际政治经济学院	桂平舒
国际教育学院	杨鸿静　刘　阳
经济学院	史琳琰　陈　蕊
政府政策与公共管理系	刘　珍　都闪闪
拉丁美洲研究系	景　策
历史学院	刘泠然　刘宇君　崔　彤　李艳伦
马克思主义学院	吕晓凤　陈瑞伞
美国研究系	张　陆
欧洲研究系	杨昆灏
日本研究系	李纪盈
商学院	刘明炜　李冬辉　陶　莉　洪倩倩

续表 13

院系名称	姓名
少数民族文学系	程　瑶
社会发展系	金　鑫
社会学院	鲁　文　黎秀坤　张　茜　姚茗元　欧阳璇宇
世界宗教研究系	韩　博
外国语学院	艾　萌
文学院	黄　汉　梁　帆　吴　宇
新闻传播学院	刘　旭　高　艺
亚洲太平洋研究系	梁　劲
应用经济学院	梁森威　王凯文　苏　捷　汪一帆　魏琪容　董吉聪　蒋宏志　石博涵　王小彩　谢金丽　张　弓　李　豫　司秋利
语言文字应用系	于建波
语言学系	徐梦真
哲学院	华智敏　罗启权
政府管理学院	刘　昌　邵楚纤

2022 年北京市三好学生、优秀学生干部、先进班集体名单

2021—2022 学年北京市三好学生、优秀学生干部、先进班集体名单

表 14

类别	姓名
三好学生	王　昆
	叶清漪
	田书殷
	李　晗
	易玥瞳
	章荣荣
	商慧辰
	谢嘉怡
	翟子云
优秀学生干部	李泽中
	李清和

续表 14

类别	姓名
优秀学生干部	赵习尧
先进班集体	应用经济学院 2021 级学硕一班
	社会与民族学院 2021 级本科班
	国际教育学院 2020 级汉语国际教育硕士班

2021—2022 学年中国社会科学院大学先进班集体名单

表 15

序号	学院	班级
1	马克思主义学院	2020 级思想政治教育班
2		2021 级思想政治教育班
3		2021 级马骨干博士四班
4	外国语学院	2021 级英语班
5	哲学院	2021 级哲学班
6		2021 级哲学硕士班
7	历史学院	2021 级文博 1 班
8		2021 级硕士 2 班
9		2020 级硕士 2 班
10	经济学院	2020 级经济 1 班
11		2021 级经济 1 班
12		2021 级硕士班
13		投资经济系班
14	商学院	2021 级 MBA-1 班
15		2021 级财务管理班
16		2021 级博士班
17	应用经济学院	2020 级国际经济与贸易班
18		2021 级学硕一班
19		2021 级税务二班
20	法学院	2021 级本科法学 2 班
21		2021 级本科法学 1 班
22		2021 级法学硕士班
23		2021 级法硕 3 班
24		2021 级法硕 4 班
25	政府管理学院	2020 级政治学与行政学本科班
26		MPA2021 级全日制班

续表 15

序号	学院	班级
27	社会与民族学院	2021 级社会学 1 班
28		2021 级社会工作硕士 2 班
29	国际政治经济学院	2021 级本科班
30	国际教育学院	2021 级汉语国际教育硕士班
31		人口与劳动经济系硕士班
32		数量经济与技术经济系硕士班
33		拉丁美洲研究系班
34		中华人民共和国国史系硕士班
35		日本研究系研究生班

2022 年北京市优秀共青团员、优秀共青团干部、五四红旗团支部名单

2020—2021 学年北京市优秀共青团员、优秀共青团干部、五四红旗团支部

表 16

类别	姓名
优秀共青团员	余振翔
优秀共青团干部	魏垚央
五四红旗团支部	经济学院 2020 级硕士团支部

2022 年中国社会科学院大学奖学金获奖名单

2021—2022 学年本科生学校奖学金获奖名单

表 17

院系名称	姓名
商学院	丛正龙 李欣瑶 张玮雯 于思颖 郭佳怡 王一名 王月华 贺翘楚 周星亚 邓 迪 葛 婕 田牧凡 臧原婕 张小月 曹潇虹 姚文喆 陈思宇 王煜琳 潘 颖 尚 敬 沈涵月 王锦玥 熊昊洋 李 源 张佳莹 吴 童 陈禹彤 程慧紫 孙 依 诺 淇

续表 17

院系名称	姓名
历史学院	蒋宇晨 杜欣玥 张宸好 王玉珏 张双庆 张宇茜 蔡苗 谢可依 李晓煦 丁昱 张卓 彭永姗 黄彩星 李旋 彭军 于锦诗 田书殷 涂淼 朱浩然 朱静怡 宁欣 潘一宁 郝芮 何建辉 陈慧彤 席佳萱 詹天笑 代芮舒 张笑寒 许金坪 胥备 郑意扬 梁哲浩 彭秋童 姜雅捷 樊博欣 姬晨亮 刘茗月 封佳仪 丁小玉 庞妍 李铭煊 刘辰浩 刘韩 纪莹瑄 刘承坤 孙雁鸣 魏一楠 刘晓彤 李惟嘉 缪诗怡 宋泽贤 姜松言 孔维赛娜
应用经济学院	陈秋彤 曹世泽 柳开文 洪小晴 王奕雯 沈梦媛 许元馨 曾冰蓉 简涛 靳佳琪 倪睿斯 肖家怡 姚怡婷 赵昕宇 周锦意 朴韵琦 张子盈 李萌 梁馨元 韩子欣 张晓宇 刘万佳 王韶章 陈俊烨 张译文 周祎凡
外国语学院	刘砥柔 赖怡存 马晓萱 石家畅 唐嘉慧 黄靖茜 李丹婷 林若凡 雷忠玥 苏莉婷 王苡潇 张诗悦 翟子云 黄嘉弘 梁萃冰 刘瑾帆 林雪澜 苏晓涵 席婷婷 闫晴雯 于泽熙 陈思瑞 程添娇 桂惠玲 刘凤书 李奕佳 邱祺 王馨雨 郑晏 姜天锦 李柯霖 谢乾达
文学院	唐心谊 郑福多 李一鑫 崔雨晴 王亚君 曾钰茹 张月宜 罗睿洋 简晓涵 张秀梅 于洋 齐卓涵 李嘉容 姜姗 李丁丁 钟昕芃 杨睿杰 宫美琳 刘小雨 付艳云 陈怡嘉 魏钰姗 裴期凡 袁越 章荣荣 蔡茨 张馨予 周雨 朱思锦 曹越 唐梦菲 孟佳乐 黄伊颖 徐涵冰 郑文雅 张庭玉 黄子瑞 刘紫颖 王金蓉 张璇 王霄月 胡淇钧 李宇涵 钱雨荟 田思妍 张子昕 马淑姮 王奕鸥 朱怡霄 卢奕帆 黄煜杰 王婉悦 田金容 王佳怡 王君睿 王之心 冷笑寒 马钰铃 王润昭 张宇辰 步天驰 黄昶程 鲍纯 刘佳佳 刘泽原 郄子怡 尹愔愔 王奇 胡艺函 张殷凡
法学院	张楚芊 钟亚臻 任瑶丽 张静怡 刘金福 王奕文 邵雨佳 冯瑞琳 宫博楷 施佳其 程世明 魏嘉良 翟宇悦 陶奕萱 王一婷 刘洋雨 陈宇泽 彭舒婷 刘佳玟 潘若瑶 王文琛 李靖武 陈雨泉 张子麟 丁梦雨 苏默非 裴乙霖 黄佳艺 商翔 蒋溪若 王明宇 田尧 马毓泽 唐辉 王心蕊 唐海峰 曲琪 孙佳琦 吕征辉 付佳欣 董旭 李珅 白书晗 曾怡欣 姚超朋 唐辰阳 李京 王晶 李清逸 孔维一 刘柄言 侯高悦 胡塞北 华佳铭 高卓 刘意如 石海笑 秦怡然 李芷君 畅陶然 刘瑾 熊诗竹 胡莎 杨翼 贺向璐 蒋涵 李孟琦 崔世勇 李同梁 欧阳刘恬
政府管理学院	钱文杰 孙瑞佳 刘宇翔 高敬雯 曾谢阳 胡琛婷 陈宽 陈晨 何欣泽 杨羚羊 袁薪 王妲奇 岳佳婧 杨宇婷 薛昱 蒋心悦 孟煜均 李梓琳 陈日晨 刘逸凡 张梦如 陈浩龙 许欣 刘斯缘 吴彤 朱雨晴 詹洵梓 刘丝嘉 何静仪 郭婧宜 吴超 王晨郦 游子建 罗晶晶 孙立洲 李亦阳 刘彤 刘星月 丘嘉沁 张芝玮 谢国梁 李逸洋 赵文鹏 谭舒予 宋屿非 庞思雯 严优优 王喆 赵文成 王兴瑞 张安琪 谢苗廷 王诗佳 彭子萱 祁沐和 杨曦真
马克思主义学院	常永亮 刘养鑫 田安婷 向力凡 赵习尧 龚升鹏 贾伯鸿 张子涵 唐一鹤 庞璐嘉 高念念 李笈舟 刘姝妤 黄媛毓 刘芷由 温佳慧 岳南岐 许紫莹 于桐 吴润泽 蒋滟欣 陈昱珂 杨欣然 刘忠瑞 杨烁 张智博 易玥曈 高腾飞 李绍仝 徐懋彦 高艺玮 倪铭 孙梦 刘佳奇 房姝君 任思璐 李俊衡 魏雪儿 李崇华 李娣 盛新荷 徐磊 张诗笛 樊亦非 倪师洋 宋明琦 王明蕊 肖雅月 胡艺迪 翟钰 张新月 张静雯 杜佳伟 黄骏帆 崔婵媛 李想 隋欣伊 高雨冰 黄榕 胡馨元 张潆月 强俪馨 姚韵 李姮烨 刘瀚月 谭雁 张婧怡
社会与民族学院	金林 宫新爵 许宇童 张雪雅 闫飞宇 周韵 钟瑞雪 王鑫河 徐圆 余紫蓉 杨依雪 高文英 亓方玉 谈芯羽 林欣然 杨绪炜 马欣颖 王瑜 贾叶子 樊兆芸 尚一平 董炤昕 白枝鑫 林治 赵小锐 胡晓昀 张谦育 张星原 付玥 高禀超 孟韵妍 吴奕帅 付庆翔 王钰 赵家艺 柯思羽 罗佳琦 田左图 翟誉秦 孙妍堃 张振国 郑雅贤 陈鞠之翼
哲学院	石千山 黄崇航 陈昱竹 余振翔 李梓昂 赵嘉欣 刘鹏航 郭盈杉 郭源昊 李天月 翟诗韵 孙传智 黄欣婷 李鑫 戴鱼儿 范蛰元 梁雯婷 刘力 高笛凯 陈安祺 杨作豪 冉悦靖 徐敏畅 傅彦彬 刘克禹 钱雪菊 元少伟 王雨萌 肖晶 尹鹏涛 蔡志坤 杜乐艺

续表 17

院系名称	姓名
国际政治经济学院	王研芝 唐晴 党明玥 李赟 喻显斯 梁育 管怡 刘美琪 刘雨桐 谢承哲 廖慕雪 叶清漪 李亦涵 袁方旭 吴希冠 赵亚菲 程卓 张誉瀛 杨茗茗 宋安未 吴荻 李雨格 蔡思怡 张誉璇 胡晴 刘冬澈 朱子涵 靳奇轩
经济学院	王琬婷 连伊敏 黄锦儿 刘海桢 邓小泽 吴启元 马泽 汪缨林 刘宸曦 张日涵 陈境浓 李资博 马凤娇 刘一然 张以恒 卢欣一 马苒迪 赵元彬 章伏泉 廖紫歆 彭振 王鑫奕 张璐钰 李昊雯 杨霄斐 赵康华 周文华 周海霞 黄琳欣 韩登清 曲翰弘 付亚鹏 李汉妮 陈鑫娜 赖奕霏 李远哲 杜婉婷 李文博 柳茗涵 韩东霖 苏芯仪 刘劲驿 江晓璇 龙雨欣 王思琪 杨其诺 杨澍 王子立 唐宏 张卓然 王虞涛 吴桂林 邢春苗 张梓苑 张可萦 郭鑫洁 祁赞朋 聂玉凤 曾佳城 尤浩谕 李芃辰 戴硕彤 侯嘉城 何馨怡 郭阳铭 程飞扬 程子钰 白雅宁 金奕彤 李德涵 李筱蓓 李雨家 蔡良宇 修心然 夏华珍 王晔 许荷子 汪子琪 汤雨琪 张昶 林润添 王懋罡 任万里 王子林 周理郡 刘江涛 李知航
新闻传播学院	汪燕 张淑宁 余晨雨 张冰淇 李沐芸 马境远 王泳清 谢嘉怡 杨可可 翟禹迪 薛茹心 郑雨霏 余俊茹 姜一格 朱婧 刘蘅仪 廖欣宇 苑艺朦 张竞壹 汪文 钱昕怡 钟颖怡 张延如 张栩劼 代方莹 林洋 董一乐 陈姚戈 闫晓晗 程紫鄢 梁科旭 季奕彤 杨佩瑶 郑雪 房芊蕾 柳王星 谷雨涵 雷紫晶 杨婧童 郭燚凡 王子谦 廖思妤 邢一凡 皮颜瑞 李亚馨 徐琳迪 方鑫茹 赵玉雪 惠鑫仪

2021—2022 学年研究生新生奖学金获奖名单

表 18

院系名称	姓名
商学院	杨书奇 李一 杜雨 蒋鸿宇 张铎 赵谦 张雅俊 张琴悦 廖健聪 金亮 郭为群 孙婕 陈斯洁 李禄含 刘传滨 龙新宇 王俊鹏 王颖 叶成 丁雪怡 刘睿仪 苏晨蕾 滕菲菲 夏亚龙 高兴 王远 曾玲 陈明仙 李佳颐 聂云蕊 杨鹤童
历史学院	高范翔 马梦乔 徐敏 金秀妍 张梦彤 王雪 武钰娟 常宏伟 司媛 郭芷彤 孙蒙蒙 余星辰 刘宝莹 陈莎莎 贾孟皓 卜雅凡 任钰 霍慧馨 赵琪伟 杨琦帆 吴玉 王箬翾 郭义伟 刘泽元 程思瀚 崔健健 罗刚 权春燕 耿义锦 戴宏沅 陈玲燕 张金牛 黄圣煌 王会平 杭梦竹 罗诗承 田见龙 王文奇 杨浈浈 王晓帆 李科 刘一帆 杨璐 于林荧 陈发文 胡霆 邹培杨 侯茁 马周睿 郝思瑶 武雪彬 刘泠然 王妍 黄籽杰 周轩 黄影风 王猛 王梦恒 王英萍 徐洪银 张子绯 卓霓 祖子涵 陈奕漩 柯世久 李翔 吕佳铭 潘冰钰 秦双艳 孙语馨 王明天 王诗琪 杨珮文 叶紫玟 袁子傲 朱懿悦 白岩嵩 常晗晗 陈镐 陈星茹 程婉欣 冯书丹 纪元昊 赖俊杰 雷佳琪 李翀 李郭辰 李珞琪 李岷洁 李筱 刘昌义 刘曈玥 刘啸宇 陆铱诺 乔欣桐 任旬乐 唐思捷 唐闻饶 王建航 王轶龙 韦思成 吴明煜 杨成林 杨佳琪 杨睿 袁宇瑞 岳温舒 张华崇 张文翕 张醒世 周思航 朱婷 刘杨文心
应用经济学院	李海铭 马茹菲 董玥 魏垚央 刘淘 朱弘毅 吴顺利 朱宏锐 陈淑婷 陈昌浩 杨慧鹏 尚博闻 宋孟起 张月 刘冰冰 方澳 王旭阳 孙聪丽 李姝蓓 彭梦圆 刘光阳 鹿斯园 张蘘元 丁少斌 霍家旭 王倩倩 谢剑诗 邓莹宇 谷丹阳 李凯 王键桥 曹鹏举 刘展廷 李冬新 甄皓晴 陈凯莉 陈寅岚 吴从艺 项智取 王赛亚 龚俊梅 王希龙 吴克强 王怡迪 欧阳鑫 顾冬冬 刘梦婷 肖雪 吉治璇 刘希兰 吴广昊 周建宇 孟冰 匡诺一 安然 陈正寅 周哲 杨昊雯 林靖玲 何宇通 孙铭雨 李瑞敏 丁新兴 蔡骁 代瑄澳 范承祖 何佳岩 胡倩 胡杨 张欣怡 关联 贺鑫源 梁航远 梁婉彬 罗显政 牛超群 潘铭扬 史玙新 孙家豪 王庸源 向爽 徐哲 于雅 余一迪 张润泽 赵瑞禧 郑健宁 朱肖霏 耿志超 周宣澄 曹翔宇 陈彦成 韩宁远 何浩钦 江梦瑜 李艺华 李紫乾 欧亚非 彭林威 阮小丫 尚梦飞 申奥 王梦泽 许瑶 张菲尔 张雅微 张玉珏 朱佳晨 范茗治 郭明君 李崧岩 刘煜 郑义 曹雯 邓以栋 王帆 胥仲桥 袁羚期 赵梓臣 陈昱含 李天辰 邱欣 王怡雯 陈宠 刘鑫开 田康铭 王莹 张梦洁 袁昭阳 卓娜 陈劲祥 黄晴 苏鑫 田贻萱 杨岚 叶文豪 欧阳舒苗

续表 18

院系名称	姓名
外国语学院	艾萌 张月 朱珈瑶 聂琳 周梦婕 张文颐 江淑君 黄韫佳 代贝贝 郭一岫 聂晗 王浩 肖楚梦 朱心媛 郑宁然
文学院	肖景匀 房绍丞 韩一 王志娇 肖慧珍 秦帅杰 张军强 马欣然 李苒 唐嘉婧 张为 张小砚 刘璐 朱馨宇 刘瑾轩 张雅宁 马王储 谭向谊 毕京生 朱珂欣 严智鹏 杨一恒 谢久胜 周海燕 张冰然 常睿 黄晓纯 李佳宁 武文方 和晓阳 曾瑜 杨艺村 冯昕 曾禧盈 郭溢琛 李潇 杨灿煜 陈雪彤 蔡宜平 阮致远 余菲 刘婷 戚路尧 赵芮 左欣橦 金翰林 李馨 刘盈超 邱学浩 张溶芳 张冲 卢荣荣 张昱晨 杨天舒 刘颖 韩林涠 胡子怡 黄雨陶 李庚辰 孙心怡 王璟琨 于依菡 刘浏青清
法学院	孙烁 韩雪 冀思彤 司淑婕 王雨卿 姜居正 雷啸天 曾立伟 赵蓓蓓 尤瑞菲 王风瑞 田鸾锴 王雨 刘迪 汪偲 陆麒元 林俊芳 马一男 樊聪 石易灵 刘恒源 郝赟 王芹芹 许畅 高铭江 邵鑫 陈舒凡 丁昊洋 尉晋 许新冉 郑开心 曾聪 胡文涛 吉翊赫 林晓琳 王涵 王雨浩 许丛丛 许逸鸥 张派豪 赵冰昕 周泽宇 高雪文 李阳 秦欣怡 王炳智 曾玫钦 李鸣宇 张开朗 李广钊 宋朗 王璇琦 张芮 赵宏宇 朱琳 金僖艾 朱凌云 霍嘉 徐俊雨 李凡非 梁旭婷 王梦湾 魏诗月 皮峭茜
政府管理学院	刘娜 张慧 牛媛媛 李镕成 叶婧怡 胡懿茹 宋朝 谭志杰 张晓彤 李雨朋 杨春扬 钟子其 孟庆曦 郝泽一 杨家豪 明浩 王瑛璞 史佳 祝泽政 齐雨萱 徐芳华 张凯文 葛姿涵 邹心怡 敖利婷 李科辉 张晶晶 郑文颖 付辰曦 冷竺霖 李重阳 刘一达 毛颖珂 孙光辉 赵紫祎 程竹 崔龙进 刘静 蒙厚锟 吴倩 张宇豪 彭若兰 宋鸿菲 周梓琪
马克思主义学院	毛子琛 张亚宁 廖彬 贺树月 郭超 谭晓婷 王超 李梦辰 司培颖 刘志鹏 吕耀龙 边春慧 吕星卓 张颖娜 邱素钇 赵子童 姜子策 魏诗晓 吕泽华 毕航 黄娇龙 王沃若 张雨辰 赵诗雨 卢凤仪 王佳慧 向源 辛姝彤 杨颖 龚昊 齐子修 孙璐萌 杨冬梅 张子舒 宋佳源 左钰洁 陈克正 冯钧可 胡铭 李泽昊 刘鑫 魏一凡 朱朔辰 侯玺 王鹏举 王文哲 谢忠正 赵梦涛 贾萌 闫盼 张文静 周松锋 董珊珊 李世豪 张靖玲 夏美霞 赵紫薇 韩晓雪 马漳旭 谭长峰 务婧博 刘晓雪 王珂 李荷芳 周晓宇 祝尚运 程璟昊 曹梦茵 邓潘祎 黄河 魏小雪 王科捷 黄蓉 李鹏伟 许福霖 陈翠 冯旗 郑书瀚 王季 杨海溢 屠纯伟 赵俊儒 余鹏 项众 杨欣 白璐璐 王琦 王月洋 赵瑜 宗鹏飞 卞书政 李佳书 霍道中 周静雅 赵亮 孟茹 李天成 唐楠 冯炳彰
社会与民族学院	刘娜 渠红帅 邵文利 吴玥 颜夏含 刘见齐 吴睢 姚茗元 唐姝琦 张静 周忠贤 米兰 董书昊 田启慧 叶莹菲 古敏 马帅 崔志杰 秦美平 陈玉真 李雪惠 王雪 张若冰 安可然 黎志 师天璐 李佳慧 罗敏洁 罗漪瑶 范思佳 何润秋 贾志鑫 兰雁青 马墨琳 满文鹏 屈玉菡 苏义丰 王梅凡 王清源 王心怡 吴蕙羽 谢之昂 张才 张岚清 张亮 周杨 宋炽 张云沛 黄馨怡 刘宪本 王宇璇 邹诗茗
哲学院	武灿营 杨亚光 卢奥蓝 雷辉 王新 杨豪哲 李昊轩 吕绍荣 韩玉洁 王胜鑫 沈锐 张珂欣 刘在仁 邓钰琛 张立聪 史季 马笑寒 周琪凯 徐亚兰 王云飞 刘宇庭 刘晶戈 高琪 邹太阳 苏雯鑫 杨贺茹 张欣昊 常笑晨 曹浩瀚 黄晓婷 李庆庆 李婷 赵文康 李香桦 曹海霞 陈铭杰 丁泉文 王嘉仪 吴岫烽 杨文豪 张译宁 左逢源 曾蔓玲 雷璧湲 吕志坤 马俊丽 武文昊 赵欣敏 刘博然 刘永琪 沈新玥 王奕辰 杨皓然 周龙成
国际政治经济学院	谷翔宇 卢颖琳 张少文 杨岳儒 孙鸣鹤 李鸣 洛紫恒 梁芷铃 王瑞芳 韩乐 唐凯 王榕 吴俊 张展毓 崔文隽 高文博 张婷婷 郭珂欣 从伊宁 董青青 王琦萱 范楷 侯宇琼 梁秉钧 李翰林 王婧 冷雪昊 纪石 姚纹倩 郭徽 宫禧瑞 桂平舒 杨志宇 赵海文 梁帆 孙瑶馨 郑思达 陈沅倩 贺旺 苏立心 孙田月 王亦之 吴杰琛 杨易 郑诗琪 朱博文 车豪 褚珉 董鸿锦 董悦梁 郭梦媛 胡志威 李俊霖 刘聪 刘浩天 刘洪伯 刘啸 陆宣潼 曲轩谊 湛焜雅 鲍志远 陈嘉铭 桂子豪 郭子怡 刘秉源 罗圣泰 许康棋 郑继铭 郑晓琳 朱方亚

续表 18

院系名称	姓名
经济学院	赵鑫 叶其楚 刘峻宁 胡植尧 王曼玉 许泽宇 刘兆璋 张万乐 刘海涛 冯梦缘 刘润宇 王婷 柴璐 朱广芳 王敏蘅 张彦霞 门月红 张静宜 高歌阳 刘火 索寒蕾 王璇 冯卓 宋盈盈 徐藜洋 李晶晶 陈金凤 何竞 马原 张东源 孔德瑞 沈美娜 王鹏举 刘博 刘永琦 彭纪涛 陈兆丰 高军 高攀 郭正清 桓连雪 李怡然 刘忠举 王晶 王丽 王瀛晗 韩明达 袁亦峥 朱前月 宋雅馨 李雨晨 万志亿 王琦 李博洋 吴奇 彪义雯 胡涛文 金才淇 李绪恒 林宇锋
	刘双赫 宋国旗 宋相阳 宛千帆 王一丁 仵锴 肖可馨 杨浩东 张俊之 姜博文 李门科 刘洺赫 王庆宇
新闻传播学院	金之玥 蔡聪 李辛扬 严嘉悦 张戌 李泽馨 李润泽 李博薇 杨默涵 陈玥彤 孙鸿菲 戴睿敏 陈海妍 贺子皓 刘铭勤 刘姿君 娄沛林 王芊卉 杨文根 杨雨曦 袁璐丝 张新俏 周锦瑞 朱远晴 安晋辰 班嘉慧 薄晓静 高蕴瑶 雷津皓 梁欣怡 刘美琳 刘宇馨 田畅 王惠容 王坤 姚怡斐 伊然 张新雨 邹颐彰

2021—2022 学年学术型硕士研究生学业奖学金获奖名单

表 19

院系名称	姓名
商学院	黄骏玮 刘宗豪 许滨鸿 商慧辰 胡典成 张相宜 胡又月 颜康康 付雨蒙 耿小雨 牛珊珊 伊胜东 张笑 杨曼 汉馨语 李贵阳 饶英子 葛长林 纪洋群 张苏玉 梁燕明 陈馨雨 付瑶宇 李涵 袁梦迪 张晓晗 陆丽莹 叶涓涓 史晓蓉 孙钰 刘宇洋 廖振宇 周祥真 皇甫笑宇
历史学院	时雨 王怡珩 陈雪榕 荀瀚文 涂俊峰 朱睿杰 邹佳琪 李嗣源 赵法洋 黄国伟 曹庆琳 高赛 崔传赫 徐振东 何依彤 肖雷鸣 陈桂冰 陈岩 胡格平 朱宸 范文玉 甘子辉 梁雪薷 刘格致 蒲艺涵 孙聪文 王经荃 王坦成 文新宇 吴灵杰 章泽玮 朱汉杰 王静文 许本磊 岳骁 李振源 王雪 毛阿莹 王璇 姚亚杰 赵静淑 向荣 王宇斌 芦文滔 林浩然 许余亮 房路平 管梓靖 欧慧玲 黄颖 林丽萍 蒋厚伟 李天啸 梁逸凡 王珣 王耀文 谢冰灵 赵若冲 付倬璘 刘恬 乔梓鑫 任易凡 谭坤钰 王础峥 赵月涓 陈华崟 谷体鑫 金世光 李菁 李林泽 孙豪杰 刘佳瑜 刘卫皓 刘卓 马明瑾 孙歌 孙维艺 孙绪谦 汤臻 吴晓丽 徐适达 袁嘉桧 马修伟 龙眼 孙睿 窦煜 惠铭华 高程 高高盈 刘媛 李文静 陈虹池 代维 陈希源 曹赫怡 辛琪琪 劳建科 田宏林 刘乾昊 李一梁 刘浩 张静宇 张璐 赵海曲 崔鑫杰 刘云起 郝宪莹 宋笑琳 田宁宇 秦溪苑 苏威豪 牛晨晨 李瑞浩楠 林杨浚锋
应用经济学院	徐浩然 刘贇德 栾瑁 冯嘉良 李銮淏 石玉莹 苗雨菲 许婷婷 余晓 陈慧 谢梦玲 张泽 宋晨超 王明哲 莫东翠 姚人方 何甜甜 郭艺扬 杨富钧 张朝辉 韩淋 廖世伟 刘潇帅 徐子贤 赵松爽 黄健维 刘诗阳 谭诗异 吴绮龙 刘思远 王新华 吴艳艳 叶智程 张子翰 张慧云 熊昭 吕劼 周家璇 班梓瑜 闫诗楠 罗佳 马雪芮 陈泽南 练书菡 方萱 李雅卓 肖相宇 赵怡 徐国铨 张莹 杨楠 贺伟东 张明进 韩一鸣 程果 沈冰桦 陈银虎 龚群超 孙铭 丁岩钧 司敏 陈强 贾逸冰 罗芳勇 何卓然 付喜媛 付卓宁 孙哲 杨添 孟蝶 李诗雯 叶语桐 于瀚宁 陈文静 刘京东 杨舒越 杨卓茵 贺佳宇 刘月清 齐萌 李敏行 艾丽娅 刘琪 马文静 吴煜 曹焱芳 黄海 邢煜婕 张芳汀 朱勇全 陈卓 赵凝 李杨 李叔豪 曾亭 郭恬 匡润华 王子瑜 杨浩丰 贾宁 宋委啸 马倩 林瑜 张永颂 马亚琪 曹怡婷 姬小曼 陈续 王东 陈秀山 张晓东 刘政 沈子豪 曾艺 孙镨玚 孙文欣 梅屹东 徐霞 孟鹏云 宋佳萍 刘雨琦 罗霄瑶 刘爽 姚鸣奇 田嘉铭 刘航帆 张丽霞 李沛锴 常峻玮
外国语学院	聂海浪 李秋南 王诗齐 王一久 黄雅丽 方萱妮 何欣怡 柳根梅 郑晓苗 胡新波 凌彤

续表 19

院系名称	姓名
文学院	何志伟 吴泽宇 周玥 陈慧敏 孙汝铭 陈亚文 员淑梅 梁玉婉 张圣彦 阎楚珺 李祎 陈辉 李泠锐 文若琦 何其敏 李心雨 冯熠 谢朋谕 孙苑 付佳明 廖秀芳 孙利利 邢光耀 高云晖 李文慧 阿茹罕 王劭 马千卿 王娜 付臻 吕晓宇 潘慧珺 孙紫梦 王宇杰 朱凡 姜丽丽 南旭晨 孙昭仪 闻英鉴 张欣悦 郑家宁 谷家龙 徐茹春 赵津艺 张永满 陆易凡 刘凯丽 张晓帅 林轩羽 杨雪玉 吴雪岩 胡日哲 王朴微 夏新月 许雨婷 陈杰 牛鑫钰 牙森·买买提
法学院	范夏欣 张彭灿 关舒馨 刘俊辰 魏延艳 刘佳琨 梁亚伦 王郁茗 龚宇 李子恒 李姝杰 代晗 张悦 李柔 刘博 任泽彤 王聚兴 杨镇嘉 孙萌 王继煜 张永泉 彭重文 刘牧 彭执一 杨昊 郭卓文 李奇修 袁飞扬 李宇田 吴微 李江 黄亚洲 康佳璇 曹钰 王言 李磊 屈玲 胡婷莲 沙涛 王怡茗 吴晓岩 武宏伟 杨冰洁 张璐溪 陈嘉怡 王宇韬 陈薇 黄斯琼 杨健 郝嘉祺 李雨桐 王嵩 王子涵 尹君燕 刘水镜 崔荣昕 徐婷 史青平 赵欣 邱程航 张瑞晨 刘赟 杜洁 汤懿祺 谭逍遥 钱美红 莫婉莹 柴耀贞 和晶 张飞逸 时越 刘姿含 耿豪良 舒璐瑶 刘畅 吕一洲 何泽辉 汪雨萱
政府管理学院	杨睿智 侯松 屈贤多 訾旷怡 李昊远 战世港 闭潮乐 李宇峰 王羽纯 黄春柳 李梦瑶 刘卉 胡雪玉 马瑾霏 张东东 冀新婷 温晨 檀斯琦 胡小冬 张佳莹 李若睿 陈安妮 陈若凡 王靖媛 谭敏 王乐铮 曾玉金 戴茜 郭佳欣 翁怡婷 冯睿 吴慧婷 吴境 吴润琏 薛昕桐 陈龙尊 刘宇硕 原连泽 潘春旭 徐启瑞 叶泓利 王欣夷 张靖颐 胡雨薇 曹力尹
马克思主义学院	庞怡凝 任振宇 姜越 王艺玮 佟印正 甘婷婷 郭聪 高源 盖琳琳 郑宜帆 姜珊 李帆叶 王佳琦 王龙琪 王美懿 袁一丹 李倩 高琪 梅哲 张鑫宇 刘睿 赵子越 王娜 俎楠楠 陶威 陈秋洁 何开心 王珺 王梦雅 豆高飞 李瑞钦 王彤 杨必诚 张淑媛 李昊阳 李卓立 王欣钰 苏辉 周志强 孟雅檀 袁也 梁鑫 俞奕如 范冰
社会与民族学院	余格格 李筠卿 王晓辉 孟琳峰 田小旭 赵常杰 周洁 邓八千 顾凡 侯中杨 陈皇蓉 池彦琳 原铭泽 武泽中 刘经俏 薛聪 朱古月 杜奕钢 黄妍喆 冯诗雪 梁茵岚 刘媛渊 马璐阳 穆岩 王荣慧 杨佳儒 张万梅 李依娜 夏婧乾 陈伯港 黄敏程 张柯欣 鲍晓勇 姜瀚 陈睿 张雅博 王鑫淼 张广利 李瑞 赵晗 高婷 李硕 艾力巴依·艾尔肯
哲学院	熊小宇 罗新茂 黄子轩 王锴雯 林灼芳 龚奕帆 邓博文 焦文宁 蒋玉清 王子威 张诗雨 王喆 梁剑飞 贺正宁 赫明宇 白玉环 王丰 喻婕 纪秀骅 潘宏赛 董鑫明 南王喆 韩磊磊 米汝钰 张智涵 王文鑫 余金璠 陈俊 马佳欣 刘昕 严铭洋 羊侯锦 陈鼎元 潘俊秀 周冬梅 周询 钱宝亿 张蕾琪 张心怡 李由翠 孟阳 崔洪庆 李志哲 许方洲 张梦珩 景一然 郁畅 靳泽源 程宗颖 刘银平 项星力
国际政治经济学院	陈琪琪 苏山岳 华佳丽 戴扬 周琳 胡少宁 刘昱函 周卓玮 孟繁超 陈宇龙 赵明 林凯文 孟思宇 魏康桥 牛宇柔 伊磊 李昱萱 刘艳婷 赵家敏 段昭星 鞠宇涵 万泽玮 孙静波 杨晓珊 只霄北 胡朝阳 孙一鸣 郭一帆 李炜懿 胡鑫 刘汗玉 薛楠 赵翊博 张黎明 韩江雪 孟珊 张梦惜 高博韬 汤远泽 项宇星 杨嘉豪 范晨歌 郭一豪 孙嘉 何一非 王冰雪 曾顺意 寇明栋 韩沐妍 刘镇豪 王柯懿 肖锐昂 常方煜 晁弘扬 赵鑫 杜欣 束任翔 徐斌 李子宁 吕友彪 国兴华 涂芝鑫 刘鸿泽 岳宏远 唐国湛 刘欢 彭鸿文 孙敏 刘若淇 王奉龙 符雨萌 汪丁牧野 陈李逸帆 徐滕博雅
经济学院	倪晨旭 杜国蓉 庞皞 王辉 周皓雨 张药 贺志浩 邵韵洁 余丽 拱笑哲 王涵 郑晓文 林永沣 张志达 雷嘉欣 杨铸力 张馨予 王昆 董文楠 崔磊强 李蕊 江维 黄文君 王少煜 钱玉婕 段旭元 马晓菲 郑智 崔兆辉 李根英 吕佳昕 王志远 张泰瑜 段博森 李文诗 牛嘉玮 宋金辉 王雪凝 汪千儿 晋森 苏虹任 胡飞 王禹欢 刘凯 李荣志 冯磊 张世祥

续表 19

院系名称	姓名
新闻传播学院	吴丽雅 赵熳 陈智睿 杨子函 郭菁 陈爱茹 王钰涵 熊庾彤 楚颖盈 唐恋 张宁悦 郑雨珂 刘港平 汤志成 殷宇婷 余越 赖家强 蒋思雨 谷沛遥 张仟煜 杨娇 吴美晨 李卓雄 肖语奇 马娅萌 高宇 李墨馨 李倩 李宜桐 王婷瑜 王微阳 王雪玲 杨昕怡 陈瀚颖 黄一清 刘嘉妍 孙睿璠 赵川 赵倩 杨承鑫 杨肇祎 高源昊 雷婕妤 周藤灵 李云帆 杨怡 赵艺伟 宋晓文 陈杰杰 刘子荟 王悦 邓荣康 廖小云 敖玉连
政府政策与公共管理系	高珊珊 王钰雯 冯若男 姚怀国 霍阅尧 陈舒玲 廖丹 柳荣凡 马竟雄 唐文秀 成玺 刘双

2021—2022 学年专业型硕士研究生学业奖学金获奖名单

表 20

院系名称	姓名
商学院	陈建宏 高阳 李玉 马如龙 王星 王焱 刘松 刘洋 曲磊 邵欣润 吴蓉 邢学阳 杨天旎 张佳 周彤彤 白婷如 陈德鑫 褚钟瀛 贾婧睿 李瑞祥 刘乐 马志远 齐乐筝 王逍遥 杨逸菊 张攀 张宇 张泽华 赵童 朱敏 周翊超 张翠杰 刘娜 徐也驰 曹源 张武伟 张方智 边林立 包海鲜 刘莉 李奕澎 张玉
历史学院	郭倩红 宋雨 韩心悦 郭静璇 马哲 毕驷睿 周晓芽 徐晓涵 吴静怡 宋天华 曹蕴瑜 李心辰 张晔彤 刘雪庭 孙嘉钰 施佳瑜 刘宇昕 冯青若 吴钰洁 潘墨晶 鲁寒晓 赵可心 刘安阳 李耘秋 张梦宇 张晓滢 桯小芳 郭彦麦 沈寅秋 姜雨杉 斗美慧 路鹤鸣 杨怡 江其永 周方园 张怡琳 闫昱辛 王颖 李立超 吕琨琦 刘潞欣 蔡雨轩 杨钰烽 崔灿 胡可欣 赵文慧 周昕妍 闫格 马弋桐 邵煜函 罗英豪 马星彤 孙立彦 申培怡 钟馥鸾 张熙若 金岩洁 祁喆 朱珺平 冉馨怡 魏弋欣 文苑 李梓菡 郭昊 黄烨 曹煜琪 敬子彧 王雨婷 田雪菲 罗思琦 姚俊先 鞠鑫海 张雅文 闫沛纯 梁紫昭 何宜萱 陈君叶 马琳 胡静怡 高飞 唐铭遥 蓝天鸽 李雨点 程然 段天晨 王钰芊 许晓凯 王志群 马瑛 段千星 蒋欣言 王潇婧 钟秋林 殷鹤晨 郭瑛 钟炜琪 张依芃 刘章琦 黄雯琪 王婧伊 赵睿思 杨讴蓼 余玥 马可欣 平梦璇 谢宇 潘雨凡 王佳宁 夏梦依 蔺子涵 申晓航 武闻达 李銮 张馨心 李慧 刘宁 晏凌敏 范一苇 杜琳 刘紫萱 李默涵 陈嘉祎 张含乐 颜红叶 高碧芸 李文馨 文康 马洁
应用经济学院	陈阳 李豪 李昊锟 王书灿 孙月霄 张浩文 郑宇 周展慧 陈怡君 程雨晨 韩新运 贺嘉航 迟雨婷 蓝明慧 李博文 李蒙 彭天舒 彭越 王警仪 王先达 王尧玺 晏超成 张曦月 朱冰茜 班悦 卞淑慧 丁胜 韩淼 冀蓉艳 姜看 李鸽 李雨桐 刘祥宇 刘星 彭子祺 史亚东 王欣悦 王元昊 魏璐然 杨冠华 阴皞 余佳翼 张飞凤 张宏历 张笑生 张砚伯 张一姝 赵李宏 杜国良 李朋真 乔彩姣 张玉哲 程乐怡 陈悦 徐成林 杨立伟 蔡乐湉 刘涵玥 张逸帆 秦梅 梁译丹 余怡欧 解开 魏清健 张佩渲 李宗泽 付丽颖 王乾 郑柯 叶辰瑛 叶安娜 王森 宋娜钏 王琦 吴奕萱 陈璐泱 赵荣旭 朱淼 张子奇 王丽娟 郝宇昂 张丹妮 颜玉艳 李林超 杨普瑶 黄阮墨铭
国际教育学院	陈凯 郭恺璇 陈仕佳 张傲 陈思璇 周昊英 任俊灵 王梓力 张乐洁 季怡 闫晓宁 张紫玉 樊婧 荆蓉 姜金钊 曹必聪 万令彤 潘琳娇 起宁悦 张悦 马梦伟 金月宇 周思睿 任雨 沈洁 赵一帆 刘营 谷晓雪 周密 王雯满 秦渊博 武梅 葛昱含 江潇 李硕 张迪 张晓冉 刘施雨 张朗洁 张知奕 彭玉婷 王茜瑶
政府管理学院	丁曼曼 李奥 刘风蕊 金翀 颜飞 韦玮 任珣 翁营 周嘉林 郭佳文 马成龙 孔佳琪 徐振 宋睿 王丽 谢悦 高盼 马逸麟 余雪 施文 石徐敬竹

续表 20

院系名称	姓名
社会与民族学院	郝佳洁 李汶融 郭宏宇 任学倩 侯晓晨 周宇 刘正 唐静娴 张晴晴 王小梅 费尧 黄诗航 吕安然 牛菁菁 卜小凡 范怡梦 刘文雁 马子凌 马云霄 刘柯欣 刘川 党菁 林婧 袁雪峰 何雨蓓 余丽萍 刘寒冰 邹玲 昝燕燕 石宇薇 薛萱 许梦珂 李丽莉 邱媛 何昕朗 王誉梓 刘芳 陈珍 张钰婕 张禹 郝双玉 冯晓宇 平依帆 宋金茹 刘玲 刘丹 李梦宇 卢楚婷 刘颖 曾媛 魏政芳 侯晓彤 丑晓韵 李文枫 陈阳 赵馨瑀 鲁静雯 张冰玉 董琪琪 张钰 梁宇欣 刘红飞 卢珊 方沈琬婧

2021—2022 学年学术型博士研究生学业奖学金获奖名单

表 21

院系名称	姓名
商学院	王曰影 郭佳 赵丽 徐紫嫣 叶紫青 安世强 陶鸠 李同舟 张慧 董康 刘悦欣 陶思宇 白宇轩 李媛媛 李真真 张宙材 宋佳 陈琳琳 王瑞婷 张静 谢博 李翔宇
历史学院	葛利花 王海燕 王一凡 项琦 岳天懿 贾楠 马一鸣 曲正清 杨林旭 白倩 刘永瑞 杨丽 黄佳作 曹恩宇 康凯斐 李浩搏 李锐洁 李天瑗 李肖含 刘淑琪 苏晓敏 文雅 游智越 张芷晗 赵一凡 周琪 周沙沙 常城 肖倩倩 王静雪 刘东昇 张群伟 李芳芳 王陆野 刘鑫 郑雪芳 赵淑杰 白景虹 蔡丽丽 曹少朋 沈传衡 方可追 高瞻 何炜 梁赟 陆力 祁德胜 乔卫星 时培然 王文丹 王子嫣 吴浩云 吴圣武 吴晓丹 夏文登 薛论 闫艳 张盼盼 张心怡 赵斌 黄小强 乔方悦 张新柱 张玙 刘文星 朱科 李红扬 张清清 张金桥 熊光照 陈璐 石启贤 王瑞华 韦锐锐 刘换 万丽丽 田耘 于靖涵 马驰原 张泽钊 刘江 贾佳美子
应用经济学院	黄徐亮 李瑶 李俊杰 林珊 于宪荣 齐晓雨 哈秀珍 薛飞 湛礼珠 刘基伟 李红梅 康文梅 徐晓辰 闵逸杰 熊琪颜 李童 张作祥 黄孝岩 刘会静 宁健康 陶艳萍 王彦君 黄珊 李均超 吕佳宁 许娜 李瑜 路先锋 张子棋 李冉 曾昭睿 郑玉雨 杜金泽 张海汝 杨远旭 侯宇恒 罗丽媛 朱钰凤 郝艳杰 万诗婕 夏克郁 陈博宇 代伟 吕伊姝 麻荟 张智 张彦红 曹九龙 于江韵 赵晨 邓晗 何向育 李月婷 王会颖 杨洋 左茜 齐岳莹 吴雨桐 杨梦婷 赵云飞 孟繁成 张成 冯竞瑶 李文洁 刘威 张致宁 孙征 常皓亮 孙琴 徐铮 尤游 于雅俐 郑德奖 孔祥飞 刘如玉 李家家 郭燕 赵鹿 周全 张孜豪 刘雅慧 张亚飞 谭宁东 徐睿哲 李重阳 杨金娇 王旻婕 王锦程
外国语学院	何冰洁 马琳 曾昭娣 郭鸿 唐小芳
文学院	孙金琛 单俪娉 熊惠 何汝贤 黎顺苗 杨新宇 王丹 王苇杭 李青林 张耘鸣 胡正裕 宁媛媛 王霄霞 韦鑫 周琪瑛 孙森 宋泊颜 张涛 高卿云 刘伟楠 任洁 张雨萌 吴鹏 阿如恒 何城禁 唐雪婷 李美澄 陈思伊 石小红 蔡伊玮 陈尧 戴宏远 龚金晔 郝潇 李旭 陆霞 杨宇 张思羽 赵明 杨心怡 任喆远 荣华 孙艺支 王蕾 耿硕航 蒋霞 李汶璟 陈琼 冯尉斌 张觅 刘玉静 李梦莹 程冉 马文雪 罗帆 梁鑫渊 张司晨 王旭莹 印雪 彭晓妍 胡朝君 宋佳 郑昊 其乐格乐
法学院	郭沙沙 袁佩君 周一博 赵童 崔丹 雷达 李蕊 吕宜伦 苗振华 杨滨蔓 于晗 张昊 张希望 王燕芳 邹建华 山茂峰 崔心童 谷月 何陈爽 何凯 黄彦霈 李文杰 刘楠楠 王文龙 王晓宇 王照飞 张文秋 刘一达 付宗垣 程昇 王家阳 邹劭坤 吴贻森
政府管理学院	王昊 姚棵林 彭冲 石春林 陈彦霖 吴秀雪 张兴 任钰佩 王舒琼 张薇 房琳薇 李辰 刘昂 庞茜 吴霞 朱婷婷 邹琼 李笑笑 白静 任琴 胡怡熙

续表 21

院系名称	姓名
马克思主义学院	魏依庆 张新颜 李清和 李银萍 李泽中 马新宁 牛晓靖 吴姗珊 余晓爽 张雪 张玉婷 赵丽君 宋一平 张燕妮 刘浩然 张蒙帅 胡孝鑫 隋辰南 王涛 王英 赵容艳 陈顺琼 郭航超 韩宁 黄奎 李飞 李佳辉 李瑞琦 刘瓛 孟靖朝 闵方正 尚肖刚 苏鹏 唐家容 王君玺 王亚杉 王云鹏 魏美霞 吴晶 向莹莹 张蕴 朱金鸣 朱琳 徐婷婷 兰文玲 潘越 刘爱彤 马鹏 孔祥郦 曹卉婕 雷婕 陈怡阳 丁燕鹏 杜旷 胡转兄 鲁擎雨 邵燕飞 巫晓梅 余金金 陈孟伟 房圣康 郭金 郭烁 郭文娟 胡倩熙 黄小丽 贾保营 姜敏 李家康 李欣 梁泽远 刘可敏 刘书臣 陆春梅 马弟远 綦敬海 宋青瑶 王伟 王香凝 王亚军 魏其兴 吴飞燕 徐子轩 燕碧天 杨超 袁峰龙 张贝 张欢 张金瑶 张洋刚 张颖 张玥 赵晓娟 赵虞尧 周菁 朱曼 朱雨瑶 张雨楠 李佳馨 朱隽 谢凯 刘文颖 魏然 孟轶琛 余同 周亮 席娜 张英 马涛 郭孟悦 裴越
社会与民族学院	孙子涵 郭思 钟媛婷 顾旭光 陆慧玲 胡静凝 王卡 邓进 王路 祁丽 邱尼姑 肖慧丽 张璐 成霄峰 王璐 张迪 郝秋晨 崔雨晴 田耘 党垒 梁智迪 刘沛鑫 王翰飞 吴子洋 项江南 严文利 杨标致 余正台 田亦阳 齐昊 王文艳 蔡文萱 毛冰雪 刘艳超 李英超 向凌铁 匡凯 张世玉 李佳佳 曾宇龙 张亦瑄 许又姜宇 杰根石青
哲学院	窦建英 黄家诚 马杰 王建凯 刘圣民 翟小萌 黎春娴 宋泽方 万建 余忠乐 张中华 曾嵘 法恩 陶群 刘洋 赵奥佩 陈雅琨 杜丹雅 陈迪芳 陈桑 刘敏 涂美奇 吴新贺 谢楠禧 张天舒 赵丽鑫 郭俊 高亚丽 郭沁 花佳秋 潘飚 何欢 张允升 孙武 孔天伊 孔亮 杨少娣 张国娟 嘉央丹巴
国际政治经济学院	席寒婷 杨诗琦 土小琬 张慧聪 卫白鸽 荣丹 聂志宏 李浠 孔大鹏 董莹琬 张博彦 赵丹 左筱 曹有顺 鞠佳颖 任骁霖 杨扬 侯玉含 邱琰 张晓旭
	贡杨 张玉 商文秀 吴沁哲 罗恺凯 贾继元 章凯琪 王芬芬 钱胜存 许嘉伦 王楠倩 薄荣康 陈震 张高瀚 周天蕙 管雪青 赵雅濛 封璐 孙玲 马一鸣 谈天 王媛媛 崔泰齐 龙春生 朱清华 曾钰稼 刘念 刘倩怡 张琨 凌枫 刘晓麒 侯天姣 于瀚韬 王雨霏 李少康 陆涵奇 杨玉鑫 张建 韩祥芝 张耀天 张家玮 伊松凝 薛琳 王凯 潘松 李江 欧阳竹萱
经济学院	崔琳昊 宋永华 向迪 章子琪 苗效东 杨祥雪 郝鑫泓 毛安琪 李民 刘英俊 蔚金霞 吴湛 张楠 周婉冰 牛浩 翟颖颖 王佰川 田文文 牛坤 段全伟 李蓉 刘梦圆 马昭君 薛冰清 薛村 张国坤 张慕千 张午敏 张兆鹏 丁凡凡 郝晓琳 李威 卢进 周静毅 王宁 蓝迪 刘美欣 满百举 李正 郭楠
新闻传播学院	李秋霖 李瑛琦 贺文文 申哲 孙芳 陆羽婕 许可 陈伊高 何锦娜 李喆 刘艳 王楠 杨宁 李斌
经济学院政府政策与公共管理系	裴文静 王蓉 翟宛东 常哲仁 冯艺 曲晓溪 王露茜 王文博 于小丽 李方圆 冯晗 兰曾 马艳菲 司凤朝 王潇君 吴利娟 张洪亮 周昱衡 孟娜 周龙环 李昆 周东海

2022 年校级优秀毕业生名单

2022 届校级本科生优秀毕业生名单

表 22

学院名称	姓名
法学院	聂羽欣 伊梅杰 林晓琳 刘恒源

续表 22

学院名称	姓名
经济学院	王新雅　康　迎　刘姝池　祝思民　周仲夫　曾学科　耿志超　陈梓浩　古沛灵
历史学院	师子涵　罗　兰　梅叶璇　上官婧琦
马克思主义学院	王龙韵　冯钧可　朱家萱　李梦辰　王静怡
商学院	李艺华　唐联洲　王仁杰
社会学院	刘晓瑞　秦美平　吴蕙羽　马墨琳
外国语学院	杨　易　郑诗琪
文学院	邓晨菲　马欣然　曹羽翔　张冰然
新闻传播学院	颜钰杰　陈泓伊　宋天真　刘嘉艺
应用经济学院	魏垚央　董小满
哲学院	王　晴　蒲雨佳　李溪源
政府管理学院	李海林　李镕成　王漠依
国际政治经济学院	黄平钰

2022 届校级研究生优秀毕业生名单

表 23

院系名称	姓名
俄罗斯东欧中亚研究系	杨　然　刘　楠
法学院	杨博涵　齐　仪　张若楠　刘雨萌　陈　静　丁　亮　候素枝　陈欣宇　陆麒元　刘　莹 王雅凤　李金凤　丁文婕　吴松波　王奕心　牟一涵　付骄阳　马晓琦　董龙凤　李昇锦 姜居正　闫　元　王冰鑫　周书瀚　钱　蕙　徐　娜　赵嘉颖　陈宇航　卢晓娅　于晓彤 张诗韵
国际关系学院	桂平舒　苗蓓蕾
国际教育学院	杨鸿静　刘　阳　孔庆磊　夏禹圣
经济学院	史琳琰　陈　蕊　李　嫱　管智超
政府政策与公共管理系	刘　珍　都闪闪　刘浩荣　廖欣欣
拉丁美洲研究系	窦天骄　景　策
历史学院	刘泠然　刘宇君　贾方舟　邹璐莎　李奎原　崔　彤
马克思主义学院	丁　琳　吕晓凤　韦丽春　陈瑞伞　赵晓梅
美国研究系	张　陆　刘　明
民族学系	孙惠临
欧洲研究系	杨昆灏
日本研究系	李纪盈　卞显乐
商学院	刘明炜　李冬辉　陶　莉　李艾璇　刘金哲　洪倩倩　张雅俊　陈多思
少数民族文学系	程　瑶　孙宇飞
社会发展系	金　鑫
社会学院	鲁　文　姚茗元　崔宝瑞　席东杰　李　尉　张　茜　黎秀坤　谢文凯　欧阳璇宇

续表 23

学院名称	姓名
世界宗教研究系	韩　博　高　翔
外国语学院	艾　萌
文学院	黄　汉　滕　云　李建为　梁　帆
新闻传播学院	刘　旭　刘静静　曾雷霄　杨苏丽　高　艺
亚洲太平洋研究系	梁　劲
应用经济学院	郑　盈　梁森威　王凯文　薛佳晴　马　慧　何乃香　任　钰　汪一帆　魏琪容　赵丹妮　陈淑婷　毛瑞丰　董吉聪　李　毅　张黎青　李彦君　苏　捷　蒋宏志　石博涵　王小彩　冯心歌　燕　铭　谢金丽　李青原　张　弓　肖双双　李　豫　宫　毅　司秋利
语言文字应用系	冀际安　于建波
语言学系	徐梦真　黄丽轩
哲学院	王　新　严　政　华智敏　罗启权
政府管理学院	刘　昌　任渊博　邵楚纤　王荣华　姜智超
中华人民共和国国史系	朱晨旭　杨　璐

2022 年校级三好学生、优秀学生干部、先进班集体名单

2021—2022 学年北京市三好学生、优秀学生干部、先进班集体名单

表 24

类别	姓名
三好学生	王　昆
	叶清漪
	田书股
	李　晗
	易玥曈
	章荣荣
	商慧辰
	谢嘉怡
	翟子云
优秀学生干部	李泽中
	李清和
	赵习尧

续表 24

类别	姓名
先进班集体	应用经济学院 2021 级学硕一班
	社会与民族学院 2021 级本科班
	国际教育学院 2020 级汉语国际教育硕士班

2022 年校级优秀共青团员、优秀共青团干部、先进团支部名单

2020—2021 学年北京市优秀共青团员、优秀共青团干部、五四红旗团支部

表 25

类别	姓名
优秀共青团员	余振翔
优秀共青团干部	魏垚央
五四红旗团支部	经济学院 2020 级硕士团支部

2021—2022 学年“青年大学习”优秀组织和个人

优秀团总支

表 26

序号	组织名称	年度平均完成率
1	研究生教学系第二团总支	44.24%
2	历史学院团总支	39.89%
3	经济学院团总支	34.43%

优秀团支部

表 27

序号	组织名称	年度平均完成率
1	2021 级思想政治教育团支部	91.85%

续表 27

序号	组织名称	年度平均完成率
2	2021 级法学硕士班团支部	91.11%
3	2021 级经济学 1 班团支部	87.53%
4	2021 级历史班团支部	85.62%
5	2021 级马克思主义理论团支部	77.26%
6	历史学院 2021 级博士 1 班团支部	72.20%
7	民族学系 1 班团支部	71.90%
8	2021 级经济学 2 班团支部	71.40%
9	中华人民共和国国史系团支部	70.35%
10	2021 级文博 2 班团支部	70.18%
11	2021 级国关 1 班团支部	68.33%
12	少数民族文学系团支部	67.97%
13	2020 级文博 2 班团支部	64.62%
14	2020 级国际经济与贸易班团支部	62.73%
15	2020 级经济学 1 班团支部	60.28%

学习标兵（积分相同者排名不分先后）

表 28

序号	姓名	所属支部	年度积分（分）
1	姜居正	2019 级法学硕士班团支部	672
2	杨茗茗	2021 级国关 1 班团支部	672
3	叶清漪	2021 级国关 1 班团支部	672
4	张以恒	2019 级经济学 2 班团支部	672
5	陈鑫娜	2020 级经济学 1 班团支部	672
6	李文博	2020 级经济学 1 班团支部	672
7	刘潞欣	2020 级文博 2 班团支部	672
8	温　晨	中华人民共和国国史系团支部	672
9	郭阳铭	2021 级经济学 1 班团支部	672
10	程飞扬	2021 级经济学 1 班团支部	672
11	周理郡	2021 级经济学 2 班团支部	672
12	侯嘉城	2021 级经济学 1 班团支部	672
13	付亚鹏	2020 级经济学 1 班团支部	672
14	金奕彤	2021 级经济学 1 班团支部	672
15	岳晓萌	2021 级经济学 2 班团支部	672
16	牛美慧	2020 级文博 2 班团支部	672
17	刘瀚月	2020 级马克思主义理论团支部	672

续表 28

序号	姓名	所属支部	年度积分（分）
18	张潆月	2021 级思想政治教育团支部	672
19	强俪馨	2021 级思想政治教育团支部	672
20	张婧怡	2021 级思想政治教育团支部	667
21	王晓辉	社会发展系团支部	662
22	李嗣源	中华人民共和国国史系团支部	660
23	胡小冬	中华人民共和国国史系团支部	660
24	苏知遥	2019 级国际经济与贸易班团支部	660
25	柴冰洁	2021 级文博 2 班团支部	660
26	于　桐	2021 级马克思主义理论团支部	658
27	韩东霖	2020 级经济学 1 班团支部	658
28	杨欣然	2021 级思想政治教育团支部	657
29	李　想	2021 级思想政治教育团支部	657
30	宫新爵	2019 级社会学 1 班团支部	657
31	任万里	2021 级经济学 2 班团支部	657
32	高高盈	历史学院 2020 级硕士 2 班团支部	657
33	闫子俊	2021 级历史班团支部	657

其他表彰名单

表 29

序号	姓名	奖项名称
1	谭舒予	第二届首都大学生诚信演讲比赛一等奖
2	马凤娇	中国电信奖学金
3	翟子云	中国大学生自强之星奖学金
4	校辩论队	第九届新传杯全国高校网络辩论邀请赛季军
5	校辩论队	2022 华语辩论世界杯北京赛区联赛杯冠军
6	校辩论队	第二届科言杯京区高校辩论邀请赛亚军

团委奖项

课外学术科技项目第十七届全国“挑战杯”课外学术竞赛获奖情况（国赛）

表 30

序号	项目名称	参赛学生	指导教师	奖项	校内奖项
1	新就业形态新在何处——基于实地访谈和CSS数据的新就业形态劳动者工作境况及收入差异研究	王新雅、刘姝池、李思睿、王泽横、	高文书	特等奖	校长特别奖
2	“脱贫之殇”：脆弱性脱贫理论构建验证及返贫监测预警——基于全国27个省市的2854户贫困家庭分析	王明哲、李昊雯、李沐芸、谢师平、马境远、徐国铨、杨楠、赵怡	廖永松、周迪	二等奖	校长特别奖
3	农村集体经济组织中的未成年人成员权问题研究——基于5省9个村落的调研和1037则裁判文书的实证研究	间臻浩、钱蕙、李萌、张新茹、陶志昂、陈宇航、张睿、刘雨萌	吕艳滨	二等奖	校长特别奖
4	大学生抑郁情绪下求助者、被求助者及环境影响专业求助意愿的调查研究	徐圆、唐地佐、周韵、邹淑昕、高文英、杨依雪	周少贤	三等奖	校长特别奖
5	国家治理现代化视域下民族地区防治青少年校园欺凌的困境分析与共商共建共享机制实践——基于云南省两地州的调研	赵习尧、岳浩天、李雨霏、谢永宇、王泳清	李玮、张瑜	三等奖	校长特别奖
6	“数据帝国”倾轧下的反抗——平台数据垄断的法律规制研究	孙恺恺、韩晓涵、赵秀洁、李英溥、徐晨梓、王子畅	赵磊	三等奖	校长特别奖

第四届“人文之光”——社科学子课外学术支持计划暨“新苗计划”挑战杯培育专项赛事（校赛）获奖名单

表 31

序号	项目名称	参赛成员	备注
1	“一带一路”倡议下中国对外直接金融投资风险分析——基于对63个中国跨国公司的实地调研与世界银行数据	张竞壹、丛正龙、靳佳琪、韩登清、付亚鹏	特等奖
2	谁为农民养老：乡村养老服务供给短缺与优化——基于CFPS数据和典型个案的研究	张卓然、尤浩谕、张星原、杨澍、祁赞朋	特等奖
3	书写革命：社会文化视域下的近代书写工具变革研究	魏一楠、黄子瑞、黄欣婷、柯思羽、宋安未	特等奖
4	新时代文明实践视域下的“文化养老”——以寿光市的传统文化教育为例	孙传智、潘靖豫、顾笑颜、黄欣婷、杨澍	一等奖
5	我国农村老年人的居住模式与膳食质量——基于全国十省调研数据	肖雪	一等奖
6	政府低碳治理意志推动下的减排成效：利己却不利他?	吉治璇	一等奖
7	信任对党媒偏好的正向影响：以情感感知为中介变量	刘若蒙、汪文、杨绪炜、杨其诺	一等奖
8	网络时政信息与政府信任——基于CSS2021数据的实证研究	樊嘉浚、梅建昊	一等奖
9	北京市接诉即办工作机制的实施现状与优化路径——基于实践调研的观察	张静怡、李靖武、宫博楷	一等奖

续表 31

序号	项目名称	参赛成员	备注
10	“多轮续写”模式在高中英语读后续写中的实践研究	王瑞芳	一等奖
11	农村不同性别老人从养老金中获益相同吗？——基于夫妻议价视角的探讨	欧阳鑫	一等奖
12	东西对立格局下的十六国军事地理格局分析	李宸廷、刘晓彤、纪莹瑄	一等奖
13	基于农民满意度的“厕所革命”绩效评估——以四川省广汉市 L 镇为例	肖雅月、孟雨琪、王明蕊、陆佳、魏潇、路超伦	一等奖
14	共同富裕视角下超龄农民工现状及未来进路	范蛰元、姚超朋、田左图、李逸洋	二等奖
15	东亚区域产业链重构的经济效应研究	王奉龙、牛宇柔、桂子豪、郑继铭	二等奖
16	ESG 评级能否促进企业绿色转型？——基于多时点双重差分法的验证	于宪荣、韩一鸣、周展慧	二等奖
17	疫情冲击下 PPI 与 CPI 背离——基于需求冲击的视角	方萱、叶其楚、孔德瑞	二等奖
18	博物馆文创 IP 传播机制与中华优秀传统文化“双创”发展研究——以三家博物馆为个案	包雨仙、杨婧童、黄楷珺、温佳慧、岳南岐、黄婉伊	二等奖
19	流动命运与村落新生：城中村“马岗”的微观社会史——基于景观人类学视角的个案研究	高禀超、张星原、李德涵、马云飞、倪师洋、阎雪松、岳君陶	二等奖
20	“学”与“徒”之间：校企合作背景下学生的情感体验困境及其应对	谢之昂、王心怡	二等奖
21	乡村振兴中“三治结合”的能人治理模式研究——以福建省 Y 县 B 村为例	王心怡、谢之昂	二等奖
22	农村调解员队伍现状、问题与对策调研	童译瑶、王巧、肖文轩、李卫、韩佳恒	二等奖
23	短视频著作权侵权损害赔偿的现状反思与规则建构——基于 395 份裁判文书的分析	杜天星、施佳其、马欣颖	二等奖
24	基于 COLT 量表的德国低年级华文课堂实证研究	肖楠	二等奖
25	“云支教”活动施行障碍性因素分析及优化方式	翟子云、雷忠玥、谭舒予、杨欣然、胡晴、李柯霖、陈思瑞	二等奖
26	先前经验、示范效应与农户电商创业意愿——基于全国农村电商发展态势的多层线性分析	刘会静	二等奖
27	使命型监管视域下市场监管改革研究 ——以自贸区 A 片区为例	胡懿茹	二等奖
28	网络互动视域下的媒介研究	田思妍、蔡茨、张栩劼、张谦育	二等奖
29	香港自由港的历史演变与时代变革	项琦	二等奖
30	新疆维吾尔族学前双语教师国家通用语言中元辅音习得分析	左欣橦、王梓力、潘琳娇	二等奖
31	大学生志愿服务的思想政治教育功能提升路径研究——基于 1036 份样本的探索性因子回归模型分析	李姮烨、李娣、刘瀚月、李鑫、赵习尧、宋一凡	二等奖
32	普通高中军训工作的国防教育有效性及优化路径探析	高腾飞、李逸洋、黄婉伊	二等奖
33	生命与合一的艺术：山水画及“山水”观念研究	岳君陶、段名杰	三等奖
34	回答金岳霖之问的尝试：理解哲学作为方法和对象的有效结合	杨作豪、李长转、杨永新	三等奖

续表 31

序号	项目名称	参赛成员	备注
35	全面推进乡村振兴背景下农户绿色生产行为的影响因素与实践对策——基于全国 10 省（区）2448 户农户的调查证据	林珊	三等奖
36	数字经济驱动服务贸易高质量发展路径研究	张药、刘博	三等奖
37	行万里路与读万卷书——旅游发展、非认知能力与地区增长效应研究	胡典成、丁雪怡	三等奖
38	后疫情时代重庆市奉节县旅游业生态调查报告	谈芯羽	三等奖
39	赛博朋克的破圈如何影响青年人对人工智能的态度?	贾叶子、南卓辰、欧阳泽楷、董炤昕、林治	三等奖
40	当代大学生的性别意识报告——基于 2018 年中国大学生追踪调查（PSCUS）	林子琪、柯思羽、方菲、庞妍	三等奖
41	公益组织“志愿失灵”研究——以北京市流动儿童微澜图书馆项目为例	庞思雯、王兴瑞、刘俣彤、严优优、耿宇	三等奖
42	川甘部分民族地区乡村振兴调查	胡晓昀	三等奖
43	网络保护视阈下青少年模式现状与改进路径研究——基于 1582 份问卷调查及 32 款 APP 使用测试的实证研究	苏默非、唐辰阳、徐雨健、白家鸣、曾乘宇、王明宇	三等奖
44	自主学习类算法行为的反垄断法规制研究	王聚兴、李晗	三等奖
45	平台算法的信息网络传播权侵权研究——以“延禧攻略”案为切入	秦磊、徐世泽、夏健庭	三等奖
46	国际中文教育视角下中国文化在冬奥会期间的传播研究——以张家口冬奥会“文化中国”展厅为例	曹必聪	三等奖
47	文化数字化与艺术管理创新——NFT 在数字音乐产业中的应用	杜雨	三等奖
48	新治理观下的社会治理主体结构转型研究	张薇	三等奖
49	由戏剧“男女合演”浅析中国近代性别观念的变迁——以 1872—1930 年《申报》报道为例	郭一岫、赵芮、贺子皓	三等奖
50	试论契诃夫戏剧传统与彼得鲁舍夫斯卡娅的现实主义书写	艾萌	三等奖
51	从党锢再起到宦官尽灭——东汉末年宦官势力覆灭原因新探	陈顺玺、姜雅捷、宋泽贤	三等奖
52	1948 年美国对华战略中的地方实力派——以傅作义为例	朱浩然、封佳仪、孙雁鸣	三等奖
53	经互会内苏东各国科技交流活动及其效能	于瀚韬	三等奖
54	十九大至二十大期间习近平新时代中国特色社会主义思想的海外传播效果研究——以国际社交平台 121 个主流媒体账号的数据为例	易玥曈、谢嘉怡、李梓琳	三等奖
55	新时代大学生历史主动精神研究	刘芷由、许紫莹、强俪馨	三等奖
56	共同富裕视域下壮大社会主义新农村集体经济的乡村振兴之路——基于全国三地乡村振兴发展模式的个案比较实地调研	包雨仙、温佳慧、岳南岐、沙麒凤、黄楷珺、李雅婷	三等奖
57	公共卫生安全视域下的民生治理与强韧社会构建研究	李笈舟、田小旭、高腾飞、徐磊、金政翰、王登玺	三等奖

2022 年第十三届“挑战杯”校级大学生创业计划竞赛主赛道获奖情况

表 32

序号	项目名称	项目类别	负责人	指导教师	奖项
1	碱地西红柿产业一体化振兴引领者	乡村振兴和脱贫攻坚	从正龙	张斌、王艳茹	特等奖
2	“百万宝贝家庭”社区融入计划	城市治理和社会服务	梅建昊	苏春艳、孙萍	一等奖
3	非凡心社区书屋	城市治理和社会服务	王亮	杨小科、杜帅、李松	一等奖
4	“春日暖阳”高知老人与城市边缘儿童联合关怀计划	城市治理和社会服务	翟子云	彭姝祎	二等奖
5	安全飞行检测器	科技创新和未来产业	李汉妮	杜创	二等奖
6	秘·食智能售货柜	城市治理和社会服务	梁琪悦	宿培成	二等奖
7	京津冀动物园文化创意宣传品牌定制——以塘沽动物园为例	文化创意和区域合作	李沐芸	漆亚林	二等奖
8	易昔长楚农业文旅开发公司	乡村振兴和脱贫攻坚	张佳宁	侯为民、舒凯	三等奖
9	“乐途”京郊村落民俗旅游公司	乡村振兴和脱贫攻坚	陈亚文	祝鹏程、刘怡然	三等奖
10	基于助力陕西省西乡县茶叶脱贫的茶叶品牌“午子茶吟”项目	乡村振兴和脱贫攻坚	余晨雨	宋双峰	三等奖
11	“UNGRACOOK”——大学生的社交共享厨房	城市治理和社会服务	赵文鹏	苏雪梅	三等奖
12	兴联心电子商务有限责任公司——基于大数据互联网技术的农业生产与销售企划案	乡村振兴和脱贫攻坚	刘芷由	张建云	三等奖
13	“晨光薪火”回忆录——敬老与教育公益项目	城市治理和社会服务	卢欣一	刘帆、王艳茹	三等奖
14	菁筵——青少年的朋辈问答社区	城市治理和社会服务	马凤娇	徐丽艳	三等奖
15	E 农自然灾害救援服务平台	乡村振兴和脱贫攻坚	吴启元	张琦、傅春杨	三等奖

2022 年第十三届“挑战杯”首都大学生创业计划竞赛主赛道获奖情况

表 33

排名	项目名称	参赛成员	备注
1	碱地西红柿——国内盐碱地农作物产业一体化振兴引领者	从正龙、尚敬、李欣瑶、刘柄言、崔雨晴	金奖
2	“百万宝贝家庭”社区融入计划	梅建昊、杨可可、杨娇 陈爱茹、陈浩龙、左懋林、张艺萌	银奖
3	“晨光薪火”文脉传承公益项目	卢欣一、汪缨林、何静仪李京、亓方玉、杨宇婷	银奖
4	非凡心社区书屋	王亮、张凯、孙亚楠、陶莉、李佳星、王硕、王健南、何益婷、韩雪	银奖
5	“春日暖阳”高知老人与城市边缘儿童联合关怀计划	翟子云、胡晴、张庭玉	铜奖
6	“乐途”京郊村落民俗旅游公司	陈亚文、滕云、员淑梅、孙宇飞、刘一然、徐圆、董美媛	铜奖

2022年第十三届“挑战杯”首都大学生创业计划竞赛专项赛道获奖情况

表34

排名	项目名称	参赛成员	奖项
1	献礼百年芳华:“燃烧青春之光”系列红色文化创意产品	郑福多、张月宜、曾佳城、聂玉凤、张子璇、刘泓	银奖
2	“曙至”文化视觉创意设计项目	薛昱、傅蔷、张淑宁、薛茹心、范博轩、黄超颖、赵海彤	铜奖
青振京郊			
1	借红心绿韵画笔，绘乡村振兴蓝图——安家庄红色旅游产业升级改造项目	邹佳琪、贾楠、李嗣源、肖雷鸣、高源、卢楚婷、陈宽、李海彤、孟茹	银奖
2	提升“未诉先办”工作水平的解决方案	王诗涵、王晓莎、王紫鑫、李双飞、高阳、魏鸿宇、程添娇、张子璇	银奖
3	“暮遇朝阳”项目——基于老年人需求视角探索乡村养老的完善路径	严优优、高卓、李晓萱、李逸洋、庞思雯、任晓婷、于航、袁薪、张芝玮	银奖
4	小板栗大未来——以产业融合创新推动四渡河村振兴发展	韩淋、江维、黎洪、占萌、叶栋	铜奖
5	“春生夏长，秋收冬藏”——渡河村品牌营销与精品旅游线路策划	李沐芸、于世昂、刘蘅仪、杨超然、季奕彤、雷紫晶、刘晨曦、许哲源、李昊雯	铜奖
青力冬奥			
1	“冰融聚创”大学生体育文创联合平台	曾冰蓉、聂玉凤、贺翘楚、周锦意、靳佳琪	金奖
2	“冰雪情缘·逐梦未来”——国家速滑馆再利用项目	李芸淇、王奕雯、庞璐嘉、李源	银奖
3	“触光”冬奥之美——AI集成摄像机外附主动化焦点捕获摄像头	汪燕、翟禹迪、从正龙、张竟壹、沈道弘、戚骏言	银奖
4	冬奥遗产再开发——转型建设冬奥首钢极限运动乐园创业计划	赖怡存、雷忠玥、陈思瑞、邓迪、王晔、谭舒予、杨欣然、黄若禹	铜奖
5	孪生冬奥——虚拟照进现实，聚焦文化遗产	李资博、李雨霏、赵习尧、王泳清、岳浩天、李姮烨、刘瀚月	铜奖
青创副中心			
1	“微协商”视角下的农村社会治理发展——对潞城镇“微协商”模式的实践研究和政策分析	贾伯鸿、李笈舟、刘宇翔、梅建昊、贾懿、田小旭、李海林	银奖
2	“城市度假中心”——环球影城周边产业规划方案	余晨雨、赵康华、贾叶子、杨澍、张卓然	银奖
3	副中心ESG绿色产业创新中心创业项目	张丽霞、韩淋、王蓉、郑晓文、张世祥	银奖
4	副中心ESG绿色产业创新中心发展战略与策略研究	丁岩钧、黄徐亮、常峻玮、叶其楚	铜奖
5	建构“双核心交互侧重型综合夜间经济体系”，助力九棵树街道夜间经济高质量发展	徐思宇、汪梦琴、王文华、张子涵、罗帆、马晨炜	铜奖
6	仙剑奇侠传主题沉浸咖啡厅	周玥	铜奖

“人文之光”——“青研计划”专项赛获奖名单

表 35

序号	项目名称	评奖结果
1	建团百年背景下共青团基层组织改革与大学生赴基层关系研究——基于安徽省若干县大学生兼任基层团干项目实施分析	一等奖（推荐参加主赛道答辩）
2	高校国防教育类学生社团思政育人效果与提升策略研究	一等奖
3	高校劳动教育课程的发展现状与路径分析——以 S 校为例	二等奖
4	5W 模式下 PUGC 视频平台中的普法传播——以 B 站 up 主“罗翔说刑法”为例	二等奖
5	疫情防控下的志愿服务机制研究	二等奖
6	基于新媒体形式的共青团宣传产品研究——以北京市大学生“青年大学习”网上主题团课的学习情况为例	三等奖
7	高校共青团依规治团的实证研究——以北京地区部分高校为例	三等奖
8	论习近平关于青年工作重要论述的四维向度	三等奖
9	志愿服务组织运行管理理论与机制研究	三等奖
10	高校朋辈心理辅导可行性分析——基于疫情防控常态化背景之下的大学生心理特点及问题	三等奖

其他奖项

表 36

序号	获奖名称	获奖单位	备注
1	“青创北京”2022 年“挑战杯”首都大学生创业计划优秀组织奖	中国社会科学院大学	

“知行社科”暑期社会实践活动获奖名单

表 37

序号	团队名称	队长姓名	奖项
1	在京未就业大学生群体调研暑期社会实践团	顾　凡	一等奖
2	马克思主义学院赴阜阳市城郊中学暑期社会实践团	高腾飞	一等奖
3	马克思主义学院乡村振兴暑期社会实践团	包雨仙	一等奖
4	马克思主义学院“闽商精神”暑期社会实践团	许紫莹	二等奖
5	民办流动儿童公益图书馆项目调研暑期实践团	廖欣宇	二等奖
6	社区老年群体与数字鸿沟项目暑假社会实践团	步天驰	二等奖
7	西部之窗协会赴云南支教暑期社会实践团	杨欣然	二等奖
8	新闻传播学院赴河北省骆驼湾村暑期社会实践团	王　悦	二等奖
9	西部乡村振兴与民族团结暑期社会实践团	胡晓昀	二等奖
10	马克思主义学院赴四渡河村暑期社会实践团	李　娣	二等奖
11	马克思主义学院赴大陇镇团委暑期社会实践团	徐　磊	三等奖
12	社区民生保障变迁暑期社会实践团	吴奕帅	三等奖

续表 37

序号	团队名称	队长姓名	奖项
13	经济学院赴河南省戴畈村暑期社会实践团	张卓然	三等奖
14	政府管理学院“红日”暑期社会实践团	陈箬茜	三等奖
15	西部之窗协会赴陕西省上罗村暑期社会实践团	朴韵琦	三等奖
16	政府管理学院苏区振兴暑期社会实践团	谢国梁	三等奖
17	西部之窗协会赴福建省支教暑期社会实践团	蒋翰瑀	三等奖
18	脱贫攻坚乡村振兴项目暑期社会实践团	王佳琪	三等奖
19	商学院与应用经济学院乡村振兴暑期社会实践团	曾泽文	三等奖
20	社会与民族学院赴中共历史展览馆暑期社会实践团	钟媛婷	三等奖
21	政府管理学院方志办管理暑期社会实践团	汪英文	优秀奖
22	慧新社“疫情下的她者”暑期社会实践团	汪　文	优秀奖
23	马克思主义学院赴襄都区暑期社会实践团	李笈舟	优秀奖
24	法学院赴河南省襄城县暑期社会实践团	周一博	优秀奖
25	外国语学院寻访红色资源暑期社会实践团	王光一	优秀奖
26	国际政治经济学院、文学院赴延安市暑期社会实践团	李雨格	优秀奖
27	国际教育学院追寻红色印记暑期社会实践团	张乐洁	优秀奖
28	应用经济学院赴鄂陕川豫暑期社会实践团	周锦意	优秀奖
29	拉丁美洲研究系赴四川省田坝村暑期社会实践团	戴　扬	优秀奖
30	经济学院赴河北省张家庄村暑期社会实践团	任万里	优秀奖
31	经济学院赴包头市壕口村暑期社会实践团	柳茗涵	优秀奖
32	历史学院赴陕西省安康市暑期社会实践团	陈顺玺	优秀奖
33	马克思主义学院赴唐山市房官营村暑期实践团	崔婵媛	优秀奖
优秀实践报告获奖团队			
1	在京未就业大学生群体调研暑期社会实践团	顾　凡	一等奖
2	马克思主义学院赴阜阳市城郊中学暑期社会实践团	高腾飞	一等奖
3	马克思主义学院乡村振兴暑期社会实践团	包雨仙	一等奖
4	马克思主义学院赴襄都区暑期社会实践团	李笈舟	二等奖
5	马克思主义学院“闽商精神”暑期社会实践团	许紫莹	二等奖
6	社区老年群体与数字鸿沟项目暑假社会实践团	步天驰	二等奖
7	政府管理学院苏区振兴暑期社会实践团	谢国梁	二等奖
8	西部之窗协会赴云南支教暑期社会实践团	杨欣然	二等奖
9	新闻传播学院赴河北省骆驼湾村暑期社会实践团	王　悦	二等奖
10	西部乡村振兴与民族团结暑期社会实践团	胡晓昀	二等奖
11	马克思主义学院赴大陇镇团委暑期社会实践团	徐　磊	三等奖
12	民办流动儿童公益图书馆项目调研暑期实践团	廖欣宇	三等奖
13	政府管理学院方志办管理暑期社会实践团	汪英文	三等奖

续表 37

序号	团队名称	队长姓名	奖项
14	政府管理学院“红日”暑期社会实践团	陈箬茜	三等奖
15	外国语学院寻访红色资源暑期社会实践团	王光一	三等奖
16	西部之窗协会赴陕西省上罗村暑期社会实践团	朴韵琦	三等奖
17	社会与民族学院赴中共历史展览馆暑期社会实践团	钟媛婷	三等奖
18	马克思主义学院赴四渡河村暑期社会实践团	李　娣	三等奖
19	脱贫攻坚乡村振兴项目暑期社会实践团	王佳琪	三等奖
20	法学院赴河南省襄城县暑期社会实践团	周一博	三等奖
优秀实践图片获奖团队			
1	马克思主义学院赴阜阳市城郊中学暑期社会实践团	高腾飞	
2	国际政治经济学院、文学院赴延安市暑期社会实践团	李雨格	
3	拉丁美洲研究系赴四川省田坝村暑期社会实践团	戴　扬	
优秀实践视频获奖团队			
1	西部乡村振兴与民族团结暑期社会实践团	胡晓昀	
2	马克思主义学院赴四渡河村暑期社会实践团	李　娣	
3	西部之窗协会赴云南支教暑期社会实践团	杨欣然	
先进工作者			
魏垚央、王奕雯、翟子云、李欣瑶、田书殷、李京、张诗笛、赵文慧、汪默涵、樊博欣			
青年服务国家团队			
1	在京未就业大学生群体调研暑期社会实践团	顾　凡	
2	马克思主义学院赴阜阳市城郊中学暑期社会实践团	高腾飞	
青年服务国家先进工作者			
翟子云、张诗笛			
青年服务国家优秀志愿者			
包雨仙、吴奕帅			
第二届云支教优秀志愿者			
曹怡文、陈杰、陈思瑞、程小芳、党明玥、郭静璇、胡晴、李赟、刘汗玉、廖欣宇、刘姝好、马晓萱、濮梦婷、田亦阳、汪缨林、谢嘉怡、许欣、于桐、张怡琳、李方圆、周力航、李建为			
第二届云支教优秀组织岗			
翟子云、张诗笛、李欣瑶、樊博欣、赵文慧、汪默涵、李京、田书殷			

艺术教育

表 38

类别	项目名称	参与人员	奖项(派出单位)
文化艺术	2022 年北京大学生音乐节	西洋乐队(《四季·春》)	最佳表演奖
		合唱队(《国家》) 《在那遥远的地方》	优秀表演奖
		合唱队(《溯》)	优秀表演奖
		民乐队(《权御天下》)	优秀表演奖
		民乐队(《梁祝》)	优秀表演奖
		王莹莹	优秀指导教师奖

2022 年北京冬奥会志愿者

表 39

序号	姓名	院系
1	张志跃	团委
2	张　艳	应用经济学院
3	耿　璐	历史学院
4	马凤娇	经济学院
5	王仁杰	商学院
6	王龙韵	马克思主义学院
7	王仕博	经济学院
8	王泳清	新闻传播学院
9	王奕雯	应用经济学院
10	王曼玉	经济学院
11	石博涵	应用经济学院
12	刘心怡	社会学院
13	刘砥柔	外国语学院
14	苏知遥	应用经济学院
15	李丹婷	外国语学院
16	李芸淇	哲学院
17	李雨霏	马克思主义学院
18	李泽中	马克思主义学院
19	李姝杰	法学院
20	李晓煦	历史学院
21	李资博	经济学院
22	李雅卓	应用经济学院
23	杨　璐	经济学院

续表 39

序号	姓名	院系
24	邹淑昕	社会学院
25	张文静	美国研究系
26	张宇茜	历史学院
27	张志达	经济学院
28	张诗悦	外国语学院
29	张雪雅	社会学院
30	张淑宁	新闻传播学院
31	陈泓伊	新闻传播学院
32	孟子龙	社会学院
33	赵习尧	马克思主义学院
34	胡晨光	政府管理学院
35	钟昕芃	文学院
36	姜　瀚	社会学院
37	郭璋睿	外国语学院
38	席婷婷	外国语学院
39	黄靖茜	外国语学院
40	崔　晨	经济学院
41	康　迎	经济学院
42	盖琳琳	马克思主义学院
43	韩昕育	外国语学院
44	韩晓雪	马克思主义学院
45	傅　蔷	经济学院
46	谢可依	历史学院
47	颜钰杰	新闻传播学院
48	薛　昱	政府管理学院
49	魏千承	应用经济学院
50	魏垚央	应用经济学院

2022 年北京冬奥会优秀志愿者标兵

表 40

序号	姓名	院系
1	魏垚央	应用经济学院
2	石博涵	应用经济学院
3	颜钰杰	新闻传播学院
4	王仁杰	商学院

续表 40

序号	姓名	院系
5	王仕博	经济学院
6	王奕雯	应用经济学院
7	李芸淇	哲学院

2022 年北京冬奥会优秀志愿者

表 41

序号	姓名	院系
1	王龙韵	马克思主义学院
2	马凤娇	经济学院
3	魏千承	应用经济学院
4	陈泓伊	新闻传播学院
5	赵习尧	马克思主义学院
6	谢可依	历史学院
7	韩晓雪	马克思主义学院
8	李泽中	马克思主义学院
9	韩昕育	外国语学院
10	盖琳琳	马克思主义学院
11	李雨霏	马克思主义学院
12	李资博	经济学院
13	李姝杰	法学院
14	王泳清	新闻传播学院

中国社会科学院大学志愿服务先进个人

表 42

序号	姓名	院系
1	胡国慧	政府管理学院
2	胡　盛	政府管理学院
3	王荣华	政府管理学院
4	王　潇	政府管理学院
5	周力航	历史学院
6	战世港	政府管理学院
7	王　昆	经济学院

中国社会科学院大学志愿服务突出贡献奖

表 43

序号	姓名	院系
1	胡国慧	政府管理学院
2	周力航	历史学院

中国社会科学院大学志愿服务优秀团队

表 44

第 23 届研究生支教团

校外荣誉

表 45

序号	姓名	所获荣誉	发奖单位
1	周力航	全国大学生志愿服务西部计划优秀等次志愿者	全国西部计划项目办
2	周力航	陕西省大学生志愿服务西部计划优秀志愿者	陕西省西部计划项目办
3	周力航	丹凤县志愿服务突出贡献奖	丹凤县科教体局、丹凤团县委
4	周力航	丹凤县优秀研究生支教团成员	丹凤团县委
5	周力航	丹凤县杰出支教老师	丹凤县科教体局
6	周力航	丹凤县优秀支教老师	丹凤县科教体局
7	周力航	丹凤县少先队优秀辅导员	丹凤县科教体局、丹凤团县委、丹凤县少工委
8	周力航	丹凤县疫情防控优秀志愿者	丹凤团县委
9	周力航	丹凤县优秀共青团员	丹凤团县委
10	胡国慧	新时代好青年	皮山县团委
11	王荣华	青年岗位能手	皮山县团委
12	战世港	优秀研究生支教团成员	共青团丹凤县委员会
13	战世港	优秀支教教师	丹凤县教育和科技体育局
14	王　昆	优秀研究生支教团成员	共青团丹凤县委员会
15	王　昆	优秀支教教师	丹凤县教育和科技体育局

志愿服务组织

表 46

序号	单位	所获荣誉	发奖单位
1	西部之窗协会	2022 年度首都最佳志愿服务组织	首都文明委

2021—2022年度中国社会科学院大学“三个最美”志愿服务先进典型

最美志愿者

表47

姓名	学院
廖欣宇	新闻传播学院
吴奕帅	社会与民族学院
李泽中	马克思主义学院
杨 烁	马克思主义学院
许紫莹	马克思主义学院
苏知遥	应用经济学院
袁 越	文学院
温 晨	政府管理学院
杨欣然	马克思主义学院
蒋翰瑀	哲学院
马欣颖	社会与民族学院
程意涵	文学院
但陈哲	马克思主义学院
谈芯羽	社会与民族学院
唐嘉慧	外国语学院

最美志愿服务组织

表48

中国社会科学院大学西部之窗协会
中国社会科学院大学青年志愿者协会
中国社会科学院大学研究生会志愿服务队

最美志愿服务项目

表49

晨光薪火文脉传承计划
青志协助盲系列活动

续表 49

爱故乡书院支教活动
蓝信封一对一留守儿童通信活动
“童年一课”线上支教活动

其他获奖情况

表 50

序号	姓名	奖项名称
1	谭舒予	第二届首都大学生诚信演讲比赛一等奖
2	马凤娇	中国电信奖学金
3	翟子云	中国大学生自强之星奖学金
4	校辩论队	第九届新传杯全国高校网络辩论邀请赛季军
5	校辩论队	2022 华语辩论世界杯北京赛区联赛杯冠军
6	校辩论队	第二届科言杯京区高校辩论邀请赛亚军

媒体报道

学习宣传贯彻党的二十大精神

【中国社会科学院举行多场宣讲报告会 兴起学习贯彻党的二十大精神热潮（中国社会科学网）】 按照院党组统一部署，连日来，中国社会科学院连续举行多场学习贯彻党的二十大精神宣讲报告会。副院长、党组副书记高翔，副院长、党组成员甄占民，中央纪委国家监委驻中国社会科学院纪检监察组组长、党组成员杭元祥，副院长、党组成员高培勇，秘书长、党组成员赵奇分别作宣讲报告，在全院范围内全面系统宣讲党的二十大精神，同科研人员、干部群众交流学习体会，推动党的二十大精神深入人心。

报告会指出，党的二十大是在全党全国各族人民迈上全面建设社会主义现代化国家新征程、向第二个百年奋斗目标进军的关键时刻召开的一次十分重要的大会，是一次高举旗帜、凝聚力量、团结奋进的大会。大会对全面建设社会主义现代化国家、全面推进中华民族伟大复兴进行了战略谋划，对统筹推进“五位一体”总体布局、协调推进“四个全面”战略布局作出了全面部署，为新时代新征程党和国家事业发展、实现第二个百年奋斗目标指明了前进方向、确立了行动指南。

报告会围绕党的二十大的主题、主要成果以及过去5年的工作和新时代10年的伟大变革、马克思主义中国化时代化、中国式现代化、全面建设社会主义现代化国家的目标任务、坚持党的全面领导和全面从严治党、应对风险挑战等七个方面，对党的二十大精神的丰富内涵、核心要义和实践要求进行了深入解读。报告会强调，学习贯彻党的二十大精神，是当前中国社会科学院的首要政治任务，必须切实抓好，在全院范围内迅速兴起学习贯彻党的二十大精神热潮。（11月15日）

附：中国社会科学院大学举行学习贯彻党的二十大精神专场宣讲报告会（大学官微）

11月9日，学习贯彻党的二十大精神中国社会科学院大学宣讲报告会在良乡校区召开。中国社会科学院学习贯彻党的二十大精神宣讲团成员，中国社会科学院副院长、党组成员，校党委书记高培勇作宣讲报告。高培勇重点聚焦七个问题展开宣讲：关于党的二十大的主题和主要的成果；关于过去五年的工作和新时代十年的伟大变革；关于马克思主义中国化、时代化；关于中国式现代化；关于全面建设社会主义现代化国家的目标和任务；关于坚持党的全面领导和全面从严治党；关于应对风险挑战。高培勇强调，在学习宣传贯彻党的二十大精神时，不能简单地背诵和记忆，而是要全面系统学，深入领会精神实质。（11月15日）

【高培勇：中国式现代化的理论内涵（人民论坛网）】 12月1日，由人民日报社指导、人民论坛杂志社主办的“深入学习贯彻党的二十大精神——第八届国家治理高峰论坛年会暨人民论坛创刊30周年座谈会”在京举行。高培勇在会上作学习贯彻党的二十大精神主题演讲。

高培勇从4个方面进行了阐述：中国式现代化坚持“人民中心论”的现代化指导思想，丰富和发展了社会主义现代化理论。中国式现代化坚持“本国国情论”的战略路径，为发展中国家实现现代化提供了新的理论选择。中国式现代化坚持“文明协调论”的现代化目标模式，形成了人类文明交流发展的新理论逻辑。中国式现代化坚持“和平发展论”的国际化路径，为促进世界和平和人类发展贡献了中国智慧。（12月13日）

【如何深入学习贯彻党的二十大精神？国家治理高峰论坛上的权威专家这样说（人民论坛网：大思政课）】 为深入学习贯彻党的二十大精神，进一步推动习近平新时代中国特色社会主义思想学习研究和宣传阐释，近日，由人民日报社指导、人民论坛杂志社主办的“深入学习贯彻党的二十大精神——第八届国家治理高峰论坛年会暨人民论坛创刊30周年座谈会”在京举行。

中国社会科学院副院长、中国社会科学院大学党委书记高培勇谈到，中国式现代化坚持以人民为中心的发展思想，是全面贯彻新发展理念的现代化，是发展全过程人民民主、实现全体人民共同富裕的现代化。中国式现代化坚持本国国情论的观点路径，为发展中国家实现现代化提供了新的选择，形成了人类文明交流发展新的理论逻辑。全面建设社会主义现代化国家前途光明、任重道远，我们要发扬斗争精神、迎难而上，开辟事业发展新天地，实现中华民族伟大复兴的宏伟目标。（12月15日）

【张政文：用新的伟大奋斗加快建设教育强国（《人民政协报》）】 教育兴则国家兴、教育强则国家强。习近平同志在党的二十大报告中指出：“加快建设教育强国、科技强国、人才强国，坚持为党育人、为国育才，全面提高人才自主培养质量，着力造就拔尖创新人才，聚天下英才而用之。”这一重要论述思想深刻、内涵丰富，是我们党对新时代十年教育事业发展规律性认识的理论升华，是我们党在实践基础上的最新理论创新，为新时代新征程上加快建设教育强国提供了根本遵循。（10月19日）

【张政文：加快推进高等教育强国建设（《人民政协报》）】 结合习近平总书记所作的党的二十大报告中对教育作出的新要求、新部署，立足中国社会科学院大学的办学实际，我就聚焦高等教育强国建设谈几点体会。一是加快推进高等教育强国建设，应坚持教育优先发展的基本方略。二是加快推进高等教育强国建设，应坚持高质量教育体系的发展旨归。三是加快推进高等教育强国建设，应坚持教师队伍建设的关键任务。四是加快推进高等教育强国建设，应坚持全面深化改革的实践主线。（11月9日）

【马克思主义中国化时代化与中国式现代化北京人文论坛举办（光明网）】 12月24日，由中国社会科学院大学主办的马克思主义中国化时代化与中国式现代化北京人文论坛举办。论坛以“马克思主义中国化时代化与中国式现代化”为主题。中国社会科学院副院长、党组成员、中国社会科学院大学党委书记高培勇出席论坛并致辞。高培勇认为，从中国式现代化的形成过程中，可以看出中国式现代化具有以下几方面特质。第一，中国共产党的领导是中国式现代化形成的最为关键的、决定性要素。一个积极有效、坚强组织的国家领导力量是实现经济赶超的关键，这同样也是中国式现代化形成和发展的关键特征。第二，中国式现代化形成过程中坚持了国家独立性和政治自主性。中国的现代化道路，既没有陷入20世纪70—80年代的“拉美陷阱”，也没有误入20世纪90年代初东欧转型国家的休克歧途，而是走出了一条社会主义市场经济的现代化之路。第三，中国式现代化是一个并联的、叠加的工业化发展过程。作为后发国家的中国的现代化道路，与西方现代化道路不同，我国发展必然是一个“并联式”的过程，工业化、信息化、城镇化、农业现代化是叠加发展的，在如此短暂的时间里，实现如此连贯、高速、稳定的并联式、叠加式的赶超，无疑是一个伟大的奇迹。（12 月 30 日）

全国两会委员说

【高培勇委员：促进共同富裕要力求效率与公平的统一（新华社）】 高培勇委员 3 月 7 日在全国政协十三届五次会议第二次全体会议上作大会发言时说，在促进全体人民共同富裕历史进程中，要正确处理效率和公平的关系，准确把握实现共同富裕的战略目标和实践途径。

高培勇委员认为，在促进全体人民共同富裕历史进程中，正确处理效率和公平的关系，对于准确把握实现共同富裕的战略目标和实践途径非常重要，也非常关键。第一，促进共同富裕要在做大蛋糕的基础上分好蛋糕。第二，促进共同富裕要靠全体人民共同奋斗。第三，促进共同富裕要在社会主义基本经济制度的前提下进行。第四，促进共同富裕要多维度、全方位共同努力。第五，促进共同富裕要循序渐进、久久为功。（3 月 7 日）

【全国政协委员高培勇：趋于微观化的政策组合是实现今年经济目标的重要底气（《21 世纪经济报道》）】 在应对各种风险挑战的过程中，我们积累了创新和完善宏观调控的丰富经验，这是做好今年工作的底气和信心所在。对于今年的形势判断，政府工作报告做了非常清晰的表述：今年我国发展面临的风险挑战明显增多，必须爬坡过坎。对此，我们既要有清醒的认识，也要有足够的信心。（3 月 11 日）

【张政文委员在全国两会议政建言（《光明日报》）】 “优秀传统文化是文化自信的基石。”中国社会科学院大学校长张政文委员说，中华优秀传统文化日益融入日常生活，是对文化自信的最好诠释。张政文还建议，应积极探索“传统文化 + 劳动教育”，依托农业文化遗产地、农民丰收节等开展文化传承式劳动教育，并在“五育”融合的评价体系中提升劳动教育，做好以劳动教育为重要抓手的“五育”加法，推动“五育”融合发展，构建良好教育生态，促进学生全面发展、健康成长。（3 月 8 日）

【全国政协召开专题协商会 张政文委员建言人才强国（央视网、人民网）】 全面构建拔尖人才高质量培养体系。一是明确培养规格。着力培养中西融汇、古今贯通、文理渗透，具有家国情怀、社会担当、世界眼光的拔尖人才，重点培养他们对重大问题的判断把握能力，推动中央决策部署落实的行动能力和解决具体复杂问题的应变能力等。二是优化培养路径。积极探索跨学科、跨专业人才培养模式，在推进国家治理体系和治理能力现代化的时代背景和实战现场中去培养人才。三是加强思想政治引领。重视人才的政治素养、法律素养、道德素养与爱国情怀等方面的深度培养。

加强组织领导与综合保障。将“中国特色”与“现代教育制度”紧密结合，构建拔尖人才培养的评价支持体系，坚持问题导向，把立德树人成效作为

根本标准，坚决克服重科研轻教学、重教书轻育人等现象，切实提升拔尖人才培养质量。（7 月 19 日）

【让各种人才展示才华、脱颖而出——全国政协召开专题协商会就人才工作建言资政（《光明日报》）】 深入实施新时代人才强国战略，需要培养一大批拔尖人才。全国政协委员张政文建议全面构建拔尖人才高质量培养体系，要明确培养规格，着力培养中西融汇、古今贯通、文理渗透，具有家国情怀、社会担当、世界眼光的拔尖人才；要优化培养路径，积极探索跨学科、跨专业人才培养模式，在推进国家治理体系和治理能力现代化的时代背景和实战现场中去培养人才。（7 月 27 日）

探索中国特色社会主义一流文科大学办学之路

【高培勇：办学定位、办学特色和办学方略的探索与抉择——关于“如何办好中国社会科学院大学”问题的系统思索（《中国社会科学院大学学报》）】 立足于加快构建中国特色哲学社会科学的历史背景，在深入研究现代高等教育规律、中国社会科学院办现代高等教育规律的基础上，本文围绕中国社会科学院大学的办学定位、办学特色和办学方略作了系统思索和全面论证。作为办学定位，“中国特色社会主义一流文科大学”既体现了党中央赋予中国社会科学院大学的职责和使命，也是作为中国社会科学院大学主管机构的中国社会科学院“三个定位”的自然延伸和必然展现。作为办学特色，“科教融合”既是中国社会科学院大学与生俱来的深层底色，也是办好中国社会科学院大学的必由之路。作为办学方略，“入主流、入体系、一体化、一盘棋”既是实现中国社会科学院大学办学定位、办学特色的具体路径和切实举措，也是中国社会科学院大学“强优势、补短板”的战略性操作。围绕办学定位、办学特色、办学方略而凝聚共识、汇聚合力，系中国社会科学院大学必须经历并完成的一道基础性工序。安下心来把基础性工作做好，把办学定位、办学特色、办学方略落实落地落细，中国社会科学院大学就能走出一条富有自身特色的一流大学办学之路。（2022 年第 1 期）

【张政文：扎实推进拔尖人才培养工作（《人民日报》）】 深入实施新时代人才强国战略，推进国家治理体系和治理能力现代化，需要培养一大批拔尖人才。建议全面构建拔尖人才高质量培养体系。一是明确培养规格。着力培养中西融汇、古今贯通、文理渗透，具有家国情怀、社会担当、世界眼光的拔尖人才，重点培养他们对重大问题的判断把握能力，推动中央决策部署落实的行动能力和解决具体复杂问题的应变能力等。二是优化培养路径。积极探索跨学科、跨专业人才培养模式，在推进国家治理体系和治理能力现代化的时代背景和实战现场中去培养人才。三是加强思想政治引领。重视人才的政治素养、法律素养、道德素养与爱国情怀等方面的深度培养。

加强组织领导与综合保障。将“中国特色”与“现代教育制度”紧密结合，构建拔尖人才培养的评价支持体系，坚持问题导向，把立德树人成效作为根本标准，坚决克服重科研轻教学、重教书轻育人等现象，切实提升拔尖人才培养质量。（7 月 21 日）

【张政文：奋力谱写新时代高等教育高质量发展的新华章（《人民政协报》）】 中国社会科学院大学党委常务副书记、校长张政文在《人民政协报》发表署名文章。千秋伟业，人才为本；人才强国，教育优先。高校作为中国特色社会主义事业的重要组成部分，肩负着培养担当民族复兴大任时代新人的神圣使命与政治任务。奋进新时代，高等教育战线应以习近平新时代中国特色社会主义思想为指导，锐意改革、全面创新，继续推动新时代高等教育高质量发展，努力培养堪当民族复兴重任的时代新人，厚实为党育人、为国育才的教育基础，为全面建设社会主义现代化国家贡献教育的力量。（8 月 30 日）

【张树辉：以新发展理念探索科教融合的高校特色发展之路（《北京教育》）】 科教融合是现代高等教育高质量发展的核心理念和必然选择。作为与生俱来的优势和底色，科教融合成为中国社会科学院大学最鲜明的办学理念和办学特色。大学立足哲学社会科学最权威学术机构的优势，探索科研机构办现代高等教育的规律，以哲学社会科学最高层级研究型人才为培养目标，培育打造“哲学社会科学家的摇篮”。在“两入双一”办学方略的引领下，以实打实的举措推进科教融合战略落实、落地、落细，走稳、走实特色发展之路，以教育高质量发展服务国家经济社会发展，加快构建新发展格局。（2022 年第 1 期）

2022 发展印记

【教育部召开首批中国经济学教材编写工作启动会（《中国教育报》）】 近日，教育部召开首批中国经济学教材编写工作启动会。会议强调，要抓紧梳理总结新中国成立 70 多年来特别是改革开放 40 多年来我国经济发展的丰富实践和成功经验，加快推进首批中国经济学教材编写，确保按时保质完成。教育部党组成员、副部长郑富芝出席会议并讲话。会议以线下线上相结合的形式召开。北京大学、中国人民大学、中国社会科学院大学、南开大学、复旦大学等 5 所高校作交流发言。参与编写工作的 13 所高校负责同志、全体编写专家及教育部相关司局、直属单位负责同志出席了会议。（1 月 19 日）

【培养高端经管人才“国家队”社科大成立应用经济学院（北京青年网 · 青瞳视角）】 2 月 27 日，中国社会科学院大学应用经济学院成立暨经济学院商学院学科建设大会在北京中国社会科学院大学良乡校区召开。中国社会科学院大学党委常务副书记、校长张政文首先宣布关于应用经济学院成立的决定，并就经济学院、商学院学科调整作了说明。他说，按照中国社会科学院党组对社科大发展的相关指示要求，中国社会科学院大学组建应用经济学院，同时对经济学院、商学院相关学科专业进行调整。中国社会科学院生态文明研究所党委书记、国际欧亚科学院院士杨开忠教授担任应用经济学院院长。（2 月 27 日）

【《中国社会科学院大学学报》新刊发布会暨哲学社会科学创新与学术期刊繁荣发展研讨会在京举办（中国青年网）】 3 月 2 日，由中国社会科学院大学与社会科学文献出版社联合主办、社科大科研处与学报编辑部联合承办的“《中国社会科学院大学学报》新刊发布会暨哲学社会科学创新与学术期刊繁荣发展研讨会”在北京成功举行。中国社会科学院副院长、党组成员、学部委员，中国社会科学院大学党委书记高培勇，全国哲学社会科学工作办公室主任姜培茂出席会议并发表讲话，中宣部出版局、全国哲学社会科学工作办公室组织协调处、北京市新闻出版局领导，以及部分中国社科院学部委员、相关研究所所长、院内外期刊主编等60余位专家学者参加会议。会议分为新刊发布和学术研讨两个单元。新刊发布单元由中国社会科学院大学党委常务副书记、校长张政文主持。（3月8日）

【中国地方志指导小组办公室、中国社会科学院大学战略合作框架协议签署仪式在国家方志馆举行（中国方志网）】 3月17日，中国地方志指导小组办公室（以下简称中指办）、中国社会科学院大学（以下简称社科大）战略合作框架协议签署仪式在国家方志馆举行。中指办党组书记、方志出版社社长高京斋，社科大党委常务副书记、校长张政文致辞并签署战略合作协议。社科大党委常委、副校长张波、张斌，社科大历史学院党总支书记兼常务副院长闫雷，副院长袁宝龙，中指办党组成员、方志出版社总编辑曹宏举，中指办一级巡视员邱新立出席。中指办纪检组组长、副主任叶聪岚主持签约仪式。（3月18日）

【胡正荣受聘中国社会科学院大学新闻传播学院院长、唐绪军受聘特聘教授（光明网）】 4月8日下午，中国社会科学院大学新闻传播学院院长、特聘教授聘任暨师生座谈会在中国社会科学院大学良乡校区举行。中国社会科学院大学党委常委、副校长张树辉，中国社会科学院新闻与传播研究所所长、新闻传播学院院长胡正荣，新闻传播学院原院长、特聘教授唐绪军，新闻传播学院党总支书记彭冰，学院全体教职员工及学生代表参加会议。会议由新闻传播学院常务副院长漆亚林主持。

张树辉受中国社会科学院副院长、中国社会科学院大学党委书记高培勇，中国社会科学院大学校长张政文的委托为胡正荣颁发了中国社会科学院大学新闻传播学院院长聘书，为唐绪军颁发了中国社会科学院大学特聘教授聘书。（4月9日）

【深化税收大数据应用 高质量服务经济社会发展——访中国社会科学院大学副校长张斌（中国税务网）】 2021年3月，中办、国办印发的《关于进一步深化税收征管改革的意见》（以下简称《意见》）绘就了“十四五”时期税收征管改革发展的蓝图。其中，针对数字化大背景下如何加快推进智慧税务建设、进一步深化税收大数据共享，《意见》明确了发展方向、提供了根本遵循。如何以税收大数据实现《意见》提出的精确执法、精细服务、精准监管、精诚共治？如何通过深挖税收大数据潜能，不断提升税收在国家治理中的基础性、支柱性、保障性作用，进而高质量服务经济社会发展？中国社会科学院大学副校长张斌接受了本刊记者专访。张斌就激发数据效能 推进“精确执法”、盘活数据资源 推进“精细服务”、释放数据优势 推进“精准监管”、发挥数据优势 推进“精诚共治”、拓宽数据维度 服务经济发展五个方面进行了阐述。（5月25日）

【社科大六学院命名重组 科教融合改革迈上新台阶（社科大官微）】 6月15日，中国社会科学院大学国际政治经济学院、社会与民族学院、文学院、哲学院、历史学院、政府管理学院命名重组大会在中国社会科学院学术报告厅召开。中国社会科学院副院长、党组成员，中国社会科学院大学党委书记高培勇向国际政治经济学院、社会与民族学院授旗并讲话。全国人大常委会委员、社会建设委员会副主任委员，中国社会科学院学部委员、社会政法学部主任李培林，教育部社会科学司司长徐青森出席并讲话。中国人民大学党委常委、副校长朱信凯到会并致辞。国际政治经济学院院长张宇燕、哲学院副院长张志强、社会与民族学院院长陈光金、文学院院长张伯江作为命名重组学院代表发言。中国社会科学院职能部门、相关研究所领导，中国社会科学院大学校领导，各部门、院系负责人和相关学院师生代表现场参会，学校师生线上参会。（6 月 15 日）

【2022 年故宫学学术研讨会在京举行（中国社会科学网）】 6 月 18—19 日，2022 年故宫学学术研讨会以线上线下结合方式在故宫博物院召开。文化和旅游部党组成员、故宫博物院院长王旭东出席并致辞。中国社会科学院大学校长张政文在致辞中强调，要站在构建中国特色哲学社会科学学科体系、学术体系、人才培养体系、话语体系的高度来研究和审视故宫学；要站在中华文明研究的高度理解明清时期的国家形态和政权运转，在中国历史发展的长河中把握如今的故宫在历史上存在的社会基础和文化背景；要突出故宫这个重要而珍贵载体的独特性，这是在时间理论基础上对于空间理论的重要实践；要以故宫这个实体为研究和宣传的基石，积极推进文物保护利用和文化遗产保护传承，加速推进中华文明研究成果传承转化，着力提升中华文明影响力和感召力；要紧密围绕铸牢中华民族共同体意识的高度去研究故宫学。（6 月 23 日）

【张政文：新时代故宫学发展的几点思考（《中国社会科学报》）】 中国学者建立的故宫学历经 20 年发展，从故宫学的学术概念、学术命题、学术方法的创立，到故宫政治史、宫廷史、艺术史、文化史、生活史、博物院史以及故宫文物、院藏典籍、院藏档案等各个学术领域的研究，都取得了重要成果。故宫学已成为中国特色的新文科，其创新性的知识成果逐渐为全球学界认可。面向未来，我们应该立足中国、借鉴国外，挖掘历史、把握当代、关怀人类、面向未来，不断推进新时代故宫学学科体系、学术体系、话语体系建设和创新，着力构建体现继承性和民族性、体现原创性和时代性、体现系统性和专业性的新时代故宫学。（7 月 18 日）

【中国社会科学院大学举办中国侨联委员培训班（人民网）】 8 月 16 日上午，中国侨联“深入学习贯彻党的十九届六中全会精神”委员培训班举行线上开班式。中国侨联党组书记、主席万立骏出席并作“踔厉奋发担使命，赓续前行向未来，以六中全会精神引领侨联事业奋进新征程”动员报告。本期培训班是中国侨联首次举办的中国侨联委员培训班，由中国侨联主办、中国侨联干部培训中心承办，中国社会科学院大学举办。中国社会科学院党组成员、副院长，中国社会科学院大学党委书记高培勇代表校方致辞，中国侨联机关党委常务副书记、组织人事部部长兼干部培训中心主任姚林楠，中国社会科学院大学副校长高文书等参加开班式。（8 月 16 日）

【中华文明新发展为人类文明进步贡献新增量（光明网·学术频道）】 近日，在由山东大学马克思主义学院（威海）、南开大学·中国社会科学院大学 21 世纪马克思主义研究院、《马克思主义文化研究》编辑部共同主办的“文化自觉、文化自信、文化繁荣高端论坛”暨“世界文化论坛第三届中国文化分论坛”学术研讨会上，来自多所高等院校和科研机构的专家学者以线上线下相结合的方式研讨交流。中国社会科学院大学首席教授程恩富指出，判断一个社会文明程度是否提升了，文化是重要的观察维度。以社会主义核心价值观的培育与践行为例，进入新时代以来的这十年，我们着眼培养担当民族复兴大任的时代新人，坚持贯穿结合融入、落细落小落实，不断推进这项关系建设什么样的国家、建设什么样的社会、培养什么样的公民的凝魂聚气、强基固本的基础工程。（8 月 26 日）

【高校哲学社会科学“有组织科研”理论研讨会在京召开（《中国教育报》）】 8 月 30 日，由《中国高校社会科学》编辑部主办的高校哲学社会科学“有组织科研”理论研讨会在京召开。中国社会科学院大学校长张政文在会上发言，他认为，要以有组织科研为抓手，推动中国特色哲学社会科学向更高层次发展。构建中国自主的知识体系是引领有组织的文科科研的灵魂，要集中优势力量，针对重大问题建立重大平台，构建重大团队，长时间持续攻关，形成一种科研集群的力量。（9月2日）

【张树辉、高迎爽：推动数字文明，高等教育要贡献中国智慧（《光明日报》）】 在以数据为核心的文明新形态中，新一轮的科学革命与教育革命也拉开了序幕。人类各种各样的行为都留下了数字痕迹，这些痕迹中蕴含的关于个体与群体行为的规律，足以改变我们对个人、组织、社会乃至自然的认知，而对这些规律的掌握与应用，并经此造福于人类和社会进步发展，则成为数字文明发展的根本动能。在数字文明形成的关键历史阶段，习近平总书记指出："中国愿同世界各国一道，共同担起为人类谋进步的历史责任，激发数字经济活力，增强数字政府效能，优化数字社会环境，构建数字合作格局，筑牢数字安全屏障，让数字文明造福各国人民，推动构建人类命运共同体。"作为全球数字文明的重要参与者、建设者和贡献者，世界需要中国为新兴的数字文明提供方案，高校要围绕数字中国建设，以更为长远的眼光，加快实施教育数字化战略行动，以中国智慧为数字文明与高等教育双向赋能。（10月24日）

【第九届"政治传播与社会发展"论坛暨第六届"政治与传播"研究生论坛成功举行（光明网）】 10月29日，第九届"政治传播与社会发展"论坛暨第六届"政治与传播"研究生论坛在京线上召开。本届论坛由中国社会科学院大学主办，主题为"数字中国建设与政治传播研究"。来自主办单位及北京大学、中国人民大学、复旦大学等30余家学界和业界相关单位的50余位学者、专家及博硕士研究生在本次论坛上汇报成果、交流思想。中国社会科学院大学新闻传播学院执行院长、教授漆亚林主持开幕式。主题演讲由中国社会科学院大学新闻传播学院副院长、教授，中国社会科学院新闻与传播研究所研究员殷乐主持。（10月30日）

【新时期国际传播人才培养创新论坛成功举行（中国日报网）】 11月7日，由中国社会科学院大学新闻传播学院主办的"新时期国际传播人才培养创新论坛"在线上召开。与会专家紧扣新时代新要求，围绕国际传播人才培养的学科建设、师资建设、课程建设、质量体系建设、实践能力培养等议题展开深入的探讨，并对未来国际传播学科建设与创新人才培养模式提出了可行的方案。在开幕致辞中，中国社会科学院大学党委常委、副校长张树辉指出，党的二十大开启了新征程，也为百年未有之大变局下探讨国际传播人才培养提出了新判断、新要求和新使命。本次关于新时期国际传播人才培养的研讨是学习宣传贯彻党的二十大精神的重要举措之一，希望通过本次论坛中有关国际传播人才培养的经验分享、观点碰撞和学术探讨，能够形成一批高质量的学术成果，为新时期创新国际人才培养模式提供借鉴。（11月11日）

【"首届公共政策评估论坛"举行（中国社会科学网）】 为推动公共政策评估工作制度化、规范化、程序化，11月28—29日，《管理世界》杂志社主办，中国社会科学院大学政府管理学院和浙江工商大学承办的"首届公共政策评估论坛"在京举行。《管理世界》杂志社社长李志军主持论坛开幕式，中国社会科学院政治学研究所所长、中国社会科学院大学政府管理学院院长张树华，浙江工商大学党委书记、校长郁建兴致辞。国家发展改革委评估督导司司长王青云、中国社会科学院大学政府管理学院教授负杰、南京大学政府管理学院教授周建国做主旨报告。（12月6日）

【莫纪宏：依规治党为自我革命提供有力保障（人民要论）（《人民日报》）】 习近平总书记在党的二十大报告中指出“全面建设社会主义现代化国家、全面推进中华民族伟大复兴，关键在党”，强调“坚持制度治党、依规治党”“完善党内法规制度体系”。持之以恒推进全面从严治党，深入推进新时代党的建设新的伟大工程，以党的自我革命引领社会革命，必须坚持制度治党、依规治党。党的十八大以来，以习近平同志为核心的党中央创造性提出坚持依规治党，注重发挥党内法规在管党治党、提高党的执政能力和领导水平中的重要作用。新时代新征程，要不断完善党内法规制度体系，切实提升党内法规治理效能，确保党在坚持和发展中国特色社会主义的历史进程中始终成为坚强领导核心。（12月6日）

【如何答好国际传播新考卷，北京给出答案（中国新闻网）】 身处世界百年未有之大变局，国际形势复杂多变，数字时代的话语权之争成为关注焦点。面对新形势、新变化，如何用好“北京名片”，讲好中国故事？如何加强国际传播能力建设，促进对外文化交流，增强中华文明的传播力和影响力？北京高校新闻与文化传播研究会理事长、中国社科院大学副校长张树辉指出，北京作为中国的文化名片，承载着弘扬华夏文明的重要作用，承担着展示中国形象的重要特色，也是传播中国故事的重要平台。在加强国际传播能力建设带动北京对外文化传播过程当中，也对包括北京高校在内的大学，还有科研机构，在提升国际传播人才培养、加强文化传播研究这些重要的领域提出了新的挑战和要求。（12月10日）

【第二届中华优秀文化传承与传播学术研讨会成功举办（光明网）】 12月10—11日，“风月同天 薪火相传”中国社会科学院大学第二届“中华优秀文化传承与传播”学术研讨会在腾讯会议云端召开。本次研讨会由中国社会科学院大学国际教育学院主办，中国社会科学院大学中华文化研究中心承办，中国社会科学院大学科研处与北京横山公益基金会支持。大会旨在传承中华优秀传统文化，繁荣发展文化事业和文化产业，增强中华文明传播力和影响力，助力人类命运共同体的建设。本次会议研讨主题为“中华文化的国际传播”“国际中文教育”和“中华优秀文化传承与创新”。（12月15日）

【马克思主义中国化时代化与中国式现代化北京人文论坛举办（央视新闻）】 12月24日，北京人文社会科学研究中心—中国社会科学院大学21世纪马克思主义研究中心通过视频方式举办以“马克思主义中国化时代化与中国式现代化”为主题的北京人文论坛。党的二十大报告对中国式现代化进行了全面深入系统的阐释，并指出中国共产党的中心任务就是团结带领全国各族人民全面建成社会主义现代化强国、实现第二个百年奋斗目标，以中国式现代化全面推进中华民族伟大复兴。中国社会科学院副院长、中国社会科学院大学党委书记高培勇在论坛上表示，中国共产党的领导，不仅是中国特色社会主义最本质的特征和中国特色社会主义制度的最大优势，同时也是中国式现代化形成的最为关键的要素；中国式现代化形成过程中坚持了国家独立性和政治自主性。（12月24日）

【2022语言AI发展大会在京举行 推动构建我国语言AI新业态（中华网）】 12月28日，“语言AI，智造美好未来”2022第三届语言AI发展大会在京胜利召开。来自中国科技界相关领导、学术界专家学者、产业界企业代表共同出席了大会，10万余名观众通过观看线上直播的方式参与了大会。本次大会由中国科学院自动化研究所、中国社会科学院大学联合主办。大会以“语言AI，智造美好未来”为主题，各位专家学者畅所欲言，结合NLP领域的技术根基，共同探寻语言AI在人类美好未来中的应

用场景。中国社会科学院大学党委常委、副校长、数字文明与智慧治理实验室主任张树辉分别发表致辞演讲。（12 月 30 日）

【刑事诉讼法法典化研讨会在京举行（法治网）】 12 月 18 日，由中国人民大学刑事法律科学研究中心、中国人民大学诉讼制度与司法改革研究中心共同主办的刑事诉讼法法典化研讨会在北京举行。中国社会科学院大学副校长王新清认为，我国刑事诉讼法法典化已经具备了初步的条件。刑事诉讼法法典化应当以习近平法治思想为指导思想，总结改革开放四十多年来刑事司法的经验和教训，顺应国际刑事诉讼法发展趋势，依托理论与实践经验相结合的刑事诉讼法学专家队伍来实现。（12 月 21 日）

社科之声

【高培勇：以市场主体为重心 促进宏观政策和微观政策深度融合（《光明日报》）】 进入新发展阶段，我国经济工作和宏观政策配置格局正在发生深刻变化。以 2021 年底召开的中央经济工作会议为转折点，一个以市场主体为重心的宏观政策和微观政策深度融合之势，已经趋于形成。今年政府工作报告，将“着力稳市场主体保就业，加大宏观政策实施力度”作为要扎实做好的各项工作之一。（3 月 15 日）

【高培勇、邓曲恒：从战略性有利条件把握经济社会发展大势（《人民日报》）】 今年全国两会期间，习近平总书记从中国共产党的坚强领导、中国特色社会主义制度的显著优势、持续快速发展积累的坚实基础、长期稳定的社会环境、自信自强的精神力量五个方面深刻阐明了我国发展具有的战略性有利条件。深入理解和把握这五个战略性有利条件所蕴含的历史逻辑、理论逻辑、现实逻辑，对于我们在百年变局和世纪疫情交织背景下有力有效应对当前经济发展面临的困难和挑战，对于全面推进社会主义现代化建设、顺利实现中华民族伟大复兴，都具有重大意义。深入理解和把握五个战略性有利条件的内在逻辑，有助于我们用好用足战略性有利条件，有效应对困难和挑战，保持经济运行在合理区间，实现既定奋斗目标。（5 月 31 日）

【高培勇：归根结底是建构中国自主的知识体系（《光明日报》）】 高培勇表示，2016 年 5 月 17 日，习近平总书记在哲学社会科学工作座谈会上的讲话中提出了加快构建中国特色哲学社会科学的重大战略任务。6 年来，习近平总书记在多个场合就构建什么样的中国特色哲学社会科学、怎样构建中国特色哲学社会科学这一重大时代问题提出了一系列重要论断。2022 年 4 月 25 日，习近平总书记在中国人民大学考察时强调，“加快构建中国特色哲学社会科学，归根结底是建构中国自主的知识体系”。这为我们加快构建中国特色哲学社会科学进一步指明了方向。站在“十四五”以及新发展阶段这一新的历史起点上，领会贯通习近平总书记关于加快构建中国特色哲学社会科学的一系列重要论述，从建构中国自主的知识体系的高度，谋划和推进加快构建中国特色哲学社会科学的行动，将《国家“十四五”时期哲学社会科学发展规划》落实落地，无疑具有十分重要的意义。中国特色哲学社会科学的构建，要围着中国自主的知识体系而转，奔着中国自主的知识体系而去，紧盯中国自主的知识体系而持续发力，把中国特色哲学社会科学学科体系、学术体系、话语体系建构在中国自主的知识体系基础之上。（6月8日）

【中国社科院副院长：中国经济总体进入快速重启阶段（中国新闻网）】 中国社会科学院副院长高培勇17日出席中国人民大学重阳金融研究院主办的宏观形势论坛（2022年夏季年会）时表示，从上半年经济运行轨迹来看，最困难的时期已经过去，中国经济总体上已进入快速重启阶段。高培勇说，今年上半年，中国经济呈现一系列超预期变化，具体可分为三个阶段分析。第一段是1月至3月上中旬，当时中国各方面经济指标稳步增长，国民经济运行恢复向好，为实现一季度平稳开局奠定了坚实基础。在此阶段，超预期变化好于预期。第二段是3月下旬至5月中旬，就业、工业生产等部分经济指标明显走低，生产经营活动明显受阻，工业链和产业链循环不畅，居民消费疲弱，经济下行压力骤然加大。第三段是5月下旬以来，随着复工复产稳步推进，就业物价总体稳定，主要经济指标呈现边际改善态势，迈入企稳回升的轨道。（7月17日）

【高培勇：中国经济的底色与底气（《经济日报》）】 对于今年上半年经济形势该怎么看？下半年以及未来一个时期经济工作该怎么干？不仅要从认识论上，而且要从方法论上，特别要从理论和实践的结合上说清楚、讲明白。文章从分区间考察上半年经济运行、深层底色在于长期稳定向好、长期稳定向好的独特源泉、牢牢把握发展主动权底色决定底气四个方面进行了阐述。

底气源于底色，底色、底气又意味着潜力。将上述的讨论概括为一点，那就是：中国经济发展长期稳定向好的基本面和大趋势，不仅没有变，而且变不了。对此，我们应当抱有充分的信心。（8月1日）

【高培勇：准确把握促进共同富裕的基本精神和实践要求（光明网理论频道）】 9月16日，由中国社会保障学会主办，光明网、《社会保障评论》编辑部协办的“共同富裕大家谈”第一期在北京举行，共同探求正确理解共同富裕和更好地扎实推动共同富裕的大问题。中国社会科学院副院长、学部委员高培勇作题为“准确把握促进共同富裕的基本精神和实践要求”的报告。高培勇指出，共同富裕是中国特色社会主义的本质要求。在促进全体人民共同富裕的历史进程中，有针对性地回应群众关注的热点难点问题，从学理上搞清楚共同富裕“是什么”，弄明白共同富裕“不是什么”，进而廓清思想迷雾，解答疑虑困惑，准确把握促进共同富裕的基本精神和实践要求，是非常重要，也非常关键的。（9月28日）

【高培勇：新征程高质量发展必须更加关注市场主体（经济参考网）】 11月7日，在第五届中国企业论坛主题论坛上，中国社科院副院长、学部委员高培勇作主旨演讲时表示，高质量发展是全面建设社会主义现代化国家的首要任务，高质量发展的主体只能也应当是以企业和企业家为代表的市场主体。因此，要把高质量发展的基点放在市场主体身上，确保所有的政策配置、所有的政策操作首先聚焦于稳住市场主体。（11月8日）

【高培勇：只有在改革上下功夫才能从根本上解决问题（中国网）】 11月26日，中国宏观经济论坛（CMF）年度论坛在线上举行。本次论坛聚焦“在大调整中温和复苏的中国宏观经济”。中国社科院副院长、中国社科院大学党委书记高培勇受邀出席论坛并讲话。

高培勇表示，面对当前超出预期的经济下行压力和严峻复杂的经济发展环境，宏观政策发挥作用的需求十分强烈。明年宏观政策的着力点应放在供给侧，如何从供给的角度给宏观政策的配置做出适当的安排至关重要。（11 月 29 日）

【张政文：让百年党史照亮复兴征程 ——读《百年大党面对面》(《人民日报》)】 张政文表示，中宣部理论局组织撰写的《百年大党面对面》一书，秉持“理论热点面对面”系列图书的一贯风格，直面现实、直面热点、直面问题，坚持历史与现实相统一、理论与实践相结合、古今与中西相贯通，生动形象地对百年大党和党的百年历史进行透彻解读。该书观点权威准确、论述深入浅出、语言通俗易懂、文风清新简洁、形式活泼多样，具有很强的理论性、权威性、针对性、可读性，深刻体现了真理的力量、逻辑的力量、语言的力量、创新的力量。《百年大党面对面》是一部能让读者看到后眼前一亮，读得进、记得住、用得上，有深度、有高度、有温度的优秀通俗理论读物，是新时代讲好中国共产党故事的典范，值得学好、用好。（5 月 18 日）

【张政文：百年变局中的反思：文明与文化的冲突、超越及中国方案（中国社会科学网“学术中国·文学”)】 张政文表示，世界百年未有之大变局，是一种可以以世纪为单位来度量的全局性变化、全球性变化，是人类文明、文化的体系性变动、系统性转折，是影响人类文明、文化替换与演进、冲突与超越的大变动。

什么是文明？什么是文化？这是一个难题，很难有完全的共识。有的国家甚至为文明、文化大打出手，引发人类的重大危机。历史上也曾出现对文明、文化的捍卫，却演变成文明、文化的毁灭的重大事件。

用历史唯物主义方法解释人类文明、文化的本质，可以确认文明、文化是推动人类社会历史存在与发展的基本力量。我认为，就其本质而言，文明是人类客观历史创造的，是塑造人与自然关系的物质力量，其实质是人的物化，是人通过生产生活的物质活动将纯粹的大自然改造为人化的自然，使自然成为人类社会的一部分。（8 月 29 日）

【林维：共建未成年人友好型网络空间（《法治日报》)】 近些年，随着互联网特别是移动互联网产业的迅猛发展，互联网已经成为未成年人重要的学习工具、沟通桥梁和娱乐平台。但在使用网络的过程中，未成年人也可能面临一些风险和侵害。保障未成年人在网络空间的合法权益，遂成为刻不容缓的需求。当前，我国正在从立法、行政、司法、普法等方面构建全面系统的保护机制，而社会组织、研究机构以及平台企业在未成年人网络保护方面也逐渐形成合力，未成年人网络保护正向着多方参与、多元共治的体系构建目标迈进。在网络服务中采用未成年人专用的模式，以促进和保障未成年人健康地使用网络，是目前未成年人网络保护的主要模式，实践中通常称其为“青少年模式”。当前，未成年人模式在制度建设和实践应用上已得到逐步改进和完善，展现出了具有中国特色的治理模式。展望未来，进一步细化和落实未成年人模式，将成为未成年人网络保护最为重要的建设方向。（6 月 1 日）

学子风采

【手捧学校“定制款”暖心大礼包 社科大冬奥会志愿者出征!（《北京青年报》）】 1月22日上午，中国社会科学院大学举办了北京2022年冬奥会和冬残奥会志愿者出征仪式。所有志愿者青春洋溢、整装待发，他们将在未来一个多月的时间里，以实际行动展示社科学子的青春风采，践行中国青年志愿者的青春誓言。中国社会科学院大学党委常委、副校长张树辉出席仪式并讲话，宣传统战部、学工部、教务处、保卫处、医务室、校团委等学校冬奥志愿服务专班相关负责人出席出征仪式。

张树辉对志愿者们殷切嘱托。一要提高站位，全身心投入。做到“服从指挥有纪律、正确发声有作为、带头践行有担当”，以高标准、严要求完成好这项重大政治任务，把对“请党放心，强国有我”的青春誓言转化为冬奥志愿服务的具体行动。二要发扬风格，传递正能量。积极展现中国青年的精神风貌和社科学子的良好形象，将奥运梦想与时代使命结合起来，演绎好“一起向未来”的北京冬奥故事。三要严守纪律，织好安全网。严格遵守疫情防控，以及场馆、驻地的要求，牢记行为规范，掌握服务技能、弘扬志愿精神，做有态度、有温度、有高度的志愿者。（1月24日）

【人文之光照亮“挑战”之路 ——中国社会科学院大学学生课外科研实践侧记（中国社会科学网）】 在2021年举行的第11届“挑战杯”首都大学生课外学术科技作品竞赛（以下简称“挑战杯”首都赛）中，由中国社会科学院大学推荐的15项作品全部获奖。其中，特等奖4项，一等奖4项，二等奖1项，三等奖6项，总成绩居北京高校前列。此次比赛中，中国社会科学院大学还首次获得“优胜杯”，获评“优秀组织奖”，取得了在“挑战杯”首都赛获奖级别的历史性突破。（2月9日）

【中国社科院大学研支团在丹凤县开讲“博识课堂”（中国青年网）】 近期，中国社会科学院大学第23届研究生支教团丹凤支教队在丹凤社科希望小学开展“博识课堂”、红领巾广播站“社小之声”等系列活动，丰富校园文化生活，不断开拓学生视野，推进学校少先队工作出成效。（2月9日）

【在文学院获得的“乐”，可以延续一生（《人民政协报》）】 在“00后”眼中，文学是一个什么样的存在？读文学专业过时了吗？记者从罗睿沣身上，看到一个确定的答案——“我们的生活也许不会有小说中那番风花雪月，但我们的生命正因有了文学而丰富多彩。”罗睿沣是北京一所高校（中国社会科学院大学）汉语言文学专业的大三学生。在老师看来，这是一个“优秀、全面”的学生——不但学业成绩好，还弹得一手好钢琴，喜欢体育，热心于学生会工作。不过，这名饱受经典读物滋养的优秀学生，最大的兴趣点还在于文学。（3月1日）

【中国社科大志愿者携手西部孩子共赴冬奥之约（中国社会科学网）】 丹凤社科希望小学位于秦岭南麓、丹江之畔的山区小城，学生人人知晓冬奥，人人心向北京，这和2021年盛夏中国社会科学院大学首届研究生支教团（简称研支团）的到来密不可分。中国社科大首届研支团成立于2021年党的百年华诞之际，奔赴丹凤社科希望小学开展支教志愿服务以来，积极开展“冬奥来了”活动，播撒冬奥火种，普及冬奥知识，宣传冬奥文化，弘扬冬奥

精神。（3月4日）

【习近平总书记在北京冬奥会冬残奥会总结表彰大会上的重要讲话引发广大青年热烈反响（《北京青年报》）】 在北京冬奥会、冬残奥会总结表彰大会上，习近平总书记发表的重要讲话引发本市各界青年巨大反响。大家纷纷表示将深入领会北京冬奥精神，胸怀大局、自信开放、迎难而上、追求卓越、共创未来，勇于承担使命责任，用实际行动践行爱国情报国志，携手奋进，一起向未来。中国社会科学院大学的学生马凤娇告诉《北京青年报》记者，她在冬奥会期间，担任国家速滑馆场馆通信中心助理。她认为，作为闭环志愿者共襄冬奥盛事，使命光荣，弥足珍贵。虽然冰雪消融，盛会落幕，但“双奥”中每一个温暖美好的时刻，每一次热血沸腾的欢呼，每一帧奋勇拼搏的画面，都将在她脑海里永恒定格。这段52天的冬奥之旅是她今年寒假最绚烂的色彩，与国家速滑馆的冰雪相约也注定成为她永远引以为傲的宝贵经历。“我将把北京冬奥精神内化于今后学习生活中，为祖国和人民贡献青春和力量！”（4月9日）

附录

毕业生名单

2022届本科生毕业名单

表51

院系名称	姓名
马克思主义学院	王　天 张　震 顾小兵 龚　昊 李泽昊 范金蕊 冯钧可 刘　鑫 王　昕 訾薇陶 孙　宁 王龙韵 杨　喆 王昭远 孙璐萌 游宛昆 张斐然 谢梦妍 朱家萱 肖　洋 魏官恒 魏芮涵 陈紫璇 张禧瑞 谢永宇 潘　玉 姜　元 吕泽华 董腾云 王佳慧 张静怡 王沃若 辛姝彤 窦一搏 冯迎春 张人文 王静怡 李梦辰 程　旭 向　源 卢凤仪 蒋攀川 陈舒旸 沐顺鹏 张佳宁 包雅文 陈克正
文学院	王燕燕 周　姚 刘嘉伟 徐　琰 邹子鑫 朱颖欣 吕美萱 王　汐 李　馨 王婧伊 靳晓辰 杨　加 吴浩祥 金翰林 郭凌云 李天宇 程安琪 刘　婷 邓晨菲 马欣然 李庚辰 赵　芮 郭溢琛 孔格格 李若楠 周悦洋 聂　晗 曹羽翔 朱茗鹭 赵梦涛 张恩荫 张安然 张冰然 王文哲 张泽宏 王乐旺 廖　爽
经济学院	袁　媛 甘铭途 刘柏闻 郑凯元 陈宇鸣 郑　曦 肖兴灏 卜越凡 李思睿 田颜滔 王新雅 梁琪悦 梁航远 毛伟屹 马志博 王　睿 王　玉 康　迎 张文好 刘姝池 李琬琦 杨雨铭 白婧涵 祝思民 朴冠鸿 宋雅馨 殷万紫 赵有洋 张　畅 朱冬阳 方婧婕 周仲夫 曾学科 刘传滨 叶如妍 孙嘉禾 耿志超 王　丽 余一迪 赵睿莹 贾高源 龙新宇 胡　音 李子予 李嘉玮 李巧萌 段小艺 杨　岚 巫　拉 叶文豪 彪义雯 夏　彤 王誉憬 田贻萱 石洣珏 向可一 陈梓浩 孙瑞晨 杜珂欣 郭玉瑶 路　原 曹辰阳 刘冠华 古沛灵 曹景怡 边　辰 张一诺 阮小丫 王浩翔 程一鸣 高成龙 彭晶晶 黄　恺 高绫月 王梦泽 张铭辰 黄　琳
经济学院	许　瑶 张　宇 罗　璇
法学院	陈嘉鑫 夏奉阳 胡　玥 高雪文 伊梅杰 孔　祥 王敏昊 相宏璇 冯志强 姜栢安 聂羽欣 张心怡 林晓琳 康煜卉 程凡宁 李广钊 任　缘 侯路然 褚焓依 孟庆琨 梁旭婷 沙琳娜 贾智捷 李江鹤 魏诗月 王甫尧 张雯滔 熊志远 赖宇帆 孙佳雯 曾玫钦 李鸣宇 范家康 刘恒源 刘雪妮 雷啸天 杨依林 谭梓濠 罗博成 陈勇志 盛泽西
政府管理学院	包思涵 刘　静 王漠依 郑文颖 李镕成 齐雨萱 韩艺琳 李雨桐 吴　倩 过雪晴 徐　博 杨春扬 罗轶柱 李嘉源 杨　铭 赵紫祎 王可心 高铭璐 周沁懿 胡晨光 程　竹 李海林 贾　懿 陈佩雨 王　榕 于　晟
哲学院	王泽民 赵乐章 王嘉仪 张译宁 王佳宁 吴頔烽 姜　倩 雷璧湲 田佳尼 王博研 戎绪园 尹舒羿 周　伟 李溪源 杨贺茹 王　晴 崔一凡 张智昭 孟　璜 张政权 蒲雨佳 王思然 李艺蕾 徐浩然 范天晓 柯　轲
新闻传播学院	宋天真 郭一岫 陈泓伊 郑玥晖 董悦梁 孙　琦 刘思清 李博薇 尤雯婧 刘　畅 朱芷萱 颜钰杰 陈淑敏 汤继运 丁彦婷 左懋林 刘嘉艺 杨心茹 于小童 夏晓雨 周亚莉 黄曹歆叶
国际政治经济学院	黄平钰

续表 51

院系名称	姓名
外国语学院	叶佳霖 冯小小 杨易 林硕冰 郑诗琪 肖燕 范珂 周锐思 陈忠辉 黄韫佳 郑宁然 古晓雨 任颖琪 张丝雨
商学院	黄志伟 荣京册 戴雪颖 王仁杰 万雅美 李嘉雯 张予菘 白吉鹏 许钰 高军 姜雨奇 唐联洲 杨君慧 吴旻 刘东晓 王泽横 代瑄澳 李艺华 雷琦 聂宁 向晨曦 陈欣 王一丁 舒然 邵子然 何浩钦 何悦 汤嘉贤 李佳睿
社会与民族学院	孙世星 肖云峰 刘晓瑞 岳倩竹 秦美平 吴蕙羽 方琦 马墨琳 孙雪莹 满文鹏 李欣鸽 王清源 李凌浩 林源清 毕兰馨 刘宪本 王宇璇 石煜晗 丁潇 李琦 周求霈 黄然 孟子龙 邵辰宇 王尹雯 石普凡 宋炽 张云沛 张亮
历史学院	梅叶璇 胡倍严 李翔宇 王奕辰 庞淞元 于睿 李欣 张恺洋 上官婧琦 周绮洵 李珞琪 柯世久 李欣陆 纪元昊 刘昌义 师子涵 张昊瑜 陈奕漩 袁子傲 杨铁 叶紫玟
历史学院	王明天 唐闻饶 刘杨文心 秦双艳 罗兰 赵睿思 王煜岚 黄晓婷
应用经济学院	董小满 陈振嘉 冯雨昂 卢宇辰 袁佳宇 魏千承 丁柳松 肖艺 罗旭 唐佳一 李骄杨 魏垚央

2022 届研究生春季毕业生名单（硕士研究生）

表 52

院系名称	姓名
法学院	贺佩瑶 肖丽萍 陶志昂 朱丹 苏倩 牛婉云 王栖梧 陈宇航 张静怡 杨斯涵 景竹溪 张翔 赵嘉颖 李媛媛 王润东 滕昊昕 杨美慧 李蹊 王梦雨 张寅浩 卢晓娅 赵冉 梁钰斐 梁洁 段雅茹 刘阳飞 杨哲 刘凌宇 邹琪卉 袁紫涵 曲佳桐 钱蕙 潘雨蒙 王越 于晓彤 韩润东 刘铠溪 曹安娜 李孟营 吴枭 李泰呈 刘志伟 宋晨 于怡冉 张新茹 唐彦嘉 徐娜 黄美婷 张百翔 单雨佳 康杰 李潇 欧丽娟 孙欢 陈昕原 段锦 刘馨遥 李萌 周思 张扬 郑云鹏 谭恬恬 蔡金辛 付静芳 周少波 雷英鑫 陈欣宇 张晓婷 宋颖 周昕明 唐智慧 黄薇 杨博涵 周景斌 陈欢 刘雨萌 李旻昕 王启浩 徐菁 贾静 张若楠 王诗雨 肖文钦 仝令男 杨浩原 梁译丹 罗丹 施珮铧 王羽 张月平 王志豪 杜丽雪 刘智群 李晶涛 李雯娟 赵晔 何顺琪 周凌帆 魏薇 周敬楠 苑宇桐 郑文强 左鹏博 曹伊卿 郝晓雷 刘诗美 冯超 张雨薇 翟楠楠 齐仪 张晓旭 高玉双 周晴 郭鑫 陈欢 白冰 吕慧 韩晓涵 郭楚滢 路宸璨 王子薇 潘越 郝晓蕾 任锐达 王玮 王静茹 陈静 黄婉玉 韩雪 李博伦 于雪 翟东升 王惠丽 王婷婷 和琼 陆麒元 王梓侨 蔡成蔚 朱泽琨 王艺颖 刘莹 张瑞雪 吴束炜 方丽姝 龚壮壮 丁亮 吴诗曼 候素枝 赵璐 郑羽西 孙恺恺 汤多领 吴雨哲 张萍 许梦雅 庄晓丽 杜薇薇 刘昊丹 李萩逸 李美琪 吴松波 孟令珂 陈文 孔令明 宋鲁宁 郝慧新 刘俊男 孙乾 王乐菲 步畅恒 王琳静 肖晨星 王玉静 琚泽敏 董龙凤 来雅娜 邱文超 张宇航 魏小雨 杨淑洁 刘晓冉 王海威 汪玉梅 牟一涵 田悦 王玥皓 李梦瑶 王敬一 陆迅 林倩倩 李蓉蓉 付骄阳 杨振棣 李雪菲 李晓慧 曹晓红 王雅凤 李男 盛菲 张艳君 李金凤 陈子月 张晓慧 李宜霖 王怀雨 杨振凯 梁振超 刘文娟 张艺帆 李洋杰 刘元元 张洪瑞 李士局 吴佳琪 黄清云 刘丹丹 王冰 郭丽洁 谭惠文 顾晨瀚 刘丹 袁健 蒋斌 丁正委 付小康 丁文婕 张睿 赵泳娟 张蕾 易根 莫立庭 马晓琦 郭中正 沈彦希 张晓 张美玉 郑揣鑫 凌雅洁 赵雨昕 张惠 李金辉 刘奕翔 李昇锦 黄钰 张珊 胡富财 荆梦竹 王奕心 刘舒心 齐栾玉 陈弘婷 赵久昌 黄鑫 闫元 刘璇 苏家华 潘诗良 周书瀚 梁琪 董莹 杨立欣 张宇斌 姜居正 唐甜甜 郑昭辰 郑晓丹 马晓娜 赵秀洁 游展鹏 林玉东 徐超轶 赵振庶 熊利 闫瀚丞 王冰鑫 金晶 王芹芹 谈宇斌 王鲲 胡彬 薛如雪 李宗龙 武婉莹 殷卓娅 刘翔 甘露圣

续表 52

院系名称	姓名
国际教育学院	孔灵昕 朱颖 夏子乔 马婧婕 孔庆磊 彭园园 杨鸿静 王珺琰 何丽敏 张译文 吕驿滐 陈雅苧 齐怡平 丁雅凡 朱亚婷 崔潇 项楠 夏禹圣 刘小娟 孙鸿菲 林洪如 徐茂升 袁莹 姜北平 张晓乐 刘阳 杜晓东 邵京京 欧阳群堃 黄连宇 张颖 蔡娅琳 胡丹 张军强
国际政治经济学院	徐瑞兰 李世豪 苏文军 白语诺 张陆 梁劲 王婧 孙振民 沈思杰 李显越 冯昱云 魏威 张明达 刘楠 马天明 郭珂欣 李纪盈 从伊宁 季雅宁 范楷 杨昆灏 陈龙翔 李灵芝 景策 杨思凡 桑甲兵 杨志宇 纪石
经济学院	宁卉 李嫱 李家奇 白静展 秦志尚 牛沛卓 敖心怡 刘浩荣 段鑫 苏小萱 甄皓晴 杨璐 王一鸣 卫和成 孙天泽 管智超
历史学院	余星辰 刘宝莹 杨琦帆 陶姿君 王万里 贾方舟 孟之桀 汪羽乔 陈姝宁 李沛恒 孟浩亮 崔开欣 石琳 尤瀚苡 王心怡 胡庭玉 彭璐 周轩 周畅 刘泠然 张子旭 徐熠 邹璐莎 解红玉 王伟康 畅通 窦宝越 李芬 王涛涛 秦基伟 杨璐 杜正渝 郑何伟 林境辉 王维淼 廖云鹏 郝思瑶 刘宇君 李文奇 金秀妍 黄磊 武钰娟 王煜凡 王雪 王负赟 高范翔 陈泽宇
马克思主义学院	李奥美 丁琳 赵子童 徐元锋
商学院	尹子绮 洪倩倩 罗妹 王元正 李峥嵘 余心彤 李杭航 马硕 张雅俊 汤慧佳 曾雪 李立新 孙静 赵骈璐 张法 周楠 刘芳录 王丽 李大为 何欣桐 张采苓 于洋 李晔 将凯 赵志远 王云雪 郝铭 侯成 江浩 刘鹏 姜俊杰 范峻川 陈治越 刘金哲 陈颀 刘明炜 谢宗伯 王玉妹 孟志良 蔡鹏程 吕文亚 张世鹏 韩蒙蒙 杨蓓蓓 任佩瑜 杨旻 卜清政 张靖敏 贺蕾 李艾璇 寇雪艳 陈玮 柴雪晨 苏巧云 冷梅 安妍 郑瀚 张维祯 徐琦 刘锴 李铭超 韩雪 何益婷 周洋 陈延鹏 刘莹 孙亚楠 齐月菡 张贞强 王彧语 陶莉 蔡旻利 王立佳 杨璐 肖娜 邓佳丽 彭钰 陈乐 李晓丹 李伟娜 代百冰 王硕 彭卫军 沈荟星 陈远强 庄孟升 张仁河 高永鲜 周青 冯超 刘蕊 李斌 姜骞 宋晓宇 刘长春 曹金宝 王世矗 曹臻 曹预 南洋 王亮 张玉珠 张红玲 曲明盈 王明忠 张蕾 薛萍 田菁 李佳星 张凯 李冬辉 王健南 李钦铃 徐仟仟
社会与民族学院	张兆月 叶伟强 白刚 孙宇飞 吴玥 孙惠临 马凤钰 赵鸽 刘哲 李夏青 古敏 李玉妹 张怡璇 简安琪 徐丹 黎秀坤 李雨诺 李尉 杨瑞 虞思敏 黄彩红 彭先福 段康 张芳 张茜 曹晶莹 裴璐 张鑫成 王玲 王丽平 赵一葮 张烨 宋允文 杨秀莹 席东杰 王淑玥 江婷婷 赵富民 张馨雨 李埝聪 孙梦华 韩红波 姚文晓 孟芸 崔宝瑞 杨姗姗 王帅 王欣 崔帅帅 刘少山 罗彦彦 胡本强 郭俊芳 谢文凯 方晓宇 李晴 王胜男 刘赛赛 郭浩雨 王志娇 何珂 邓如欣 米兰 王露瑶 刘丹妮 刘浩天 徐鹤溧 王雪 金令 项泽楷 姚茗元 吴吉 苏润原 金鑫 林莹莹 白鹞 叶伟强 苏日古格其其格
外国语学院	戴柳旭 白璟 袁浩 艾萌
文学院	冀际安 徐蓓 赵越 李芳菲 江冠群 依群华 王纪纹 熊少聪 游玮 祁梦薇 李璨 章雨婳 魏露 杨莹 黄汉 陈壁君 滕云 王子晴 龙仙梅 赵雅炅 骈霓 倪亚婷 刘亦扬 王宇晨 刘艳云 黄丽轩 杨子琪
新闻传播学院	罗湘莹 张鑫 罗豆豆 邱荃 赵磊 高根茂 杨苏丽 罗德鑫 郭悦萍 刘静静 王珩瑾 吴中杰 曾雷霄 张驰 谭丽 王心路 刘旭 孙浩天 曹曦予

续表 52

院系名称	姓名
应用经济学院	苏　捷　滕可心　石博涵　陈奥阳　梁红珍　张诗洋　路　爽　管世杰　胡晓艺　李　豫　王浩洋 张　烁　杨　蓓　赵丹妮　刘　毅　王馨浴　魏浩昆　何其洋　汪一帆　张婉禛　张可欣　马惠宇 李佳桐　冉昊轩　段宏昱　张孝枫　魏琪容　巩启镕　刘赛磊　解晓英　闫宇欣　李静蹊　刘润宇 谭云潇　陈思琪　杜明瑞　肖　尧　穆　青　邵芷微　李子建　岳　洋　王　阳　孙悦成　陈沛东 刘　杨　刘远超　于　琪　郭嘉琦　王震威　陈淑婷　刘芳竹　栗思雨　杨子毅　吴金恒　毛瑞丰 刘紫萱　张黎青　丁少斌　赵　悦　乔行天　童文思　吕济远　梁寒冰　张雅婷　程文凯　邓卓文 黄菁华　沈明磊　贾惠清　杨振宁　赵瑞甫　刘晓星　何宇翔　何文杰　董吉聪　李　浩　熊寰睿 张　琪　张　赫　李　毅　罗仲凯　张子玄　郭　扬　刘姝瑶　高元甲　刘昭玥　魏雨桐　康佳琦 张若馨　李　瑟　冯心歌　池浩珲　翟丙乾　桂平舒　张子旭　孙　晨　彭安琪　程子豪　谈佳辉 包尉帅　朱　磊　肖双双　陈俊志　杨林枫　粟春豪　秦蒋蒋　史洁琼　燕　铭　蒋宏志　张桁嘉 李怡晴　赫文佳　何　林　秦玮崧　宫　毅　田诗雨　钟　咏　孔廷廷　王仕乾　曾雨丛　梁森威 郑　盈　冯珂馨　王凯文　黄佳楠　潘中秋　徐　彤　张心怡　马　慧　黄　娜　袁金风　李　媛 高雪双　耿玉荷　樊书琴　李鑫雨　杜逸楠　陈亚南　薛佳晴　张　威　杨　璐　黄安琪　吕品雯 赵梦媛　张海楠　余玲玲　张　悦　姚瑞诚　王梦溪　胡　蝶　吴金凯　于　露　汤希文　单文君 刘　妍　刘　兴　郁慧琳　林亚男　吴刘辉　林斯超　任　钰　王曼泽　高　爽　麻　超　吴向川 李　佳　何晓惠　王钰滢　寇鸿翔　张会期　牛睿媛　户　召　贾帅强　何　浩　吴昭纳　沈　畅 王秀玲　严　敏　向紫筠　陶　敏　刘　锦　唐　瑞　廖周扬　杨丰宁　许莎莎　何乃香
哲学院	杨亚光　颜　晗　张立聪　华智敏　王　新　钟旭日　李雨梦　李　彬　曹康婵　兰　潇　唐雪伦 杨　玥　高　翔　王俊杰　贺　琪　刘晶戈
政府管理学院	陈　晋　解文豪　郝一笑　李　琼　常湘萍　尹志鑫　张天奇　王春阳　韩　洋　姜　杨　余诗灏 曹淑萍　杜　驰　闫　冉
政府管理学院	杨可欣　张瑞婧　廉佳音　王　晗　刘天雨　孙莉雯　王舒亭　邵楚纤　徐莉胭　丘远平　陈云涛 鞠成名　陆　琪　董昊轩　邓　勇　谭景元　魏　璐　张秋雅　曹毅慧　叶海龙　吴　琼　黄　元 支解语　石佩琦　王　佩　张炀炀　许晓聪　张鸣宇　苏白云　周伊韬　何　佳　马瑞敏　李　争 杜　岩　刘晓平　常　磊　夏家敏　田镇沧　孙志攀　秦　璐　周　李　徐红梅　刘　影　王　倩 勘则平　李金玲　马建祖　张　鹏　张星宇　秦婉竹　王允昊　张　汪　刘兆一　曹立春　荣　耀 田小静　李　格　王　哲　张　炜　李文超　魏　晞　李　洁　刘佳星　张　旭　杨安琪　裴凯伦 刘丹枫　邱慧斐　郝　赫　王晓凤　张芳蕊　胡原野　杜　蕊　程晓丽　耿文珍　王珊珊　朱　琛 石世玉　吕　泽　徐子翔　黄晓辉　马海曼　姜智超　赵　宁　胡岸杨　胡国慧　李凯岩　倪荣凯 马　超　樊梦柯　张　露　李　真　靳骁江　胡　盛　张　璐　卢天然　方　倩　彭璐萌　周在广 李瑞强　张碧聪　张　鑫　任渊博　王荣华　李晓旭　高蕴楠　孔冠超　白　云　郭晓丹　成佳玲 孙悦纳　张　丹　冯砺初　殷海兰　胡明欣　王凯旋　苏小丹　闫云舒　冷玉凡　宋灿灿　赵　昂 廖欣欣　曹　欣　熊红梅　邬希娅　周佳玲　谭志杰　刘贝贝　郝若涵　刘　昌　明　浩　孔诗琦

2022 届研究生秋季毕业生名单（硕士研究生）

表 53

院系名称	姓名
法学院	张　笛　张泽政　阎臻浩　李昊悦
国际教育学院	刘玲丽
历史学院	孙宜程
商学院	安家良　何玉琳　何　蝶　高　晨　宁若涵　曾俊皓　侯英刚　李　鹏　李志新　李国众　王　言 张学龙　姜　旭　李　璐　张京粤　张　绵　胡琬彬　任梦慧　马格致　王汇婷　边紫嫣　王慧星
社会与民族学院	王　庶　万方舟
新闻传播学院	文传君　邹雅莹

续表 53

院系名称	姓名
应用经济学院	马　赛　梁希军　宋炜梦　伍婵婵　原博伟
哲学院	王雪健　罗巧芸　王雪健　罗巧芸
政府管理学院	张卓然　赵彦东　闫　杰　艾　金　王琳皓　刘蕴博　曹静雯　李　敏　王雪颖　胡秀玲　许梦婕　杨　琳　刘灵峰　王亚戈　肖　波　史建国　唐　捷　蒋维慎　贾媛媛

2022 届研究生春季毕业生名单（博士研究生）

表 54

院系名称	姓名
法学院	邸　莹　杜　磊　林世开　李阿侠　王　嘉　初晓华　张　冰　陈　森　燕　艳　张　曦　高振翔　刘恒瑞　杨丽美　邱　波　林　娜　周媛媛　任　蕾　申　琛　孙其华　张心宇　张诗韵　李振民　郝家英
国际政治经济学院	董靖涛　李姝蓓　牛筱萌　秦　一　张　爽　侯海丽　常长海　孙海华　王振宇　卞显乐　刘　明　苗蓓蕾　杨思灵　孟月明　高　颖　刘珍玉　师　帅　蔡运喆　原慧婷　乔　赫　黄茉莉　朴锋春　陈阿龙　马天骄　杨　然　于　洋　窦天骄　王祎慈　杨　茜　王　芮　周　焱　尹宗义　王武青　蒋旭峰　姚　晨　李曦晨　王都鹏　王璐瑶　王　晶　赵　亮　刘漫与　李　拯
经济学院	余　祥　扈　婧　胡少勇　潘　伟　任玉娜　孙世会　陈　蕊　陆　洋　王海慧　都闪闪　任晓明　刘　琼　黄思宇　史琳琰　曹　畅　郑　敏　范　雯　易忠君　葛　聪　朱孝成　唐　魏　郭　斌　陈斌辉
历史学院	汪　盈　刘江涛　蔡瑞珍　刘婧妍　张经纬　娄益华　苗山根　刘继元　刘　培　袁子悦　张熙勤　张景航　林　昊　张　垚　丁坤丽　耿梦清　亓双玲　邓　新　曲冠青　薛梦真　王宇星　唐炳湟　林　晶　李奎原　崔　彤　朱晨旭　郭晓婷　高立伟　沈雪晨　黄令坦　田艺景　林晓丹　陈　佳　苏　剑　姚　晨　李曦晨　王都鹏　王璐瑶　王　晶　赵　亮　刘漫与　李　拯
马克思主义学院	范　彬　刘小利　王诗成　杨秋菊　祁敬宇　樊　欣　农　浴　陈　妮　李　明　韦丽春　石　冬　庄仕文　伍春杰　李梦宇　杜　特　王　宁　蔡信强　高小晨　张　磊　陈瑞伞　王世涛　胡纯华　石锐杨　孙　夺　张　婉　邵　闯　陈犟将　席至琪　黄文思　刘　云　吕晓凤　郭一君　高斯扬　何永林　韩　博　冯　昊　卢国彬　陈　娟　邱海锋　童卫丰　邹艳辉　孙　盼　林　敏　汪伟平　张心亮　张轶敏　王　媚　水　宏　李丹丹　李小燕　杨海宽
商学院	孟丽彦　石先艳　朱轩彤　李　莉　王　珺　马文君　顾雨辰　陈多思　朱雪婷　张秋实　伍兴红　周功梅　毛丽娟　徐　韧　胡叶琳　马　灿　李姗姗　陈　楠　伍兴红　周功梅　毛丽娟　张秋实　徐　韧　胡叶琳　马　灿　李姗姗　陈　楠
社会与民族学院	雷俊霞　白存良　程　瑶　贾旻芾　李　立　杨　丽　何光喜　严米平　刘慧丽　尹秋玲　焦思琪　张骁健　鲁　文　景乔雯　李骏寅　刘　洋　张　宾
外国语学院	龚乐宁　延　缘　黄怡婷　陈智颖
文学院	谭樊马克　马威艳　张瑞祥　崔　璨　徐梦真　王　毅　王　月　黄乙玲　李新欣　凌乐祥　赵　乔　李建为　殷玲玲　王　威　孙雅楠　赵晓梅　王　雪　区沛仪　王　蕾　李璠希　季海龙　孙泽方　于建波　徐　勤　麻秀芝　辛甜甜　梁秀坤　王　艳　李雅静　李渊源　周争艳　肖羽彤　朱家钰　梅　花　温琪琪　都文娟　梁　帆　李　铮
新闻传播学院	任　娟　蔡　珂　张　萍　任晓东　唐凤英　高　艺　刘博睿　吴梦瑶　刘美忆　罗新宇　牛耀红　吕正兵

续表 54

院系名称	姓名
应用经济学院	黄雁宁 毛恩荣 杨 帆 朱华成 邢梦玥 杨晓琰 李 姝 兰明昊 严锦梅 晏世琦 田 鑫 陆 洪 刘源源 谢 勇 韩 翀 祁晓颖 王 凯 郭 靖 申 烁 党 琳 李彦君 王文汇 许雪晨 王小彩 马 明 王 帅 袁 媛 张 虹 李晓宁 王共明 许默焓 李青原 李 茂 刘端端 李 浩 赵 安 孟召娣 谢金丽 程 萍 王 琛 张 弓 刘 芳 褚冬琳 冯冬发 司秋利 苗子清 段 梦 马露露 樊沛然
哲学院	庞西院 孙 飞 魏 涛 张守连 蔡婉琪 严 政 梅春英 李 贺 方 旭 李俊春 胡海龙 冯 璐 罗启权 李雪丹 刘 杰 丁焕焕 刘明菊 韩 博 陈多思 朱雪婷 顾雨辰 孟丽彦 石先艳 朱轩彤 李 莉 王 珺 马文君 方 旭 李 贺 李俊春 胡海龙 冯 璐 罗启权 李雪丹 刘 杰
政府管理学院	张丰麟 刘利民

2022 届研究生秋季毕业生名单（博士研究生）

表 55

院系名称	姓名
法学院	由长江 刘文钊
国际政治经济学院	周 超 赵 晖 李晓宇 张 拓 杨博涵
经济学院	赵其一 丁 璐 徐博禹 李国镇 潘春苗 林 菁 潘雨晴 林恒宇 高 蕊 王 雯 陈 胜 王晓旭 臧培华 李 娜 刘 珍 黄 潇
历史学院	张 磊 崔 钧 张 扬 梅 雪 汪馨如 李艳伦
马克思主义学院	刘丽敏 殷丰收 姜延博 成 洁 苏 彦 陈亚敏 董 雁 孙 铭 姚夏军 黎泽国 叶入荣 任吉蕾 彭福荣 陈 雨 鄢勇俊 朱海涛 李一吉 王 钢 徐学绥 李 岳
商学院	罗振洲 张 雀 陈守双 张祝恺 苏 敏 魏淑君
社会与民族学院	张振宇 贺 亮 欧阳璇宇 齐 鑫 刘金敬
文学院	任晓坤 吴 宇
应用经济学院	赵 璐 张 蓉 薛 敏 蔡喜洋 崔晓倩 余春苗 刘 楚 万为众 毕 静
哲学院	郑瑞萍 赵希睿 王 晴
政府管理学院	张 彰 靳康康

学位授予名单

2022年春季授予学历教育博士学位人员名单（330人）

表56

院系名称	姓名
哲学院	李俊春 庞西院 李贺 蔡婉琪 严政 罗启权 胡海龙 冯璐 魏涛 孙飞 方旭
经济学院	曹畅 黄思宇 史琳琰 都闪闪 任晓明 刘琼 胡少勇 任玉娜 孙世会
商学院	张秋实 伍兴红 周功梅 毛丽娟
法学院	林娜 陈森 李振民 郝家英 杨丽美 邱波 周媛媛 任蕾 燕艳 张曦 高振翔 王嘉 初晓华 张冰 邸莹 张心宇 张诗韵 申琛 孙其华 刘恒瑞
政府管理学院	张丰麟
马克思主义学院	陈妮 李明 韦丽春 陈犟将 席至琪 黄文思 刘云 吕晓凤 郭一君 石锐杨 冯昊 卢国彬 孙盼 林敏 汪伟平 刘小利 范彬 杜磊 林世开 李阿侠
马克思主义学院	张爽 杨思灵 孟月明 高颖 刘珍玉 师帅 王诗成 杨秋菊 祁敬宇 樊欣 农浴 石冬 庄仕文 伍春杰 李梦宇 杜特 王宁 蔡信强 高小晨 张磊
马克思主义学院	陈瑞伞 李茂 刘端端 王世涛 胡纯华 孙夺 张婉 邵闯 高斯扬 何永林 雷俊霞 张守连 梅春英 张心亮 张轶敏 王媚 水宏 李丹丹 李小燕 杨海宽 陈娟 邱海锋 童卫丰 邹艳辉 凌乐祥 殷玲玲 王威 孙雅楠 赵晓梅 王雪 区沛仪 张萍 罗新宇 牛耀红 吕正兵 郑敏 范雯 易忠君 葛聪 朱孝成 唐魏 郭斌 陈斌辉 刘利民 黄令坦 田艺景 林晓丹 陈佳 苏剑
社会学院	何光喜 严米平 尹秋玲 焦思琪 张晓健 鲁文 景乔雯 李骏寅 刘洋 张宾
国际关系学院	王芮 周焱 王武青 蒋旭峰 李曦晨 王都鹏 刘漫与 李拯 苗蓓蕾
文学院	李建为 赵乔 王艳 李雅静 梁秀坤 辛甜甜 都文娟 梁帆 李铮 延缘 周争艳 肖羽彤 朱家钰 李渊源
外国语学院	龚乐宁 黄怡婷 陈智颖
新闻传播学院	任娟 蔡珂 任晓东 唐凤英 高艺 刘博睿 吴梦瑶 刘美忆
历史学院	林昊 张垚 丁坤丽 王宇星 唐炳湟 林晶 苗山根 刘继元 袁子悦 张景航 李奎原 崔彤 张经纬 娄益华 汪盈 刘江涛 蔡瑞珍 刘婧妍 亓双玲 邓新 郭晓婷 高立伟
应用经济学院	杨帆 朱华成 李姝 马明 黄雁宁 毛恩荣 祁晓颖 王凯 郭靖 申烁 党琳 李彦君 王文汇 许雪晨
世界宗教研究系	李雪丹 刘杰 刘明菊 韩博 丁焕焕
工业经济系	徐韧 邢梦玥 杨晓琰 兰明昊 胡叶琳 马灿 严锦梅 李姗姗 陈楠
农村发展系	李浩 程萍 赵安 王琛 孟召娣 谢金丽

续表 56

院系名称	姓名
金融系	田　鑫 陆　洪 刘源源 谢　勇 韩　翀 王小彩
数量经济与技术经济系	孟丽彦 石先艳 朱轩彤 褚冬琳 冯冬发 李　莉 王　珺 马文君 司秋利 苗子清 段　梦 马露露 樊沛然 顾雨辰 陈多思 朱雪婷
投资经济系	余　祥 扈　婧 潘　伟 陈　蕊 陆　洋 王海慧
人口与劳动经济系	张　虹 李晓宁 王共明 张　弓 许默焓 李青原 刘　芳
生态文明研究系	晏世琦 王　帅 袁　媛
民族学系	贾旻芾 梅　花 张熙勤 耿梦清 李　立 杨　丽 徐　勤 麻秀芝 沈雪晨
社会发展系	刘慧丽
少数民族文学系	程　瑶 白存良 温琪琪
语言学系	王　蕾 李璠希 孙泽方 张瑞祥 崔　璨 徐梦真 王　毅 马威艳 谭樊马克
语言文字应用系	季海龙 于建波 王　月 黄乙玲 李新欣
中华人民共和国国史系	刘　培 曲冠青 薛梦真 朱晨旭
美国研究系	董靖涛 牛筱萌 侯海丽 常长海 孙海华 刘　明
日本研究系	李姝蓓 卞显乐
欧洲研究系	尹宗义 秦　一 黄茉莉 朴锋春 王祎慈
俄罗斯东欧中亚研究系	蔡运喆 原慧婷 王　晶 赵　亮 马天骄 杨　然
亚洲太平洋研究系	王振宇 王璐瑶
拉丁美洲研究系	杨　茜 乔　赫 姚　晨 于　洋 窦天骄
西亚非洲研究系	陈阿龙

2022 年春季授予学历教育硕士学位人员名单（275 人）

表 57

院系名称	姓名
哲学院	王　新 兰　潇 唐雪伦 李　彬 曹康婵 张立聪 华智敏 颜　晗 钟旭日 李雨梦 杨亚光
经济学院	杨　璐 王一鸣 卫和成 孙天泽 管智超 敖心怡 刘浩荣 段　鑫 苏小萱 甄皓晴
商学院	张雅俊

续表 57

院系名称	姓名
法学院	苏家华　陈弘婷　赵久昌　黄　鑫　闫　元　刘　璇　刘舒心　齐栾玉　闫瀚丞　王冰鑫　金　晶　王芹芹　薛如雪　李宗龙　武婉莹　殷卓娅　刘　翔　甘露圣　林玉东　徐超轶　赵振庶　熊　利　郑昭辰　郑晓丹　马晓娜　赵秀洁　潘诗良　周书瀚　梁　琪　董　莹　杨立欣　张宇斌　姜居正　唐甜甜　谈宇斌　游展鹏　胡　彬　王　鲲
政府管理学院	宋灿灿　刘　昌　明　浩　邬希娅　周佳玲　赵　昂　廖欣欣　曹　欣　熊红梅　谭志杰　刘贝贝　郝若涵
马克思主义学院	李奥美　丁　琳　赵子童　徐元锋
社会学院	王　雪　金　令　项泽楷　姚茗元　吴　吉
国际关系学院	杨志宇　纪　石　桂平舒　张子旭　孙　晨　孙振民　沈思杰
文学院	徐　蓓　黄　汉　陈壁君　王纪纹　熊少聪　游　玮　祁梦薇　李　璨　章雨婳　魏　露　杨　莹　赵雅炅　骈　霓　倪亚婷　刘亦扬　白　璟　滕　云
新闻传播学院	刘静静　王珩瑾　吴中杰　曾雷霄　张　驰　谭　丽　王心路　刘　旭　孙浩天　曹曦予　罗湘莹　张　鑫　罗豆豆　邱　荃　赵　磊　高根茂　杨苏丽　罗德鑫　郭悦萍
外国语学院	戴柳旭　袁　浩　艾　萌
历史学院	周　轩　周　畅　刘泠然　张子旭　徐　熠　邹璐莎　解红玉　王伟康　畅　通　窦宝越　李　芬　王涛涛　秦基伟　余星辰　刘宝莹　杨琦帆　陶姿君　王万里　贾方舟　王煜凡　王　雪　王贠赟　高范翔　陈泽宇　黄　磊　武钰娟　金秀妍　廖云鹏　郝思瑶　刘宇君　李文奇
应用经济学院	苏　捷　滕可心　刘昭玥　魏雨桐　路　爽　管世杰　陈淑婷
世界宗教研究系	杨　玥　高　翔　王俊杰　贺　琪　刘晶戈
工业经济系	秦蒋蒋　石博涵　陈奥阳　梁红珍　张诗洋　尹子绮　李钦铃　徐仟仟
农村发展系	史洁琼　燕　铭　陈俊志　杨林枫　粟春豪
金融系	康佳琦　张若馨　李　瑟　冯心歌　池浩珲　翟丙乾
数量经济与技术经济系	宫　毅　田诗雨　钟　咏　孔廷廷　王仕乾　洪倩倩　罗　妹　王元正　李峥嵘　余心彤　李杭航　马　硕
投资经济系	宁　卉　李　嫱　李家奇　白静展　秦志尚　牛沛卓
人口与劳动经济系	赫文佳　程子豪　谈佳辉　包尉帅　朱　磊　肖双双　何　林　秦玮崧　赵　鑫
城乡建设经济系	蒋宏志　张桁嘉　李怡晴
生态文明研究系	彭安琪　胡晓艺　李　豫　王浩洋　张　烁
民族学系	吴　玥　孙惠临　白　鹮　江冠群　依群华　王子晴　龙仙梅
社会发展系	苏润原　金　鑫　林莹莹

续表 57

院系名称	姓名
少数民族文学系	张兆月　白　刚　孙宇飞　苏日古格其其格
语言学系	赵　越　王宇晨　刘艳云　黄丽轩
语言文字应用系	李芳菲　杨子琪　冀际安
中华人民共和国国史系	孔诗琦　杨　璐　杜正渝　郑何伟　林境辉　王维淼
美国研究系	白语诺　张　陆
日本研究系	李显越　李灵芝　李纪盈　从伊宁　徐瑞兰　李世豪
欧洲研究系	冯昱云　杨思凡　杨昆灏　陈龙翔
俄罗斯东欧中亚研究系	魏　威　张明达　刘　楠　马天明　郭珂欣
亚洲太平洋研究系	桑甲兵　梁　劲　王　婧
拉丁美洲研究系	景　策　季雅宁
西亚非洲研究系	范　楷　苏文军

2022 年春季授予硕士专业学位人员名单（731 人）

表 58

院系名称	姓名
政府管理学院	陈　晋　解文豪　郝一笑　李　琼　常湘萍　尹志鑫　张天奇　王春阳　韩　洋　姜　杨 余诗灏　曹淑萍　杜　驰　闫　冉　杨可欣　张瑞婧　廉佳音　王　晗　刘天雨　孙莉雯 王舒亭　邵楚纤　徐莉胭　丘远平　陈云涛　鞠成名　陆　琪　董昊轩　邓　勇　谭景元 魏　璐　张秋雅　曹毅慧　叶海龙　吴　琼　黄　元　支解语　石佩琦　王　佩　张炀炀 许晓聪　张鸣宇　苏白云　周伊韬　何　佳　马瑞敏　李　争　杜　岩　刘晓平　常　磊 夏家敏　田镇沧　孙志攀　秦　璐　周　李　徐红梅　刘　影　王　倩　勘则平　李金玲 马建祖　张　鹏　张星宇　秦婉竹　王允昊　张　汪　刘兆一　曹立春　荣　耀　田小静 李　格　王　哲　张　炜　李文超　魏　晞　李　洁　刘佳星　张　旭　杨安琪　裴凯伦 刘丹枫　邱慧斐　郝　赫　王晓凤　张芳蕊　胡原野　杜　蕊　程晓丽　耿文珍　王珊珊 朱　琛　石世玉　吕　泽　徐子翔　黄晓辉　马海曼　姜智超　赵　宁　胡岸杨　胡国慧 李凯岩　倪荣凯　马　超　樊梦柯　张　露　李　真　靳晓江　胡　盛　张　璐　卢天然 方　倩　彭璐萌　周在广　李瑞强　张碧聪　张　鑫　任渊博　王荣华　李晓旭　高蕴楠 孔冠超　白　云　郭晓丹　成佳玲　孙悦纳　张　丹　冯砺初　殷海兰　胡明欣　王凯旋 苏小丹　闫云舒　冷玉凡

续表 58

院系名称	姓名									
商学院	张 法	周 楠	刘芳录	李大为	王 丽	何欣桐	张采苓	于 洋	李 晔	蒋 凯
	赵志远	王云雪	郝 铭	侯 成	江 浩	刘 鹏	姜俊杰	范峻川	陈治越	刘金哲
	陈 颀	刘明炜	谢宗伯	王玉妹	孟志良	蔡鹏程	吕文亚	张世鹏	韩蒙蒙	杨蓓蓓
	任佩瑜	杨 旻	卜清政	张靖敏	贺 蕾	李艾璇	寇雪艳	陈 玮	柴雪晨	苏巧云
	冷 梅	安 妍	郑 瀚	张维祯	徐 琦	刘 锴	李铭超	韩 雪	何益婷	周 洋
	陈延鹏	刘 莹	孙亚楠	齐月菡	张贞强	王彧语	陶 莉	蔡旻利	王立佳	杨 璐
	肖 娜	邓佳丽	彭 钰	陈 乐	李晓丹	李伟娜	代百冰	王 硕	彭卫军	沈荟星
	陈远强	庄孟升	张仁河	高永鲜	周 青	冯 超	刘 蕊	李 斌	姜 骞	宋晓宇
	刘长春	曹金宝	王世矗	曹 臻	曹 预	南 洋	王 亮	张玉珠	张红玲	曲明盈
	王明忠	张 蕾	薛 萍	田 菁	李佳星	张 凯	李冬辉	王健南	汤慧佳	曾 雪
	李立新	孙 静	赵骈璐							
应用经济学院	曾雨丛	梁森威	郑 盈	冯珂馨	王凯文	黄佳楠	潘中秋	徐 彤	张心怡	马 慧
	黄 娜	袁金风	李 媛	高雪双	耿玉荷	樊书琴	李鑫雨	杜逸楠	陈亚南	薛佳晴
	张 威	杨 璐	黄安琪	吕品雯	赵梦媛	张海楠	余玲玲	张 悦	姚瑞诚	王梦溪
	胡 蝶	吴金凯	丁 露	汤希文	单文君	刘 妍	刘 兴	郁慧琳	林亚男	吴刘辉
	林斯超	任 钰	王曼泽	高 爽	麻 超	吴向川	李 佳	何晓惠	王钰滢	寇鸿翔
	张会期	牛睿媛	户 召	贾帅强	何 浩	吴昭纳	沈 畅	王秀玲	严 敏	向紫筠
	陶 敏	刘 锦	唐 瑞	廖周扬	杨丰宁	许莎莎	何乃香	杨 蓓	赵丹妮	刘 毅
	王馨浴	魏浩昆	何其洋	汪一帆	张婉禛	张可欣	马惠宇	李佳桐	冉昊轩	段宏昱
	张孝枫	魏琪容	巩启镕	刘赛磊	解晓英	闫宇欣	李静蹊	刘润宇	谭云潇	陈思琪
应用经济学院	杜明瑞	肖 尧	穆 青	邵芷微	李子建	岳 洋	王 阳	孙悦成	陈沛东	刘 杨
	刘远超	于 琪	郭嘉琦	王震威	陈淑婷	刘芳竹	栗思雨	杨子毅	吴金恒	毛瑞丰
	刘紫萱	张黎青	丁少斌	赵 悦	乔行天	童文思	吕济远	梁寒冰	张雅婷	程文凯
	邓卓文	黄菁华	沈明磊	贾惠清	杨振宁	赵瑞甫	刘晓星	何宇翔	何文杰	董吉聪
	李 浩	熊寰睿	张 琪	张 赫	李 毅	罗仲凯	张子玄	郭 扬	刘姝瑶	高元甲
国际教育学院	孔灵昕	朱 颖	夏子乔	马婧婕	孔庆磊	彭园园	杨鸿静	王珺琰	何丽敏	张译文
	吕驿滦	陈雅苧	齐怡平	丁雅凡	朱亚婷	崔 潇	项 楠	夏禹圣	刘小娟	孙鸿菲
	林洪如	徐茂升	袁 莹	姜北平	张晓乐	刘 阳	杜晓东	邵京京	欧阳群堃	黄连宇
	张 颖	蔡娅琳	胡 丹	张军强						
历史学院	孟之桀	汪羽乔	陈姝宁	李沛恒	孟浩亮	崔开欣	石 琳	尤瀚苡	王心怡	胡庭玉
	彭 璐									

续表 58

院系名称	姓名									
法学院	周 思	张 扬	郑云鹏	谭恬恬	蔡金辛	付静芳	周少波	雷英鑫	陈欣宇	张晓婷
	宋 颖	周昕明	唐智慧	黄 薇	杨博涵	周景斌	陈 欢	刘雨萌	李旻昕	王启浩
	徐 菁	贾 静	张若楠	王诗雨	肖文钦	仝令男	杨浩原	梁译丹	罗 丹	施珮铧
	王 羽	张月平	王志豪	杜丽雪	刘智群	李晶涛	李雯娟	赵 晔	何顺琪	周凌帆
	魏 薇	周敬楠	苑宇桐	郑文强	左鹏博	曹伊卿	郝晓雷	刘诗美	冯 超	张雨薇
	翟楠楠	齐 仪	张晓旭	高玉双	周 晴	郭 鑫	陈 欢	白 冰	吕 慧	韩晓涵
	郭楚滢	路宸璨	王子薇	潘 越	郝晓蕾	任锐达	王 玮	王静茹	陈 静	黄婉玉
	韩 雪	李博伦	于 雪	翟东升	王惠丽	王婷婷	和 琼	陆麒元	王梓侨	蔡成蔚
	朱泽琨	王艺颖	刘 莹	张瑞雪	吴東炜	方丽妹	龚壮壮	丁 亮	吴诗曼	候素枝
	赵 璐	郑羽西	孙恺恺	汤多领	吴雨哲	张 萍	许梦雅	庄晓丽	杜薇薇	刘旻丹
	李萩逸	李美琪	吴松波	孟令珂	陈 文	孔令明	宋鲁宁	郝慧新	刘俊男	孙 乾
	王乐菲	步畅恒	王琳静	肖晨星	王玉静	琚泽敏	董龙凤	来雅娜	邱文超	张宇航
	魏小雨	杨淑洁	刘晓冉	王海威	汪玉梅	牟一涵	田 悦	王玥皓	李梦瑶	王敬一
	陆 迅	林倩倩	李蓉蓉	付骄阳	杨振棣	李雪菲	李晓慧	曹晓红	王雅凤	李 男
	盛 菲	张艳君	李金凤	陈子月	张晓慧	李宜霖	王怀雨	杨振凯	梁振超	刘文娟
	张艺帆	李洋杰	刘元元	张洪瑞	李士局	吴佳琪	黄清云	刘丹丹	王 冰	郭丽洁
	谭惠文	顾晨瀚	刘 丹	袁 健	蒋 斌	丁正委	付小康	丁文婕	张 睿	赵泳娟
	张 蕾	易 根	莫立庭	马晓琦	郭中正	沈彦希	张 晓	张美玉	郑揣鑫	凌雅洁
	赵雨昕	张 惠	李金辉	刘奕翔	李昇锦	黄 钰	张 珊	胡富财	荆梦竹	王奕心
	贺佩瑶	肖丽萍	陶志昂	朱 丹	苏 倩	牛婉云	王栖梧	陈宇航	张静怡	杨斯涵
	景竹溪	张 翔	赵嘉颖	李媛媛	王润东	滕昊昕	杨美慧	李 蹊	王梦雨	张寅浩
	卢晓娅	赵 冉	梁钰斐	梁 洁	段雅茹	刘阳飞	杨 哲	刘凌宇	邹琪卉	袁紫涵
	曲佳桐	钱 蕙	潘雨蒙	王 越	于晓彤	韩润东	刘铠溪	曹安娜	李孟营	吴 臬
	李泰呈	刘志伟	宋 晨	于怡冉	张新茹	唐彦嘉	徐 娜	黄美婷	张百翔	单雨佳
法学院	康 杰	李 潇	欧丽娟	孙 欢	陈昕原	段 锦	刘馨遥	李 萌		
社会学院	马凤钰	叶伟强	赵 鸽	刘 哲	李夏青	古 敏	李玉妹	张怡璇	简安琪	徐 丹
	黎秀坤	李雨诺	李 尉	杨 瑞	虞思敏	黄彩红	彭先福	段 康	张 芳	张 茜
	曹晶莹	裴 璐	张鑫成	王 玲	王丽平	赵一葭	张 烨	宋允文	杨秀莹	席东杰
	王淑玥	江婷婷	赵富民	张馨雨	李埝聪	孙梦华	韩红波	姚文晓	孟 芸	崔宝瑞
	杨姗姗	王 帅	王 欣	崔帅帅	刘少山	罗彦彦	胡本强	郭俊芳	谢文凯	方晓宇
	李 晴	王胜男	刘赛赛	郭浩雨	王志娇	何 珂	邓如欣	米 兰	王露瑶	刘丹妮
	刘浩天	徐鹤溧								

2022 年春季授予同等学力硕士学位人员名单（109 人）

表 59

院系名称	姓名
应用经济学院	王天如 李 欢 林 啸 楼 佳 刘 静 张 鹏 李 帆 陈 尧 庞倩楠 许文奇 袁 征 李 菲 李文瑾 高 克 王 田 李 青 胡典文 施 健 潘文超 蒋欣怡 张京宏 李晓华 董成东 高 媛 张 冉 冀牧野 张若珂 章德奎 张保国 习 宇
工业经济系	刘建宇 张丽媛 任向癸 姜祥禄 唐 坤 聂敏虹 俞 婧 李开宇 李 昀 夏自立 张 佳 黄 雄 姚 斌
金融系	谢雨辰 任 莉 柳双江 岳 凡 左 佳 李林益 顾亚馨 张诗若 冯 林 强子珍 周 楠
人口与劳动经济系	李 苗 滕竺君 史煜华 朱思奇 吴 楠 张 栋 刘 玉 张 珂 何丽丽 徐美申 张德帅 张文川 刘雪翠 胡名欣 胡明月 尹思懿 王逍绅 刘彦宏 庄灶鑫 陈景兰 续 雁 刘 琳 赵红霞 潘金芳
投资经济系	戴 通 马晓彤
哲学院	刘 璐
新闻传播学院	张 莉 陈文婷 刘 璇 张新雨 杨 晶 白丽敏 于海曼 杨 帆 杨晓红 王文娟 孙 丽 陈美琳 程 瑶 许奕梅 徐晓琳
法学院	吕小龙 朱坤霞 胡跃年 高 晶 杨婷婷 杨一帆 张琍媛 杨 银 张 睿 王春草 黄 艳 党 锋 焦晋萌

2022 年春季中国社会科学院大学授予主修学士学位名单（393 人）

表 60

院系名称	姓名
法学院	夏奉阳 胡 玥 高雪文 孔 祥 王敏昊 冯志强 聂羽欣 张心怡 林晓琳 康煜卉 程凡宁 任 缘 侯路然 褚焓依 孟庆琨 梁旭婷 沙琳娜 贾智捷 李江鹤 魏诗月 王甫尧 张雯滔 熊志远 赖宇帆 孙佳雯 曾玫钦 李鸣宇 刘恒源 刘雪妮 雷啸天
法学院	杨依林 谭梓濠 罗博成 陈勇志 陈嘉鑫 伊梅杰 相宏璇 姜栢安 李广钊 范家康 盛泽西
国际关系学院	黄平钰
经济学院	袁 媛 甘铭途 刘柏闻 陈宇鸣 肖兴灏 卜越凡 李思睿 田颜滔 王新雅 梁琪悦 梁航远 毛伟屹 马志博 王 睿 王 玉 康 迎 张文妤 刘姝池 李琬琦 白婧涵 祝思民 朴冠鸿 宋雅馨 殷万紫 赵有洋 张 畅 朱冬阳 周仲夫 曾学科 刘传滨 叶如妍 孙嘉禾 耿志超 王 丽 余一迪 赵睿莹 龙新宇 胡 音 李子予 李嘉玮 李巧萌 段小艺 杨 岚 巫 拉 叶文豪 彪义雯 夏 彤 王誉憬 向可一 孙瑞晨 杜珂欣 郭玉瑶 路 原 曹辰阳 古沛灵 曹景怡 边 辰 张一诺 阮小丫 程一鸣 高成龙 郑凯元 郑 曦 杨雨铭 方婧婕 贾高源 田贻萱 石泤珏 陈梓浩 刘冠华 王浩翔 彭晶晶 黄 恺 高绫月 王梦泽 张铭辰 黄 琳 许 瑶 张 宇 罗 璇

续表 60

院系名称	姓名
历史学院	梅叶璇 胡倍严 李翔宇 王奕辰 庞淞元 于睿 李欣 张恺洋 上官婧琦 周绮洵 李珞琪 柯世久 李欣陆 纪元昊 刘昌义 师子涵 张昊瑜 陈奕漩 袁子傲 杨铁 叶紫玟 王明天 唐闻饶 刘杨文心 秦双艳 罗兰 赵睿思 王煜岚 黄晓婷
马克思主义学院	王天 顾小兵 龚昊 李泽昊 范金蕊 冯钧可 刘鑫 王昕 訾薇陶 孙宁 王龙韵 杨喆 王昭远 孙璐萌 游宛昆 张斐然 谢梦妍 朱家萱 肖洋 魏官恒 魏芮涵 陈紫璇 张禧瑞 谢永字 潘玉 姜元 吕泽华 王佳慧 张静怡 王沃若 辛姝彤 窦一搏 冯迎春 张人文 王静怡 李梦辰 程旭 向源 卢凤仪 蒋攀川 陈舒旸 沐顺鹏 张佳宁 包雅文 陈克正 张震 董腾云
商学院	黄志伟 荣京册 戴雪颖 王仁杰 万雅美 李嘉雯 许钰 唐联洲 吴旻 刘东晓 代瑄澳 李艺华 雷琦 向晨曦 陈欣 王一丁 舒然 邵子然 何浩钦 张予菘 白吉鹏 高军 姜雨奇 杨君慧 王泽横 聂宁 何悦 汤嘉贤 李佳睿
社会学院	孙世星 肖云峰 刘晓瑞 岳倩竹 秦美平 吴蕙羽 方琦 马墨琳 孙雪莹 满文鹏 李欣鸽 王清源 李凌浩 林源清 毕兰馨 刘宪本 王宇璇 石煜晗 丁潇 李琦 周求霈 黄然 孟子龙 邵辰宇 王尹雯 石普凡 宋炽 张云沛 张亮
外国语学院	叶佳霖 冯小小 杨易 林硕冰 郑诗琪 肖燕 范珂 周锐思 陈忠辉 黄韫佳 郑宁然 古晓雨 张丝雨 任颖琪
文学院	王燕燕 刘嘉伟 徐琰 邹子鑫 朱颖欣 吕美萱 王汐 李馨 王婧伊 靳晓辰 杨加 吴浩祥 金翰林 郭凌云 李天宇 程安琪 刘婷 邓晨菲 马欣然 李庚辰 赵芮 郭溢琛 孔格格 李若楠 周悦洋 聂晗 曹羽翔 朱茗鹭 赵梦涛 张恩荫 张安然 张冰然 王文哲 周姚 张泽宏 王乐旺 廖爽
新闻传播学院	宋天真 郭一岫 陈泓伊 郑玥晖 董悦梁 孙琦 刘思清 李博薇 尤雯婧 刘畅 朱芷萱 颜钰杰 陈淑敏 汤继运 丁彦婷 黄曹歆叶 左懋林 刘嘉艺 杨心茹 于小童 夏晓雨 周亚莉
应用经济学院	董小满 陈振嘉 冯雨昂 卢宇辰 袁佳宇 丁柳松 罗旭 唐佳一 李骄杨 魏千承 肖艺 魏垚央
哲学院	王泽民 赵乐章 王嘉仪 张译宁 王佳宁 吴頔烽 姜倩 雷璧湲 田佳尼 王博研 戎绪园 尹舒羿 周伟 李溪源 杨贺茹 王晴 崔一凡 张智昭 孟璜 张政权 蒲雨佳 王思然 李艺蕾 徐浩然 范天晓 柯轲
政府管理学院	包思涵 刘静 王漠依 郑文颖 李镕成 齐雨萱 韩艺琳 李雨桐 吴倩 过雪晴 徐博 杨春扬 罗轶柱 李嘉源 杨铭 赵紫祎 王可心 高铭璐 周沁懿 胡晨光 程竹 李海林 贾懿 陈佩雨 王榕 于晟

2022 年春季中国社会科学院大学授予辅修学士学位名单（35 人）

表 61

院系名称	姓名
马克思主义学院	董腾云
文学院	周　姚
经济学院	郑凯元　郑　曦　杨雨铭　方婧婕　贾高源　田贻萱　石洣珏　陈梓浩　刘冠华　王浩翔　黄　恺　王梦泽　许　瑶
法学院	伊梅杰　相宏璇　姜栢安　李广钊　范家康　盛泽西
国际关系学院	黄平钰
商学院	张予菘　白吉鹏　高　军　姜雨奇　杨君慧　王泽横　聂　宁
应用经济学院	魏千承　肖　艺　魏垚央
新闻传播学院	于小童　夏晓雨
外国语学院	张丝雨

2022 年秋季中国社会科学院大学授予学历教育博士学位人员名单（76 人）

表 62

院系名称	姓名
哲学院	赵希睿　郑瑞萍　王　晴
经济学院	赵其一　林恒宇　丁　璐　徐博禹　高　蕊　王　雯　陈　胜　王晓旭　臧培华　李　娜　李国镇　潘春苗　林　菁　潘雨晴　刘　珍　黄　潇
应用经济学院	赵　璐　张　蓉　薛　敏　蔡喜洋　崔晓倩　余春苗　刘　楚　万为众　毕　静
商学院	罗振洲　张　雀　陈守双　张祝恺　苏　敏　魏淑君
法学院	由长江　刘文钊
政府管理学院	张　彰　靳康康
马克思主义学院	苏　彦　姚夏军　黎泽国　叶入荣　任吉蕾　姜延博　陈　雨　鄢勇俊　殷丰收　彭福荣　朱海涛　李一吉　王　钢　徐学绥　陈亚敏　董　雁　成　洁　刘丽敏　孙　铭　李　岳
社会与民族学院	张振宇　贺　亮　欧阳璇宇　齐　鑫　刘金敬
国际政治经济学院	周　超　赵　晖　李晓宇　张　拓　杨博涵
文学院	任晓坤　吴　宇
历史学院	李艳伦　梅　雪　汪馨如　张　扬　张　磊　崔　钧

2022 年秋季中国社会科学院大学授予学历教育硕士学位人员名单（10 人）

表 63

院系名称	姓名
哲学院	罗巧芸　王雪健
应用经济学院	马　赛
商学院	何玉琳

续表 63

院系名称	姓名
法学院	张　笛　李昊悦
社会与民族学院	万方舟　王　庶
新闻传播学院	文传君　邹雅莹

2022 年秋季中国社会科学院大学授予硕士专业学位人员名单（48 人）

表 64

院系名称	姓名
应用经济学院	原博伟　伍婵婵　宋炜梦　梁希军
商学院	王慧星　安家良　姜　旭　李国众　边紫嫣　何　蝶　张京粤　王　言　李　鹏　曾俊皓　胡琬彬　张　绵　马格致　李志新　高　晨　王汇婷　侯英刚　李　璐　宁若涵　张学龙　任梦慧
法学院	张泽政　阎臻浩
政府管理学院	张卓然　赵彦东　刘灵峰　蒋维慎　肖　波　刘蕴博　曹静雯　唐　捷　贾媛媛　王亚戈　杨　琳　许梦婕　王雪颖　史建国　胡秀玲　李　敏　艾　金　王琳皓　闫　杰
国际教育学院	刘玲丽
历史学院	孙宜程

2022 年秋季中国社会科学院大学授予同等学力申请硕士学位人员名单（56 人）

表 65

院系名称	姓　名
经济学院	郭永健
应用经济学院	周　璐　赵　越　郭彬捷　李云霞　陈　静　王嘉寅　康翠翠　张宇倩　罗申佳　宁晓笛　郭巴黎　张宗华　张智生　沈长丰　刘庆媛　黄金龙　段顺峰　毕剑梅　严智健　郑　逸　王　骞　邬俊斌　常　迪　付仁峰　侯轶敏　马丽珠　李颂扬　敖志刚　赵明达　宋　恺　田正南　杨　婷　黎　虹　胡智恺　张　璐　王小营　朱静茂　李少亭　王　绪　高　尚
商学院	张晓君　张文静　林志福　陈　萍　周又顺　陈思思　盛晨曦
新闻传播学院	李　文　周子馨　张　宁　荣　寰
法学院	贾　芳　张　蕾　王颢棋　陶　鹏

中国社会科学院大学2022年工作总结

2022年，在中国社会科学院党组的坚强领导下，中国社会科学院大学党委坚持以习近平新时代中国特色社会主义思想为指导，认真贯彻党中央和院党组的决策部署，围绕迎接、学习宣传和贯彻党的二十大精神，落实立德树人根本任务，全面实施科教融合战略，坚持“入主流、入体系，一体化、一盘棋”的办学方略，进一步规范教育教学秩序，完善人才培养机制，提高办学治校水平。现将中国社会科学院大学2022年工作总结如下。

一、深入学习贯彻习近平新时代中国特色社会主义思想，扎实开展“喜迎二十大”系列主题活动，切实抓好校园安全稳定工作

学校党委始终坚持把学习贯彻习近平新时代中国特色社会主义思想作为首要政治任务来抓，认真研究制定《中国社会科学院大学学习宣传贯彻党的十九届六中全会精神工作方案》《中共中国社会科学院大学委员会学习宣传贯彻党的二十大精神工作方案》，采取集中辅导、专题研讨、个人自学等方式加强理论学习，充分利用官网、微信公众号、短视频官方账号等新媒体，进行多角度、全方位的系列宣传报道，用好党史学习教育专题网站扎实推进党史学习教育。

以迎接党的二十大为主线，精心组织开展主题学习宣传教育实践活动，组织各基层党组织和党员干部、广大师生落实落细学习贯彻和宣传阐释活动，组织收听收看党的二十大盛会，开展“喜庆二十大，奋进新征程”书画摄影展，举办各类“学习贯彻党的二十大精神”形势与政策报告会、辅导讲座、论坛6场，确保党的二十大精神落地生根、见行见效。

高度重视校园安全稳定工作，严格落实院安全工作会议精神。深入开展安全稳定隐患摸排，建立完善应急处置、风险防范机制，加强值班值守工作；持续加大对境内外敌对势力、宗教势力渗透破坏活动的监控力度，高效开展治安反诈宣传和预警拦阻；定期组织消防应急处置联合演练，不断丰富校园安全管理智能化手段；实施安全稳定“日报告零报告”制度，确保校园安全稳定。

9月16日，中国社会科学院院长、党组书记石泰峰到中国社会科学院大学考察调研。石泰峰院长强调，要深入学习贯彻习近平总书记关于教育的重要论述精神，落实立德树人根本任务，充分发挥科教融合办学特色，努力走出一条中国特色社会主义一流文科大学的办学之路。石泰峰院长指出，办好中国社会科学院大学是党中央赋予我院的重大政治任务。中国社会科学院大学创办5年来，依托中国社会科学院科研优势和人才资源，以科教融合为办学特色，推动各方面工作取得了积极进展。

二、全面加强党的建设，牢牢把握意识形态工作主动权，全力做好院党组第一巡视组巡视和审计署审计工作

持续建立健全各级党组织，督促各科教融合学院成立新党委，完善“三重一大”决策机制和事项清单。成立中国社会科学院大学党校，制定《中国社会科学院大学党校2022年秋季学期培训计划》开展业务培训工作，有序组织各基层党支部开展增补委员和换届选举工作，不断提升、优化党组织功能架构，切实加强党的建设。

高度重视对招生录取、基建工程等廉洁风险高发领域的监督工作，选齐配强专职纪检干部队伍，贯通运用“四种形态”，依规依纪处置各类举报信

息，紧盯重要时间节点，以案说纪，常态化开展警示教育和提醒。坚持把政治标准和师德师风作为教师评价考核的第一标准，推动形成守纪律、讲规矩的浓厚氛围，一体推进不敢腐、不能腐、不想腐体制机制建设，切实增强执纪问责的震慑、警示和预防作用，营造风清气正的教书育人环境。

学校认真落实党中央和社科院党组关于意识形态工作的各项部署，严格贯彻执行意识形态工作责任制。制定完善《中国社会科学院大学党委意识形态责任制实施细则》等规章制度，加强网络、新媒体等政治和意识形态把关。

按照社科院党组的统一安排，2022 年院党组第一巡视组对学校党委进行了常规巡视。学校全力配合巡视工作，制定未巡先改方案，组织协调有关部门开展自查自纠、未巡先改工作；成立迎接巡视专项工作组，制定我校迎接巡视工作方案，起草提交党委工作报告、纪委工作专题报告、选人用人专项工作报告和《中国社会科学院大学纪委工作专题报告》，先后提交 16 批次巡视材料，全力保障巡视组工作的顺利进行；根据院党组第一巡视组反馈意见，组织各有关部门制定巡视整改方案，并根据整改方案扎实推进巡视整改工作，研究起草学校巡视整改进展情况报告，全面筑牢党对高校工作的全面领导，确保党中央决策部署落实落地，学校建设发展不跑偏、不走样。

6 月 13 日至 7 月 28 日，审计署科学技术审计局江显华副局长一行 5 人，到我校进行经济责任现场审计。现场审计期间，学校积极配合，成立专门的工作小组，建立联络员制度，认真提交各项资料，实事求是反映情况。对审计中提出的取证事项，仔细研究，立行立改，主动客观地反映意见，圆满完成了审计各项工作任务。

三、深入实施科教融合战略，拓展提升研究所、大学、学院科教融合的深度与广度

2022 年上半年，按照院党组对大学发展的相关指示要求，在高培勇副院长亲自主导推动下，学校召开应用经济学院成立暨经济学院、商学院学科建设大会和国际政治经济学院、社会与民族学院、文学院、哲学院命名重组大会。按照学科属性、学科关联度，遵循科教融合的总体方针和学科发展规律，将分散在不同学院、学系的二级学科统一整合到相应的学院，实现了“一院一所（系）”到“一院多所（系）”的深度科教融合改革，标志着社科大的学科整合、学院重组工作基本告一段落。学校工作重心正式从学校层面转移到了学院层面。

2022 年下半年，学校连续召开科教融合学院工作汇报会、职能部门座谈会、科教融合学院院长座谈会，围绕制定科教融合学院的组织规范体系制度和议事规则等进行深入讨论，针对问题逐一分解、落实，科教融合体制机制建设由此迈向了更新阶段、更高水平，为学校将科教融合的办学特色转化为人才培养优势奠定了基础。

四、优化“四位一体”高水平师资队伍，积极发挥思政课教学优势，全面提高人才培养质量

学校始终坚持把建设一支高水平的“四位一体”师资队伍作为重要任务，不断调整优化特聘教授和岗位教师相关制度，探索完善配套措施。积极拓展高层次人才引进渠道和调配力度，2022 年完成教学科研岗人才引进计划 9 人，调入其他院所优秀科研人员 4 人。截至目前，依托社科院强大的科研和人才优势，学校聘请 54 名学部委员、二级研究员担任特聘教授，701 名学术能力强、有一定教学经验的研究人员担任岗位教师，加上专职教师 267 人、研究生导师 1941 名，组建了由岗位教师、特聘教授、专任教师和研究生导师组成的“四位一体”高水平师资队伍。现有生师比由 27∶1 提升至 4∶1，高级职称人数比例由 54.1% 提升至 96.9%，师资结构得到变革性提升。

学校始终坚持全员育人、全程育人、全方位育人

基本理念，积极发挥思政课优势，将思想政治工作贯穿学生教育培养全过程。在原有教学内容基础上有机融入党的二十大精神，持续推进“学部委员＋领导干部＋学术名家”系列思政金课，积极推进《理解当代中国》多语种系列教材“三进”工作，完善教学设计、开设全新课程，切实推动《习近平谈治国理政》不折不扣进课堂。《新时代“科教深度融合型”形势与政策课立体化建设模式创新与实践》获北京市教学成果奖一等奖。

学校高度重视2024年本科教学合格评估工作，编制《中国社会科学院大学本科教育教学合格评估方案》《中国社会科学院大学教师本科教学工作规范》，开展本科教育教学规范性检查，研究完善督导听课评价指标体系、试卷审查指标体系，积极开展本科毕业论文全样本审核，健全完善新的本科课堂教学评价系统。根据学科特点与各学院反馈优化质量评价指标体系，编制《中国社会科学院大学2021—2022学年本科教育教学质量监测报告》。

进一步加强研究生教育质量保障体系建设，制定完善研究生教育教学、培养管理相关制度，组织博士研究生中期考核综合考试大纲制定，开展研究生导师管理，清理、核对与更新原有研究生导师信息库，审核新增博士生导师和硕士生导师遴选申报资料，完成2022年度全国研究生教育评估检测专家库信息更新报送，持续推进主文献一期项目和二期项目51个，完成主文献目录编选工作，研究生培养水平稳步提升、结构不断优化，形成了学术型与应用型人才并重的培养格局，学校社会影响力不断扩大。

依靠社科院强大的专家队伍，通过对本科专业培养方案、教材质量建设、实习实践环节等方面的完善、调整和改进，相继获评多个重要教学项目和教学奖，5门课程入选北京市课程思政示范课程，4门课程获评北京高校优质本科课程；1项高等教育教学成果获评北京市一等奖，3个课题获北京高等教育“本科教学改革创新项目”立项；1名教师获评北京高校优秀教学管理人员，4名教师获评“北京高等学校优秀专业课（公共课）主讲教师”，1名教师获评北京市高校教师创新大赛正高组三等奖；3个教材课件获评北京高校优质本科教材课件，相继出版中华人民共和国史系列教材、《现代消费经济学》等10本教材。

2022年，第十七届“挑战杯”全国赛中，我校首次获得特等奖；“青创北京”2022年“挑战杯”首都大学生创业计划赛事中获得金银铜牌24个，实现了历史新突破；50名师生志愿者服务国家速滑馆，服务北京2022年冬奥会，谱写了“请党放心，冬奥有我”的青春华章；常态化开展“支教保研”的研支团志愿者工作，暑期社会实践和寒假“返家乡”社会实践活动参与学生达千人，师生和社会实践项目多次获得全国和北京市表彰。

五、进一步优化学科布局，强化学科特色，推动学科交叉融合和创新发展

在科教融合基础上，在社科院党组的领导下，从服务中国特色哲学社会科学三大体系建设出发，按照“一流引领、梯次发展、整体推进”的工作思路，启动一流学科遴选工作。委托教育部学位与研究生教育中心开展哲学等16个一级学科评价，重点遴选出9个一流学科作为首批一流学科建设点，哲学等3个专业入选国家级一流本科专业建设点，马克思主义理论等2个专业入选省级一流本科专业建设点，全校16个本科专业实现国家“双万计划”全覆盖，超过80%的专业进入国家赛道，“小精尖”本科人才培养和专业建设取得显著成效，有力地推进了一流大学和一流学科建设。

根据《关于对有关博士硕士学位授权点进行对应调整的通知》《研究生教育学科专业目录（2022年）》，开展博士、硕士学位授权点调整、增列、自主设置申报（备案）工作。申报将文物与博物馆硕士专业学位授权点调整为文物硕士专业学位授权点

和博物馆硕士专业学位授权点；申报增列公共管理学一级学科博士学位授权点；申报增列社会工作博士专业学位授权点；申报增列应用统计、数字经济、保险硕士专业学位授权点；自主设置翻译学、比较文学与跨文化研究、数字经济、中国特色社会主义政治经济学二级学科博士学位授权点；自主设置政府运行保障管理二级学科硕士学位授权点。逐步打造形成布局合理、优势突出、特色鲜明、适应国家和教育发展需要的学科体系。

六、扎实推进马骨干人才培养，切实提升马克思主义理论学科建设及人才培养质量

扎实推进“马骨干”项目，推荐128门课程使用“马工程”教材。在马克思主义学科门类下设置19个专业、24个研究方向，涵盖哲学、经济学、法学、文学、历史学等学科领域，优化调整导师队伍，聘请100余名不同学科专业学术造诣深厚、德高望重的马克思主义学者担任博士生导师，在全国首设具有完整硕博学位授予权的“中国学”二级学科，录取“中国学”研究方向硕士研究生4人、博士研究生1人；实行特殊的博士培养模式，连续招收“马骨干”博士9批867人，580名学员毕业并获博士学位。

截至目前，“马骨干”博士生以独著或第一著者身份在《马克思主义研究》《政治学研究》《思想理论教育导刊》等学术期刊上发表学术论文2600余篇；以主持人身份承担省部级以上课题550余项，其中国家级课题110余项。中宣部理论局听取“马骨干”工作专题汇报，予以充分肯定，并支持继续深化实施“马克思主义理论骨干人才计划”。

七、积极搭建科研学术交流平台，全力推动科研工作高质量发展

学校始终坚决贯彻落实科研经费“放管服”改革等要求，鼓励科研人员承担科研项目，扩大科研人员经费使用自主权，促进学校科研事业发展，制定完善《大学纵向科研项目“包干制”科研经费管理办法（试行）》《大学科研工作量计算办法（试行）》，推进计算社会科学与国家治理等实验室建设工作，不断破除束缚学校科研创新的体制机制障碍，推动优化科研管理提升科研绩效贯彻落实。2022年7月5日，学校专题召开科研工作会议，高培勇副院长出席会议并作工作部署，进一步凝聚了大家的科研共识，开启了大学科研工作的新征程，推动我校科研工作再上新台阶。

截至目前，学校共有校级非实体研究中心52个，新增“习近平经济思想研究中心”“中国古典社会学（群学）研究中心”等5个非实体研究中心。举办、承办“21世纪马克思主义研究高端论坛”“世界能源发展报告发布会”等43场学术会议，成为学校科研竞争力和学术影响力新的增长点。通过实施科教融合，依靠社科院强大的专家队伍和科研、学术优势，科研立项数量、学术质量和层次逐年稳步提升，学校全年承担省部级以上项目23项，第一单位署名论文504篇，核心及以上论文251篇；第一单位署名出版著作类科研成果48部，其中专著22部。

学校高度重视学生科研创新能力，建立完善学生科研项目实施效果评价机制，鼓励学生从事科研训练，深入参与科研活动，助力研究型人才培养。2022年，设立新苗计划项目211项、研创计划项目191项，对44项学生科研成果给予奖励。我校学生以第一作者发表34篇论文类成果，核心及以上期刊发表21篇，占比62%，科研水平不断提升，科研成果持续涌现。

八、狠抓招生与就业服务能力建设，努力提高生源质量与就业质量

学校依托社科院的科研、学术、人才优势，进一步严格规范招录程序，加大招生宣传力度。学校全年在18个省（市、自治区）招收本科生397人，录取位次整体平稳。采取推免直博、硕博连读等方式进一步推进研究生招考方式多元化，2022年硕士招生计划1356人，5771人报考我校硕士研究生，完成硕士招生1309人，计划完成率96.5%；2022年博士招生计划509人，超过4000人报考我校，完成博士招生502人，计划完成率98.6%，招生生源质量稳中有升。

与北京高校大学生就业创业指导中心、北京市人力资源和社会保障局等单位联合举办线上专场双选会、联合双选会25场，组织用人单位入校及线上公务员等各类宣讲会11场；实现海南、云南、湖南等省市选调生工作新突破。学校共有2022届毕业生1865人，其中本科毕结业生396人，硕士毕业生1063人，博士毕业生406人。截至目前，已落实毕业去向1563人，总体就业率为83.81%，在北京高校处于较高水平。

九、推进继续教育改革转型升级，教育国际化和国际交流合作再上新台阶

严格按照教育部要求，持续建立健全非学历继续教育体制机制改革，出台《中国社会科学院大学继续教育管理办法》等11份文件，完成有组织生源内容的校外辅助单位解约工作，推进继教管理中心网站建设，建立监督举报机制，强化矩阵式宣传推广，不断提升继续教育管理水平，为继续教育培训项目招生营造清朗环境。2022年，学校8个办学单位共申报39项非学历教育培训项目，成功举办短期、在职高级课程培训32项，53个班次2818名学员申领结业证，社会影响力、品牌知名度逐年攀升。

学校在国际学位项目、创新与领导力博士学位项目等持续发力，实现生源综合素质持续提高，首届汉语国际教育硕士就业率达91%，毕业生满意度均达到90%以上。大力支持“一带一路”研修项目，承接葡萄牙科因布拉大学《中国研究》课程教学工作，与中国非洲研究院合作举办线上研修班5期，承办商务部援外线上培训项目17期，先后培养各国官员学者500余人次，为讲好中国故事、昭示中国道路、提供中国方案、放大中国声音，加强中国对外话语体系构建提供有效助力。

学校立足“围绕中心、服务大局，以我为主，兼容并蓄，提升水平、内涵发展，平等合作、保障安全”的原则，2022年与日本早稻田大学、美国加州大学戴维斯分校等6所海外知名高校新签或续签合作协议7份。采取“申请—考核”方式招收国际研究生，招生人数、层次、生源地实现全面扩展。积极实施学生海外学习交流支持计划等，安排学生参加耶鲁大学等境外合作院校学习交流项目20余项，60名学生获得奖学金资助，资助比例达67.4%。举办、承办“第五届中国社会科学院—昆士兰大学亚太论坛”“名师大讲堂”等各类讲座、论坛、宣讲会、国际会议30余场，极大地丰富和满足了师生的国际化发展需求。积极落实《理解当代中国》教材中的国际中文系列教材纳入我校留学生课程体系，增强留学生对中国国情和文化基本知识的了解，更好地认识中国政治制度和外交政策，理解中国社会主流价值观和公共道德观念。

十、加强校园文化建设和服务保障工作，持续改善办学条件

国以史为鉴，校以史明志。在大学成立五周年之际，经过半年多的努力，对校史馆进行了改建。为建设中国特色社会主义一流文科大学提供经验借鉴和智力支持，加强年鉴史志工作，编纂了《中国社会科学院大学2021年年鉴》。

学校以融媒体内容建设为抓手，深度推进校园新闻宣传，加强校园文化建设工作。完成大学视觉形象识别系统的制作和发布，制作并发布大学综合形象宣传片，注重对名师和学生典型的发掘和塑造

宣传，发挥校园文化对师生思想浸润的积极导向作用。

聚焦“十四五”期间建设规划，高效完成扩建研究生宿舍项目和宿舍调整工作，顺利竣工体育场改造工程，先后实施校园服务驿站建设、室外无线AP补点覆盖项目、校园网一卡通系统全面升级和对两校区各项设施修缮维护等，有效改善了学校宿舍紧缺情况，大幅满足了学生日常生活学习需求；启动“校级数据治理及全量数据中心平台”建设工作，建立校级数据统一标准和规范，统筹整合学校各类数据资源，满足数据共享开放需求；启动教学综合楼项目，建设面积27036平方米，拟于2024年秋季开学前交付使用；即将启动文化服务街项目，建设面积3000余平方米，涵盖文化服务、医疗、健康服务、超市、银行生活服务用房，计划2023年底建成使用。

中国社会科学院大学2023年工作要点

2023年，中国社会科学院大学将继续以习近平新时代中国特色社会主义思想为指导，深入贯彻落实党的二十大精神，认真贯彻党中央和社科院党组决策部署，充分发挥社科院办大学的特色与优势，深入实施科教融合战略，努力建设让党中央放心、人民满意的中国特色社会主义一流文科大学。

一、深入贯彻落实党中央、社科院党组决策部署，全面加强党的领导和党的建设，扎实做好校园安全稳定工作

1. 深入学习贯彻党的二十大精神和习近平总书记关于教育工作系列重要讲话精神，深入贯彻落实党中央、社科院党组决策部署，着力推进党史学习教育常态化，坚持不懈强化理论武装，确保把各项工作落实到加快构建中国特色哲学社会科学三大体系，落实到推进社科大深度科教融合、建设中国特色社会主义一流文科大学的工作中去。

2. 进一步发挥党校的作用，完善培训机制，加大党员干部和入党积极分子培训力度。不断加强学校各级党组织规范化、标准化建设，完成新成立科教融合学院党委换届选举工作，积极推动学院“三重一大”事项和组织议事规则有效落地，充分发挥学院党组织功能作用。

3. 进一步巩固党在意识形态领域的领导地位、马克思主义在意识形态领域的指导地位，引导和巩固发展健康向上的主流舆论，培育和践行社会主义核心价值观。深入贯彻《中国共产党统一战线工作条例》，切实履行统战工作主体责任，防范化解统一战线领域重大风险隐患，不断提高统战工作科学化、规范化、制度化水平。

4. 积极履行全面从严治党监督责任，有序推进巡视整改、选人用人专项检查中长期工作，逐项落实整改任务。进一步加强对招生、招标采购等重点领域、重点环节的监督提醒，做好重要时间节点的警示教育，一体推进不敢腐、不能腐、不想腐。贯通运用监督执纪“四种形态”，选齐配强分党委、党总支纪检委员，组织开展全校纪检干部业务学习，持续跟进完善我校中层干部廉政档案，依规依纪做好检举控告和问题线索处置工作，为建设中国特色社会主义一流文科大学提供坚强纪律保障。

5. 强化意识形态工作责任制，继续抓好课堂内

外意识形态管理；紧盯线下串联性活动，抵御和防范宗教势力、境内外敌势力对校园的渗透，筑牢团结稳定防火墙；完善“四早四最”应急处置、风险防范、多方协同机制，不断提高安全宣传教育时效性；常态推进校园安全检查整顿，紧盯消防、交通、治安等方面短板弱项，全力做好以政治安全为主的校园安全稳定工作。

二、抓好习近平新时代中国特色社会主义思想、党的二十大精神进课堂、进教材、进头脑工作，切实加强学生思想政治教育

1. 加强思政课建设的领导权、主导权建设，深化“课程思政”教学改革，规范思政课管理，优化思政课团队授课制度，构建重点突出、层次分明、梯次推进的课程体系。着力推进习近平新时代中国特色社会主义思想、党的二十大精神进课堂、进教材、进头脑工作，推进《习近平谈治国理政》多语种版本“三进”工作，继续倾力打造“学部委员+领导干部+学术名家”系列思政金课，助力提升我校课程思政的教学质量和育人成效。

2. 加强辅导员队伍和能力建设，充分发挥辅导员、班主任、学生干部“三方”协作联动优势，积极开展学生国防教育与军事理论课，通过内容丰富、贴近学生思想动态的活动，引导学生树立正确的世界观、人生观、价值观，通过多种渠道健全学生意见诉求表达机制，及时了解回应学生诉求，进一步做好学生思想政治教育、心理健康教育和咨询工作。

3. 着力推进学校团组织朝着组织健全、职能健全、效用健全的方向良性发展，不断创新组织动员团员青年服务大局的载体和方式。大力推动团干部上讲台、讲党课团课常态化，结合新形势新问题，制定系统改革任务分解方案，不断促进团组织建设发展与深化改革向纵深发展、在基层落地。

三、加强师资队伍建设，提升科教融合体系效能，推进中国特色社会主义一流文科大学建设

1. 在全校人才调研工作基础上，完善机构编制岗位管理制度，启动并完善学校“三定”方案，释放调整优化机构设置和职能职责所带来的组织机构内生动力。着眼学校长远发展需要，研究制定干部队伍建设规划，补齐关键岗位干部。加大优秀年轻干部培养选拔力度，制定并实施“中层领导班子和中层领导考核办法”，逐步优化干部年龄结构，实现梯队衔接。

2. 进一步调整优化和加强特聘教授、岗位教师、专职教师、研究生导师组成的“四位一体”师资队伍建设；持续推动高层次人才引进，完善配套制度，建立健全科学人才分类评价体系，加强高教序列高级职称评审委员会建设，完善专业技术职称自主评审权，平稳有序推进专业技术职务评聘改革，不断提升师资队伍建设质量和水平。推进编外人员绩效工资改革，充分发挥绩效工资的激励导向作用，调动编制外人员工作积极性。

3. 按照中国特色社会主义一流文科大学办学定位，发挥学科整合与学院重组的“核聚变”功效，从顶层设计、重点举措和制度保障出发，持续推进校院两级管理体制，坚持放权强院，激发学院办学活力，有序推进科教融合的系列文件尽快落地，形成较为完备的科教融合制度体系，着力提升科教融合体系效能。

四、推进学科、专业、教材建设，完善健全督导与评估体系，提高教育教学质量

1. 从服务中国特色哲学社会科学三大体系建设出发，按照社科院学科建设“登峰战略”资助计划与教育部先进学科支持计划，推进9个一流学科与4个先进学科的建设工作。按照“一流引领、梯次发展、整体推进”的工作思路，构建以马克思主义

理论学科为领航，服务于构建中国特色哲学社会科学体系和国家优秀文化传承的考古学等基础学科为支撑，服务于国家重大战略的应用经济学等应用学科为主干，基础学科、应用学科、冷门绝学、新兴交叉学科相互支撑、动态管理、分级支持的一流文科大学学科建设体系，为学校卓越人才培养夯实学科基础。

2. 以科教融合体系为支撑，面向马克思主义理论“优势学科”建设，按照学科专业和学术资源分布特色，整合学科、学术和人才队伍，打造政策特区，积极推进学术研究团队建设，落实推进本硕博一体的教学部、教研室建设落地。继续加强教育部重点研究基地“教育部高校思想政治工作创新发展中心”和北京市研究基地北京人文社会科学研究中心建设，积极推进校级研究平台21世纪马克思主义研究院工作。

3. 着力加强标志性教学成果培育、建设与验收，强化教学改革成果推广与应用，加大教材建设支持力度，重点推动新一批教材立项建设，采取修订教材等方式推动党的二十大精神进教材、进课堂、进头脑，不断提高教材建设水平，显著提升教学质量。

4. 启动本科教学合格评估自评工作和学位授权点合格评估工作，修订健全《中国社会科学院大学本科教育教学合格评估方案》。持续完善健全本科教育教学质量内部保障体系，加强学校—学院教育教学质量反馈机制，健全、优化督导专家队伍、同行专家评价制度，调整督导专家过程性评价—随堂评价机制，有序开展各学位点自评，通过评估查找不足、找准问题、以评促建。统筹做好16个本科专业建设点年度检查和2022年度入选国家级、省级一流专业建设点的建设方案工作，加快形成一流的学科支撑体系。

5. 按照教育部发布的研究生学科（专业）目录和鼓励优先发展的学科（专业）指导目录，加强现有学科（专业）优化调整和新学科（专业）学位授权点申报工作。进一步调整完善并严格执行研究生培养方案，强化研究生中期考核制度，加强研究生教育管理系统信息化、智能化建设，落实研究生综合考试大纲，严格硕博导师岗位管理，加强有关培训考核工作，将法律硕士的培养工作纳入大学及法学院的管理，统筹做好招生、培养方案、课程设置等全流程管理工作，切实提升我校研究生课程教学质量和人才培养质量。

6. 进一步完善教育教学管理制度，加大智慧教学、虚拟仿真应用，有序推进智慧教学环境建设。不断加强学业过程考核，完善学业预警工作机制。基于通识课教学改革，持续提升核心通识课的质量。

7. 加强教师师德师风和专业能力建设，建立教师行为规范、师德教育途径、激励培养措施、考核奖惩手段四位一体的师德师风熔铸体系。注重教师科研与教学能力的培养，构建青年教师可持续发展的培养和支持体系，开展专业化教育培训工作。

五、加强科研工作和学报建设，不断提升学术界影响力

1. 统筹做好政策落地和制度建设工作。进一步优化优秀科研成果配套奖励评价机制，积极争取社科院对岗位教师、特聘教授、研究生导师在大学从事科学研究的支持力度。制订学院学术委员会章程、非涉外学术会议管理细则等文件，不断优化和充分发挥科研助理制度在大学科研中的纽带作用。

2. 积极发挥科研管理在学科发展中的促进作用。在校级项目中发挥科研专项的引导作用，探索在学科建设支持项目中设立申报指南，有目的地通过课题研究支持学科建设，同时不断改进重大项目申报、培育和立项方式，对创新型项目（实验室项目和基地建设项目）开展中期考核。

3. 加强科研学术活动管理。加大优秀学术平台支持力度。优化“中国社会科学院大学高端论

坛”“中国社会科学院大学青年论坛”等有代表性学术活动的申报机制，规范学术会议主题、参会人员与经费管理。强化对非实体研究平台的管理，在年审基础上实施通知整改和退出机制。

4. 强化科研育人，加大学生自主和参与科研支持力度。按照学科评估指标，制定相应制度，保障学生参与科研项目的规范管理；推进“新苗计划”“研创计划”二级管理机制，引导学院以学生科研项目为抓手，探索本硕博联合培养新模式。

5. 以申办新刊和重返C刊为抓手，全面提升学报质量。全力配合社科院科研局期刊处申办新刊《哲学社会科学管理研究》；积极与南京大学中国社会科学研究评价中心沟通，力争在2023年的新一轮C刊评定中，重返核心来源期刊目录；不断优化专栏和专题建设，推行专栏审稿会制度，加大名家约稿力度，实现学报质量与影响力同步攀升。

六、统筹做好招生工作，进一步加强就业服务工作

1. 根据各省份高考改革情况和学校本科专业布局调整方案，加强政策研读，保持高效沟通渠道，综合运用招生宣传队伍、学生宣传员队伍等多途径宣传模式，统筹做好2023年分省分专业招生计划调整方案，调整选考科目与专业计划，着手开展第二学士学位招生工作。

2. 加大各科教融合学院对研究生学科专业招生工作的整合力度，建立有效的招生监督、监管体系，集中资源发展优势学科。持续制定完善研究生招生计划管理办法、研究生复试录取工作管理办法、硕博连读工作制度等，着力提升研究生招生工作的科学性和规范性。扩大硕博连读招生计划。

3. 按照教育部相关要求，推动落实就业机构、人员、场地、经费“四到位”，积极筹建“中国社会科学院大学就业指导中心”，加大校内导师队伍的培训，优化和完善线上就业辅导公开课的内容，加大选调生工作力度，建立多地区、行业、部门稳固合作关系，开展更多具有学院专业针对性的宣讲会、招聘会，推动实现我校毕业生更加充分更高质量就业。

七、努力办好继续教育，推进国际合作交流，促进中国理论海外传播和人才培养

1. 依照“稳增长、提质量、创品牌、强特色、增效益、促发展”的工作思路，以继续教育规范办学和提高继续教育办学质量为重点，调动办学单位积极性。制定继续教育项目聘用人员管理办法，明确管理中心工作人员岗位职责，提升继续教育从业人员业务素质，规范项目聘用人员管理，指导办学单位建立由专职教师、专家学者、行业精英等构成的动态管理的多元化师资库，实现全校优质师资资源共建共享共用。

2. 坚持问题导向，加大调研力度，学习新形势下一流高校非学历继续教育成功经验和做法，充分发挥专家指导委员会和项目专家组的重要作用，持续建立健全适应于新规要求、符合市场规律、满足学院发展需求的体制机制、项目策划和课程设计，不断总结自主招生工作经验，强化矩阵式宣传推广。努力做好2023年在职高级课程培训班的招生工作，深入推进党政机关和企事业单位干部培训、中海油服战略储备人才研修班等培训项目，持续做好黄埔高等研究院2023年度软硬件建设、人才培养、学术交流等方面的各项工作。

3. 进一步加大学生境外培养力度，通过学生海外奖学金资助体系，“朋辈指导、专家指导、专题指导”相结合三位一体的海外培养指导模式，积极推进我校优势、重点学科学生海外培养质量；继续做好国际学生中、英文项目国际学生招生宣传及申请工作，提高留学生招收规模和招生质量，并不断规范港澳台、留学生学籍管理。

4. 全面提升“一带一路”培训项目质量，拓宽

培训渠道，推动学习宣传《习近平谈治国理政》四卷本、党的二十大精神走深走实。面向非洲国家举办研修项目，承接国际合作署及商务部援外培训工作，举办15期左右能够体现中国智库前沿研究水平的研修项目，增设能源转型研修班，通过不断整合资源，逐步形成特色鲜明的优势培训项目。组织各学院举办高端国际会议或研讨会，办好“香港教师国史研修班”，提升中国历史文化影响力，凝聚港澳台同胞向心力，为社科大师生与海外高校和机构搭建交流平台，传播中国学术智慧和中国声音。

八、加强校园文化和基础设施建设，提高后勤服务保障能力，持续改善办学条件

1. 以科教融合和大学文化与精神为宣传内容核心，以融媒体内容建设为抓手，深入打造融媒体矩阵，构建特色突出、内容多样、形式活泼的宣传新态势。继续推进学校系列形象宣传片的策划和制作，落实大学核心办学理念的阐释工作，不断钩沉社科院大家的学术精神，勾画大学精神，落实校园道路、楼宇和景观命名等人文建设，提升宣传和传播效果，协调推进精神文明建设和文明校园创建工作。

2. 着眼财务治理能力和治理体系现代化，加强财务报销、内部控制等方面制度建设，强化科教融合学院主体经济责任，在培训收入分配、经费使用上，支持学院有更多自主权，推动各项经费向学院转移。探索建立标准化、因素法、包干制多种方法相结合的基本支出预算分配体系和管理体系，努力提高经费资源配置的科学性、合理性，为学校建设发展提供坚实财务保障。

3. 完成主文献数字化加工项目，推动“学科专业主文献制度”建设；以智慧图书馆建设为目标，引入新一代图书馆管理平台，打造“互联网+”“大数据”时代的智慧图书馆门户及管理平台；梳理现有馆藏资源分类结构，重构资源分布，调整两个图书馆功能布局和空间规划，做好新图书馆建设预算编制和各项准备工作。

4. 根据学校“十四五”发展规划及招生规模，完成良乡校区基本建设规划报审。加快教学综合楼项目施工进度，力争2023年底前实现结构封顶；完成文化服务街项目规划和施工证审批以及规划设计、施工单位招标等项工作，力争2023年底交付使用。

5. 深化制度保障，不断完善政府采购、资产管理办法，制定实施食堂管理汇编和公寓管理办法等规章制度，切实提升各项后勤服务保障水平。抓紧推进学生食堂修缮改造，着力提升餐饮服务水平，优化调整学生宿舍，加速实现学生宿舍管理现代化水平；持续加强基础设施维护修缮，实施教学楼教学环境建设、良乡校区教学楼智慧教室升级改造、校园2#道路改造、望京机房数据中心建设等近50个改善基本办学条件项目，切实提升学校基础建设水平和办学环境。